天 达 共 和 法 律 研 究 丛 书

从法官到律师：
行政诉讼二十年

CONG FAGUAN DAO LÜSHI:
XINGZHENGSUSONG ERSHI NIAN

吴宇龙◎著

中国政法大学出版社

2021·北京

图书在版编目（ＣＩＰ）数据

从法官到律师：行政诉讼二十年/吴宇龙著. —北京：中国政法大学出版社，2021.4
ISBN 978-7-5620-9918-5

Ⅰ.①从… Ⅱ.①吴… Ⅲ.①行政诉讼－审判－研究－中国 Ⅳ.①D925.318.4

中国版本图书馆 CIP 数据核字(2021)第 067126 号

出 版 者	中国政法大学出版社
地　　址	北京市海淀区西土城路 25 号
邮寄地址	北京 100088 信箱 8034 分箱　邮编 100088
网　　址	http://www.cuplpress.com (网络实名：中国政法大学出版社)
电　　话	010-58908285(总编室) 58908433 (编辑部) 58908334(邮购部)
承　　印	固安华明印业有限公司
开　　本	720mm×960mm　1/16
印　　张	18.25
字　　数	290 千字
版　　次	2021 年 4 月第 1 版
印　　次	2021 年 4 月第 1 次印刷
定　　价	89.00 元

序

我与宇龙相识多年，也阅读过他的多篇论文与裁判文书，十分欣赏他的才华。就我国行政法理论而言，属于法的继受。如果学者是译介了域外行政法理论，那么完成域外行政法理论本土化过程的，则是我们的行政法官们。在相当程度上，中国行政法理论是由行政法官们通过判例创造的。宇龙就是这个行政法官群体中的一员，这部著作便是他多年以来通过这种努力得到的成果。

这部著作分三个部分，第一部分是论文篇，它们是宇龙结合自己的行政审判实践撰写的学术论文，大多已公开发表，其中有的获得了中国法学会青年论坛一等奖论文。与通常学者所写的论文相比，法官撰写的学术论文具有十分强烈的问题意识与导向，这些问题来自审判实践，需要解决问题的对策。如在《判不应请：行政诉讼肯定性判决的重构——合法性审查原则的回归》一文中，基于行政诉讼合法性审查原则，他认为驳回诉讼请求判决回避了合法性审查，"给人是非不分、模棱两可之感"，因此，他提出了应当保留维持判决方式，并把确认合法判决作为其第一替补判决的观点。应该说，站在合法性审查原则这一立场上，这种制度设计比驳回诉讼请求判决更加接近行政诉讼立法原旨。第二部分是案例篇，它们是宇龙对案例的评析，有的被选入了最高人民法院中国应用法学研究所编《人民法院案例选》。法官评析案例可以呈现案例背后的内容，不同于学者的平面化铺叙，可以让读者以立体视角观察案例。对于某些法理上的"变故"，行政法官更有"春江水暖"的先知。如对于行政协议法院是否可以判决变更，法规范上是不明确的，但是，在宇龙主审的"王**、陈**诉**街道办事处征迁行政协议案"中，判决书明确指出，行政协议确定的内容明显违反法律法规等相关规定，又不符合当事人的真实意思表示，且产生显失公正后果，原告要求变更的，人民法院可以直接判决变更。对此，宇龙在评析中认为，行政协议变更判决的适用情形可以参照《中华人民共和国合同法》第 54 条规定的立法精神。"……本案中，协议未将陈**列为安置人口，明显不符合法律规定，显然也并不是王**真实意思表示，体现的只是**街道的单方意志；而且未将陈**列为安置人口，对于王**显然是显失公平的，是对该户合法权益的损害。所以，本案具备适用变更判决的法理基础。"第三部分是裁判篇，它们是宇龙主审行政案件所作的裁判。裁判是法官审理案件形成的"法律是什么"的一种宣告，充分体现了法官的法律思想，阅读、整理裁判文书是理解法律的一种基本方法。比如，在"方**诉**县公安局消防行政处罚案"中，对于居住的出租房屋是否属于"其他供社会公众活动的场所"，浙江省《消防执法问题批复》作出了规定，因此针对方**对该规范性文件合法性审查的请求，宇龙在裁判理由中回应道："居住的出租房物理上将毗邻的多幢、多间（套）房屋集中用于向不特定多数人出租，并且承租人具有较高的流动性，已与一般的居住房屋只关涉公民私人领域有质的区别，已经构成了与旅馆类似的具有一定开放性的公共活动场所。对于此类场所的经营管理人员，在出租获利的同时理应承担更高的消防安全管理责任。"应该说，这段说理通透的裁判理由，充分展示出宇龙深厚的法理功底。

在本书付梓之际，宇龙对自己的人生发展规划做了一次重大的选择，本书是宇龙对自己精彩的法官职业生涯的一个小结，他嘱我为之作序，我欣然应之。宇龙离开了法院，但并没有离开法律；法律界少了一名优秀的、有思想的行政法官，但多了一名同样优秀的、有思想的执业律师。我期待若干年之后，能阅读到宇龙以律师身份写的同样精彩的法学文集！

是为序。

章剑生

2020 年 8 月 12 日于杭州·锁澜坊

内容摘要

本书系作者二十年行政审判工作的总结，共三篇。

第一篇论文篇，含八篇论文，绝大多数已公开发表或征文获奖。其中，《判不应请：行政诉讼肯定性判决的重构——合法性审查原则的回归》获中国法学会青年论坛 2014 年一等奖；《论规范性文件审查的相对独立性》《房屋征收与补偿案件的行政审判思路》《行政审判司法建议的特性与完善》均发表于最高人民法院主办的《人民司法·应用》。

第二篇案例篇，含七篇案例分析，大多数已公开发表或入选典型案例。其中，《房屋交付后调换锁芯的行为应如何定性——李＊诉＊＊公安局治安行政处罚案》入选最高人民法院中国应用法学研究所编《人民法院案例选》，并发表于最高人民法院主办的《人民司法·案例》；《攻击网名能否构成诽谤——杨＊群诉＊＊公安局公共信息网络安全监察分局治安不予处罚案》《规划部门认定违法建设行为具有独立可诉性——宋＊＊、王＊＊诉＊＊市规划局规划行政确认一案》均发表于《人民司法·案例》；《行政判决可以直接变更行政协议——王＊＊、陈＊＊诉＊＊街道办事处征迁行政协议案》发表于《人民法院报》。

第三篇裁判篇，选择作者主审或作为审判长签发的裁判文书十二篇，包括行政协议、房屋征收（拆迁）、履行法定职责、规范性文件审查、国家赔偿、海关估价、安全事故责任认定、退休工龄认定、行政指导等类型案件，均属于典型案件，具有一定参考价值。其中，《寿＊＊诉＊＊区劳动和社会保障局社会保障行政确认案》运用历史解释法对相关文件作出缩限解释，以保障"知青"这一特殊群体的正当权益；《孙＊＊诉＊＊区人民政府履职行政复议案》确立了统一政务咨询投诉举报平台出现后履职案件的裁判新规则；《方＊＊

诉＊＊县公安局消防行政处罚案》中通过对规范性文件的审查，对《中华人民共和国治安管理处罚法》第39条规定的"其他供社会公众活动的场所"进行了扩张解释，该案入选最高人民法院行政诉讼附带审查规范性文件典型案例。

目 录 CONTENTS

第三篇　裁判篇

第一篇

论文篇

判不应请：行政诉讼肯定性判决的重构[*]

——合法性审查原则的回归

吴宇龙　蔡维专

论文提要　认可行政行为合法性的判决即为肯定性判决。本文首先从法律文本出发，考察我国行政诉讼肯定性判决的演进历程，从中可以发现，行政权、司法权、公民权三权博弈推动着我国行政诉讼肯定性判决类型的拓展，在客观法治环境的制约下，也表现出对行政权宽容的明显倾向。合法性审查原则仍是我国行政诉讼制度的核心，强化之、拓展之是务实、理性的选择。行政诉讼的审理对象为被诉具体行政行为的合法性，而不是简单地判断原告的诉讼请求能否成立。维持判决恰恰体现了这一模式，其存在具有正当性，应予以保留。驳回诉讼请求判决恰恰回避了这一判断，给人是非不分、模棱两可之感，并且在实践中有滥用之倾向，对其适用范围应严格限制。确认合法判决应是维持判决的第一替补判决，凡被诉具体行政行为合法，但又不适宜判决维持的，应首先考虑适用确认合法判决，其适用顺位应提前、适用范围应扩大。确认有效判决在理论上缺少支撑，在实践中几乎不用，应该放弃。

关键词　行政诉讼　肯定性判决　合法性审查原则　维持判决　确认合法判决　驳回诉讼请求判决

引　言

无论作出何种判决形式，对于行政行为合法性的判断均须首先作出。这

---

* 本文获中国法学会青年论坛 2014 年一等奖。

个必然经历的过程为认定的结论成判决的依据。每一种类的判决形式都包含着对被诉行政行为合法与违法的确认。[1]由此出发，可将行政诉讼判决[2]分为肯定性判决与否定性判决，认可其合法性的判决即为肯定性判决，否决其合法性的判决即为否定性判决。相较于否定性判决，肯定性判决的争议较为激烈，并集中于肯定性判决的类型、适用顺位和适用范围。维持判决是《中华人民共和国行政诉讼法》（以下简称《行政诉讼法》）确立的唯一肯定性判决，面对形形色色的行政行为及纷繁复杂的司法实践，其捉襟见肘的命运将是不可避免的。《最高人民法院关于执行〈中华人民共和国行政诉讼法〉若干问题的解释》（法释〔2000〕8号，以下简称《若干解释》）增加了确认合法、确认有效及驳回诉讼请求三种肯定性判决，以弥补维持判决的不足。尽管该司法解释的相关规定在行政诉讼理论和实务部门引起了较大的争议，[3]但不可否认的是，该规定丰富了我国行政诉讼肯定性判决体系，回应了司法实践的需求，使行政审判工作开展得更加精细和顺畅。然而，该规定实施以来，驳回诉讼请求判决异军突起，大有成为行政诉讼万能判决之势；而确认合法判决却"英雄无用武之地"。本文将在合法性审查原则的统领下，针对肯定性判决的各种方式分别展开论述，以寻求其各自的最佳定位。

一、文本的考察：肯定性判决的历史演进

（一）1989年《行政诉讼法》的初设

行政诉讼制度确立于1982年3月8日通过的《中华人民共和国民事诉讼法（试行）》（以下简称《民事诉讼法》）。虽然在早期的有影响的作为"常规科学传统基石的教科书"中曾经有了绪论、行政法主体、行政法行为和行政法救济等四部分体例，但往往是头重脚轻，注重对绪论、主体和行为的阐述，而对救济的解释比较简单[4]，对行政诉讼制度的系统研究远未深入，行政诉讼判决类型化的研究更未进入理论的视野。现行《行政诉讼法》颁布之前，行政诉讼参照《民事诉讼法》进行，并无自己独立的判决类型。1989年

---

〔1〕 参见江必新、梁凤云：《行政诉讼法理论与实务》（上下卷），北京大学出版社2011年版。

〔2〕 本文所研究的判决仅为一审判决，行政赔偿判决亦不在本文研究之列。

〔3〕 参见杨寅、吴偕林：《中国行政诉讼制度研究》，人民法院出版社2003年版，第317页。争议主要集中在三个方面：一是增加判决形式的法律基础问题；二是对今后审理行政案件的导向问题；三是实际运用的难度问题。

〔4〕 参见钟瑞友："中国行政法范式二十五年之演进与重构"，载《行政法论丛》2004年第1期。

4月4日，第七届全国人大第二次会议通过了《行政诉讼法》，标志着我国行政诉讼制度全面地建立起来，该法首次确立了行政诉讼判决的四种形式，即维持判决、撤销判决、履行判决和变更判决，其中维持判决为唯一的肯定性判决，其适用的条件极为严格，行政行为不容得有合法性的瑕疵。根据《行政诉讼法》第54条第1项的规定，维持判决需同时满足三个适用条件，即具体行政行为证据确凿，适用法律、法规正确，符合法定程序。初创的《行政诉讼法》虽然存在诸多的不完备，但仍存在极高的理想，对肯定性判决类型的设定有一种初生的朝气与阳刚。维持判决不仅适用条件严格，而且基本摒除了不确定法律概念所留下的裁量空间，这令司法适用更为简单，也可倒逼法官无法回避对具体行政行为合法性的审查。维持判决的刚性具有积极意义，但也导致其柔性不足，灵活性不够，难以满足司法实践的需要，亦难以覆盖合法行政行为的各种效力状态。

（二）司法解释的创造与不完备

2000年《若干解释》出台。某种意义上，《若干解释》是对现实问题的被动回应，是对行政诉讼运行中各种典型问题的答复和提炼，是典型的"问题驱动"模式。这也就决定了该司法解释内部逻辑的不完备，在行政诉讼肯定判决类型的构建上更是如此。《若干解释》新设了驳回诉讼请求和确认合法、确认有效判决三种肯定性判决。

驳回诉讼请求判决：该判决方式是指法院经过审理后，既不支持原告的诉讼请求，又对被诉具体行政行为不适宜判决维持，从而对原告的诉讼请求予以驳回的判决行使。根据《若干解释》第56条的规定，适用驳回诉讼请求的情形主要有：（1）起诉被告不作为理由不能成立的；（2）被诉具体行政行为合法但存在合理性问题的；（3）被诉具体行政行为合法，但因法律、政策变化需要变更或者废止的；（4）其他应当判决驳回诉讼请求的情形。因此，驳回判决是肯定性判决的一种形式，其适用前提是行政行为合法性不存在问题，其适用顺序位于维持判决之后。

确认合法、有效判决：《若干解释》对于确认合法、有效判决规定得极为简单，其第57条第1款规定，人民法院认为被诉具体行政行为合法，但不适宜判决维持或者驳回诉讼请求的，可以作出确认其合法或者有效的判决。确认合法、有效判决的适用顺序位于驳回诉讼请求判决之后，处于肯定性判决的末端。

至此，通过正式规则确立的肯定性判决已经构造完毕，通过对各判决适用条件的考察，我们可以发现，各肯定性判决有严格的适用顺序：

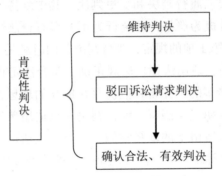

图1 肯定性判决适用顺序

这一阶段，呈现出三个特点：

1. 开始重视对当事人诉求的审查和回应

《行政诉讼法》所确立的判决类型多受诟病，主要理由在于忽略对当事人诉求的审查，甚至超越当事人诉求而作裁判。该种批评不论有无道理，都对司法政策的制定产生了相当的影响。对当事人诉求的审查和回应，最高人民法院遵循了两种路径，一是通过纯粹的司法政策，从行政诉讼制度外进行制度创新，如从对行政争议实质性化解的强调到行政协调的引入；二是通过制定司法解释不断完善行政诉讼制度，如对于行政机关没有依法履行给付义务的，法院可以根据原告的申请裁定先予执行。在判决类型方面，主要体现为驳回原告诉讼请求。但这一创新的正当性颇受质疑，《行政诉讼法》未重视当事人诉求的审查，而《若干解释》开始重视了，却以驳回原告诉讼请求的方式进行，而非强化对行政行为的司法审查。

2. 判决类型更为丰富，灵活性更强，法官的选择余地更大

任何一种制度须有一定的弹性与容量，才可在实践中展现其理性设计的力量。然而，任何一种理性设计在现实面前总是苍白的。《行政诉讼法》初创时所设立的四类判决，展现了行政诉讼制度刚性的一面，对行政行为的合法性审查几乎是一种绝对的强调。然而，实践的纷繁复杂，行政行为的多重效力状态对该四类判决构成了严峻的考验。特别是法官个体的司法裁量往往遵循着权力的运行逻辑，包括处于优越地位的行政权。《行政诉讼法》所设定的

判决体系封闭而刚性，远不能满足现实的需要。当司法不得拒绝裁判，制度又存在漏洞，现有的判决类型又不能满足需要时，实践迫切需要新的判决类型，特别是具有相当灵活性的判决类型。《若干解释》新设的确认合法、有效判决和驳回诉讼请求判决就是对这种需求的确认和回应。例如，驳回诉讼请求判决，其适用条件之一是被诉具体行政行为合法但存在合理性问题。因为在实践中，行政行为合法而不合理广泛存在，变更判决适用范围过窄，而对行政行为合理性审查学界无共识、实践无标准、司法权无力推进，在多重制度的约束下，最终只能选择驳回诉讼请求判决这一方式予以弥补漏洞，而这一判决形式的确立所遇到的阻力最小。

3. 判决的创新倾向于对行政权的宽容

行政诉讼判决参与了司法实践的建构，并且在司法实践中被建构。前者以理性设计的力量贯彻立法者的意图，而后者则遵循了权力（利）的博弈逻辑。从根本上来说，行政判决制度的发展与演进是司法权、行政权和公民权三者此消彼长的客观反映。此中司法权的角色最为微妙。行政权、公民权都以积极的面目出现，处于夹缝中的天然具有消极、保守性的司法权对两者均需要作出回应。客观事实是，行政权始终处于优位状态，而诉讼一旦启动，则意味着行政权与公民权处于紧张状态，这令司法审查颇为尴尬，《若干解释》通过司法技术缓解了这种尴尬，体现了司法系统内的集体诉求，赋予法官在夹缝中的充分灵活性。《若干解释》对行政诉讼判决种类的扩展颇具有创造性，然而更多的是对司法实践灵活性需求的回应，是对实践中已然的判决形式的确认。上文分析到，虽然《行政诉讼法》所确立的判决类型具有相当的刚性，然而在司法实践中司法权表现出对行政权相当的宽容，合法性审查在某种程度上被放松了。确认合法、有效判决及驳回诉讼请求判决的确立本就是为了缓释维持判决的刚性与绝对性，令法院在特殊情况下保有裁量的空间。而驳回诉讼请求判决更在实践中被滥用，甚至被异化，行政诉讼之根本——合法性审查被回避了，司法机关应承担的行政行为合法性举证责任退化为对原告证据的审查，这恐怕也是《若干解释》起草者始料未及的。驳回诉讼请求判决在实践中的滥用和异化，是将行政诉讼个案审查所遵循的权力逻辑彻底外化。可以说，纵观《若干解释》所新设的各判决类型，除了在司法审查范围上有所扩展外，在审查的强度方面几无进步。《若干解释》的创新一方面满足了法官对灵活性的需求，是对司法审查尴尬的自我纾解；另一方面也是对《行政诉讼法》所确立的刚性的合法性审查原则的软化，对行政权的宽容，这也直接导致我国的行政诉讼制度"两头空"：客观秩序未能得到很好的维护，主观权利也未得到充分的保护。

（三）草案（建议稿）的再整合

肯定性判决的适用前提均是行政行为合法。对于各肯定性判决的界限，《若干解释》第57条规定不适宜判决维持或驳回诉讼请求的，才可以作出确认合法或有效判决，至于何种情况下不适宜判决维持或驳回，该条并没有详细说明。各肯定性判决之间界限不明，逻辑不恰，这就给法官的选择适用带来了困难，功能重叠的三种判决方式也带来制度运行的低效。[1]

基于此，全国人大法制工作委员会的《中华人民共和国行政诉讼法修正案（草案）》主张整合各肯定性判决，以判决驳回原告诉讼请求代替维持判决，使得驳回诉讼请求判决成为唯一的肯定性判决。即使被普遍认为较为激进的最高人民法院在全国人大修正草案出台前对《行政诉讼法》修改的建议稿亦主张驳回诉讼请求判决成为唯一肯定性判决。

只是两者的适用条件存在很大差异。法制委员会的草案规定的适用条件为"具体行政行为证据确凿，适用法律、法规正确，符合法定程序的，或者原告要求被告履行职责理由不成立的"[2]。前半段为现在维持判决的适用条件，而后半段针对履行法定职责类案件。而最高人民法院的建议稿规定的适用条件更为宽泛，即"原告的诉讼请求不能成立"[3]。对于最高人民法院的建议稿，在驳回诉讼请求已然滥用的情形下，该稿未有严格的适用条件，极有可能助长这种滥用，不利于合法性审查原则的落实，应不予采纳。对于法制委员会的草案，笔者认为维持判决相较于驳回原告诉讼请求判决更具优势，应予以保留，并且避免了被滥用的风险。

二、维持判决之保留与辩护

对于维持判决，一个常见的判断是"维持判决在三大诉讼法中是行政诉讼特有的判决形式，作为行政诉讼判决也是我国行政诉讼法所独有的。无论在大陆法系国家还是英美法系国家的行政诉讼制度中，都没有维持判决这种

---

[1] 参见苏峰："行政行为效力理论与确认判决制度"，载《行政法学研究》2007年第2期。

[2] 《中华人民共和国行政诉讼法修正案（草案）》第38条。

[3] 《最高人民法院对〈行政诉讼法〉修改的建议稿》第87条。

形式"。[1]有学者主张，驳回诉讼请求的判决形式应当进一步扩大，在条件成熟的时候，最终替代维持判决，其主要理由为：（1）维持判决是中国特色，大陆法系国家、英美法系国家均没有维持判决形式。（2）根据行政法的一般原理，有效的具体行政行为一经作出，在被有权机关撤销或者变更之前，应当一直视为有效而具有约束力。法院判决维持一个有效的具有约束力的具体行政行为，实属没有必要。（3）维持判决起不到支持行政机关依法行使行政职权的作用。（4）维持判决限制了行政机关根据条件的变化和行政管理的需要作出应变的主动性，这不是其优点，而是其缺点。（5）维持判决可能会导致法院司法裁判反复无常。[2]其他学者亦从不同角度对维持判决提出了质疑。[3]在此背景下，维持判决逐年减少，驳回诉讼请求判决显著增加，二者呈现对称性变化，个别法院驳回诉讼请求判决的平均使用率占到全部判决案件的50%、60%，大有取代维持判决的势头。[4]笔者认为，维持判决是我国行政诉讼肯定性判决的基础性判决方式，具有充分的正当性，应予以保留。当然，鉴于其刚烈的个性，其适用范围应当适度。

（一）维持判决是我国行政诉讼监督行政模式最高的体现

我国行政诉讼模式主要体现了监督行政模式，也就是学者通常所说的"侧重于客观诉讼兼顾主观诉讼的模式，即诉讼成为相对独立于诉讼请求的监督行政行为的过程"。[5]在此模式下，行政诉讼法律关系的主轴是法院与行政机关之间的权力监督关系，而不是法院与原告之间的纠纷解决关系；行政诉讼的审理对象亦为被诉具体行政行为的合法性，而不是简单地判断原告的诉讼请求能否成立。正所谓判不应请，这本就是行政诉讼的本质与特色所在。

虽然维持判决在结果上是对行政行为的肯定，但其极为严格的适用条件、

〔1〕 梁凤云："论维持判决的完善"，载中华人民共和国最高人民法院行政审判庭编：《行政执法与行政审判 2004年第2集 总第10集》，法律出版社2004年版，第68页。

〔2〕 参见甘文：《行政诉讼法司法解释之评论——理由、观点与问题》，中国法制出版社2000年版，第159~160页。

〔3〕 参见马怀德主编：《行政诉讼原理》，法律出版社2003年版，第431页；张忠斌、刘曙军："现行行政判决形式的不足与完善"，载《人民司法》1999年第7期。

〔4〕 参见上海市高级人民法院行政审判庭："行政诉讼中的裁判方式研究"，载中华人民共和国最高人民法院行政审判庭编：《行政执法与行政审判 2006年第3集 总第19集》，法律出版社2007年版，第142页。

〔5〕 江必新、梁凤云：《行政诉讼法理论与实务》（上下卷），北京大学出版社2011年版。

全面而深入的司法审查强度是行政诉讼诸判决中最为突出的，它要求法院进行全面的说理，对被诉具体行政行为的法定职权、认定事实、适用法律、行政程序和合理适当性等五方面作出肯定性的判断。当一个具体行政行为被司法判决维持时，实质上是司法权对行政权的一种褒奖，其作出机关应视为一种荣誉。

（二）维持判决体现的是司法权对行政权的优越性

对维持判决的另一种批评是，"维持判决背离了司法权的中立性和消极性，加重司法权成为行政权配角的色彩。……法院没有必要主动去维持被诉行政行为，容易造成法院和行政机关站在一起对付原告的感觉"。[1]该论点将我国现实中的司法环境完全归咎于维持判决，实属误会。事实上，维持判决本身不但没有加重司法权成为行政权配角的色彩，反而是以体现司法权对行政权的监督为逻辑前提的。因为行政诉讼以被诉具体行政行为的合法性为审理对象，司法审查程序中司法权是审查者，行政权是被审查者，审查者维持被审查者，体现了审查者对被审查者的优越性。需要说明的是，维持判决具有法定的、严格的适用条件，造成法院和行政机关站在一起对付原告印象的，并不是维持判决本身，而是人民法院无奈之下对维持判决的滥用。仅靠取消维持判决，丝毫不能改变司法的现实困境。当司法体制改革大功告成、人民法院司法环境大为改善时，如维持判决仍能占到行政诉讼判决的较大比重，不正是说明中国的法治已经取得了极大的成就吗？

（三）维持判决是对合法行政行为效力的强化

行政行为的效力通常包括公定力、确定力、执行力等，而被司法生效判决所维持的具体行政行为，其效力已发生了质的变化，因为生效判决是具有既判力的。此时，行政行为的公定力已不再需要，因公定力只是基于法律秩序的优先而在未经有权机关经法定程序撤销之前的一种推定的效力，人民法院是有权机关，行政诉讼程序是法定程序，当行政行为被生效司法判决所维持时，该种推定的前提已不存在，而经司法维持的行政行为其效力已不是公定，而是既定，任何人都不得再对其提出异议，就连其原本的作出机关亦不得进行任何的改变，其执行力亦已被司法判决的强制执行力所取代，对其执

---

〔1〕 上海市高级人民法院行政审判庭："行政诉讼中的裁判方式研究"，载中华人民共和国最高人民法院行政审判庭编：《行政执法与行政审判 2006年第3集 总第19集》，法律出版社2007年版，第157~158页。

行程序亦已不再是行政强制执行,而是司法强制执行。可见,维持判决的本质是对合法行政行为效力的司法强化,是对正当法律秩序更强有力的维护和保障,对国家社会的长治久安具有深远意义,岂可轻言放弃。

三、驳回诉讼请求判决之滥用与限制适用

(一)驳回诉讼请求判决之滥用

驳回诉讼请求判决是肯定性判决的一种,其适用的前提很明确,即行政行为经过审查后是合法的。同时,我国行政诉讼制度基本上是一个客观诉讼结构,法院在判断案件的是非曲直时,不仅审查原告的诉讼请求是否合法,更为重要的是突破对原告诉讼请求之限制,进一步对被诉行政行为的合法性进行审查。[1]《若干解释》确立的驳回判决本意是使人民法院在案件的处理上更具灵活性,但也留下了被滥用的隐患。司法实践中,也确实存在无视具体行政行为违法,判决驳回原告诉讼请求的情形。[2]而法官适用驳回诉讼请求判决的理由多为"当事人证据不足"或"当事人的证据不足以证明其诉请",司法裁量的空间过大。又由于《若干解释》第56条第4项规定了一个"其他应当判决驳回诉讼请求的情形"的兜底条款,使驳回诉讼请求判决成为行政诉讼的"万能判决",当法官面对不适宜或无法进行司法审查的问题时,他(她)得以轻易地回避。驳回诉讼请求判决的滥用基本隔断了确认判决的适用,实践中,确认合法、有效判决极少得到适用,其根本原因也在于此。虽然驳回判决有其不可替代的正面价值,但是其副作用也不容忽视,在某种意义上甚至颠覆了现有行政诉讼的架构,使得行政诉讼合法性审查的基本原则异化为对当事人诉讼请求的审查和否定。

(二)驳回诉讼判决的严格适用

驳回诉讼请求判决存在被滥用的风险,应限缩其适用,而非扩大适用。笔者认为,应将驳回诉讼请求判决定位于肯定性判决的最后一种,只有当被诉具体行政行为合法性的判断在客观上难以给出明确的结论,既不能适用任何一种否定性判决,也不能适用维持、确认合法判决,万不得已时方可适用。其适用情形应严格限定于以下两类行为:

---

[1] 参见江必新、梁凤云:《行政诉讼法理论与实务》(上下卷),北京大学出版社2011年版。
[2] 参见江必新、梁凤云:《行政诉讼法理论与实务》(上下卷),北京大学出版社2011年版。

1. 局部存在轻微违法的行为

司法对被诉具体行政行为合法性的判断，从逻辑上来说，只能有两种结果，一种是合法，一种是违法；但现实生活并不总是黑白分明的，总有一些行为会游走于合法与违法之间。人民法院在面对形形色色的具体行政行为时，必然会遇到一个矛盾，即有限的判决方式与无限多样的具体行政行为之间的矛盾，如内部程序有违法但既不在实体上影响行政机关意思表示的形成也未损害相对人权益的行为（未严格履行立案报批程序）、已及时弥补轻微违法的行为、文书形式不完全符合要求的行为等。行政诉讼中人民法院既要完成监督行政机关依法行政的使命，也要考虑法的安定性价值与公共资源的稀缺性，面对上述矛盾时，人民法院在裁判文书"本院认为"部分指出行政行为的违法之处，判决驳回原告的诉讼请求，也未尝不是一个更好的选择，毕竟此类行为在整体上还是应该被肯定的。当然，需要的时候还可以发司法建议。

2. 内容繁杂、技术性强，客观上无法全面判断合法性的行为

现代社会日趋复杂，行政行为复杂化、技术化趋势明显，人民法院的司法审查任务日益繁难，但行政审判的人力、物力及法定审限是相对不变的，这势必将导致行政诉讼的另一个矛盾，即有限的审查能力与无限复杂的审查对象之间的矛盾，如起诉建设工程规划许可证的案件中，涉案建设项目可能十分庞大包括几十甚至上百幢建筑物，而原告只是认为其中一幢影响到其采光权而要求撤销许可证，因行政诉讼实行全面审查原则，被告势必会将被诉许可证项下全部建筑物的施工图（平面图、立面图、剖面图）、绿化图、消防图、人防图等，以及大量日照分析报告向法庭提交，经开庭质证辩论后，查明与原告相关建筑物的工程规划完全合法，但面对其余上百斤的图纸和众多专业性极强的日照分析报告，尽管原告没有任何异议，谁又敢保证其中没有任何问题呢？日后他人针对同一许可证项下其他建筑又提起诉讼该如何处理呢？此时，人民法院作出否定性判决没有依据，但判决维持或确认合法又明显不妥，只好判决驳回原告的诉讼请求，虽为无奈之举，但不失明智。

四、确认合法、有效判决的再定位

《若干解释》对于确认判决，只有简单的一句话，其第 57 条第 1 款规定，人民法院认为被诉具体行政行为合法，但不适宜判决维持或者驳回诉讼请求

的，可以作出确认其合法或者有效的判决。该规定为确认合法判决的适用设定了三个前提条件：一是被诉具体行政行为合法，二是不适宜判决维持，三是不适宜判决驳回诉讼请求。第一个条件属题中应有之义；第二个条件是适当的，确认合法判决本因弥补维持判决之不足而生，具有补充性，但何谓"不适宜判决维持"，并未明确界定；第三个条件将确认合法、有效判决置于驳回诉讼请求判决之后，值得商榷。

（一）确认合法判决的适用顺位应提前

确认合法判决自诞生之初即被湮没于驳回诉讼请求判决的庞大身躯之后，英雄无用武之地。笔者认为，在我国行政诉讼模式下，确认合法判决具有极强的生命力和适应性，其适用顺位应提前，应该成为维持判决的第一替补判决，凡被诉具体行政行为合法，但又不适宜判决维持的，应首先考虑适用确认合法判决，只有在确认合法判决也不适宜时，才考虑适用驳回诉讼请求判决。因为我国行政诉讼的审理对象为被诉具体行政行为的合法性，而不是简单地判断原告的诉讼请求能否成立。司法权也正是通过这一审查来实现其对行政权的监督的，可见，对被诉具体行政行为合法性的判断是我国行政诉讼的核心任务，这一判断自然应该体现在判决主文中。确认合法判决直接针对被诉具体行政行为，以"合法"这一判断完成了行政诉讼的核心任务，又没有维持判决所天生的刚性，给行政机关的后续行为留下了充足的空间，完全有条件成为维持判决的第一替补；而驳回诉讼请求判决是针对原告的诉讼请求作出的，既偏离了我国行政诉讼的审理对象，也回避了对被诉具体行政行为合法性的直接判断，将其置于确认合法判决之前，不符合我国行政诉讼的基本精神。

那么，《若干解释》为何要将确认合法判决置于驳回诉讼请求判决之后呢？笔者简陋，妄自揣测，原因之一可能是受到西方行政诉讼法上确认之诉概念的影响。德国行政诉讼法上，"仅当原告不能或者未能通过某个其他诉讼类型（撤销之诉、给付之诉），在相同范围内并以相同效力实现其法律保护时，确认之诉才是适当的"。[1]也就是说，只有在撤销之诉、给付之诉不得提起时，确认之诉才是适当的，确认之诉具有补充性，是最后的选择。但我国的确认判决只是一种补充性的判决方式，是对维持、撤销、履行等基本判决

---

〔1〕　［德］弗里德赫尔穆·胡芬：《行政诉讼法》，莫光华译，法律出版社2003年版，第313页。

方式在特定条件下的变通，我国并不存在严格的、制度化的诉讼类型区分，当然也不存在西方意义上独立的确认之诉，原告的诉讼请求是要求撤销被诉具体行政行为，还是要求确认被诉具体行政行为违法，对人民法院并不会产生实质性的影响，最终的裁判方式是人民法院依职权主动选择的结果，并不受原告诉讼请求的约束。目前学界对判决的类型化研究，多借鉴大陆法系诉讼类型"三分说"，将诉讼类型与实体权利一一对应，分为给付之诉、确认之诉和形成之诉，并试图将现有行政诉讼判决种类归位于上述三种诉讼类型中，如将撤销判决、变更判决归位于形成类判决，将履行判决归位于给付判决，将确认判决、驳回诉讼请求判决、情况判决、维持判决归位于确认类判决。上述分类虽然有助于理论的研究，但完全脱离了中国行政诉讼现实，反而使得现有体系更加混乱，对司法实践的助益不大。

（二）确认合法判决的适用范围应扩大

确认合法判决的适用前提是不适宜判决维持，那么，何种情形不适宜判决维持呢？维持判决的效力具有特殊性，其不仅认可了被诉具体行政行为的合法性，还以司法权强化了其不可变更性，该强化的效力在禁止行政机关任意改变具体行政行为的同时，也限制了行政机关依法依情作出相应变更的主动性，故对于那些虽然合法但在判决后仍可能会有变动的具体行政行为，不适宜判决维持，应判决确认合法。《若干解释》对确认合法判决方式的规定属原则性规定，并未明确列举具体的适用情形，权威解释将其适用情形仅列举为"行政合同案件中的某些问题"，[1]实际上限缩了确认合法判决的适用范围，直接导致了确认合法判决在审判实践中运用极少。[2]结合多年来的行政审判实践，笔者认为确认合法判决至少应适用于下列情形：

1. 行政许可行为

行政许可是指行政机关根据公民、法人或者其他组织的申请，经依法审查，准予其从事特定活动的行为。针对行政许可行为提起的诉讼中，虽然被诉行政许可行为完全合法，但根据《中华人民共和国行政许可法》第 8 条第 2

---

〔1〕 最高人民法院行政审判庭编：《〈关于执行《中华人民共和国行政诉讼法》若干问题的解释〉释义》，中国城市出版社 2000 年版，第 122 页。

〔2〕 上海市每年只有 1~3 件案件适用确认合法判决，有些年甚至没有，参见上海市高级人民法院行政审判庭："行政诉讼中的裁判方式研究"，载中华人民共和国最高人民法院行政审判庭编：《行政执法与行政审判　2006 年第 3 集　总第 19 集》，法律出版社 2007 年版，第 160 页。

款、第49条、第70条、第80条的规定，该行政许可将来可能被依法变更、撤回、注销或者吊销，比如因客观情况发生重大变化，为了公共利益的需要，行政机关可以依法变更或者撤回已经生效的行政许可；公民死亡或者丧失行为能力、法人或者其他组织依法终止，行政机关应当依法办理有关的行政许可注销手续；被许可人有倒卖、出租行政许可证件等严重违法行为的，行政机关可以依法给予吊销许可证照的行政处罚等。故针对行政机关作出的合法行政许可行为，一般不宜判决维持，应判决确认合法，否则维持判决将成为行政机关日后依法履行职责的障碍。

2. 行政裁决行为

行政裁决是指行政机关对平等主体之间民事争议所作的裁决，民事争议一方不服其裁决而向人民法院提起行政诉讼后，人民法院经审查虽认为其裁决是合法的，但一般不宜判决维持，应判决确认合法。因为与行政法律关系当事人不同，民事法律关系当事人对于民事权利义务具有极大的处分权，虽然经过了行政机关的裁决，但该裁决并不绝对禁止民事争议当事人的处分权，也就是说，裁决虽然合法，但其内容有可能在事后被民事争议当事人在其处分权范围内作出改变。以司法实践中最常见的行政裁决行为——房屋拆迁行政裁决为例来说明：因拆迁双方达不成拆迁安置补偿协议，房屋拆迁管理机关应拆迁人的申请，经协调不成后，对拆迁人与被拆迁人的房屋拆迁争议作出裁决，该裁决完全符合拆迁管理法规的规定；但在其后的强制拆迁程序中，拆迁人基于拆迁进度的考虑，完全有可能以更高的标准与被拆迁人重新达成拆迁安置补偿协议（事实上，法定的拆迁裁决标准是最低标准，任何一份拆迁安置补偿协议中确定的补偿标准均高于裁决的标准）；此时，房屋拆迁管理机关作出的裁决虽然是合法的，但其法律效力已被事后的拆迁安置补偿协议取代了，如果人民法院在诉讼中判决维持了拆迁裁决行为，岂不是会阻碍拆迁双方当事人行使处分权吗？

3. 行政登记行为

不动产物权登记行为通常被定性为行政确认行为，该行为虽为行政行为，但往往以一个民事法律行为作为基础行为，是以国家公权力对民事法律关系加以确认、登记并予以公示的行为。不动产物权登记后，权利人对其物权享有充分的处分权，基于其处分行为，物权将会发生相应的变化，人民法院在审理一个针对不动产物权登记行为提起的行政案件时，被诉具体行政行为虽然合法，但极有可能在将来会因权利人的处分而发生变化，有时甚至在诉讼前即已多次处分，如房屋已被多次转让并办理转移登记后，其初始登记行为或较早的转移登记行为被提起了行政诉讼，在此类情况下，人民法院只能判决确认合法，而不宜判决维持。同理，基于婚姻双方的意思自治，结婚登记后，存在协议离婚的可能；而离婚登记后，又存在和好复婚的可能，故对合法的婚姻登记行为亦只能判决确认合法，而不宜判决维持。

4. 合法但因法律、政策变化需要变更或者废止的行为

被诉具体行政行为合法但因法律、政策变化需要变更或者废止的情形为《若干解释》第56条第3项规定的判决驳回诉讼请求的情形之一。笔者认为，该情形下行政机关作出被诉具体行政行为时的合法性是确定无疑的，只不过因客观情况发生了变化，其行为需要进行相应的调整，那么人民法院当然不宜判决维持，但也不应判决驳回诉讼请求，而应判决确认合法。因为对于一个经审查完全合法的具体行政行为，人民法院为什么不在判决主文中明确表明司法审查的结论呢？此时判决驳回诉讼请求，无缘无故地放弃了合法性审查原则，是不可取的。

5. 合法但存在合理性问题的行为

被诉具体行政行为合法但存在合理性问题的情形为《若干解释》第56条第2项规定的判决驳回诉讼请求的情形之一。该情形下行政机关作出的具体行政行为既没有突破法律的明确界限、范围，也不能被认为是滥用职权和显失公正，也就是说其行为是合法的，但在自由裁量权的运用上存在不合理的因素。笔者认为，此时，人民法院既不宜判决维持，也不应判决驳回诉讼请求，同样应判决确认合法。因为行政机关可能会在日后纠正其行为中的不合理因素，维持判决将成为行政行为合理化的障碍；既然被诉行为是合法的，人民法院应在判决主文中明确表明司法审查的结论，同时发出司法建议，对行政机关提出合理化建议。此时判决驳回诉讼请求，同样是不可取的。

6. 被告改变被诉具体行政行为，原告不撤诉，但被诉行为合法的

被告改变被诉具体行政行为，原告不撤诉，但被诉行为合法的情形为《若干解释》第50条第3款规定的驳回诉讼请求的情形。此情形下，被诉具体行政行为的合法性是非常明确的，只是因为被告已经改变了被诉行为，故不宜判决维持，但并不能因为原告不撤诉，就判决驳回其诉讼请求，而应判

决确认合法，也只有确认合法判决才能与该款前半句中的确认违法判决[1]相呼应。判决驳回诉讼请求同样回避了对被诉行为合法性的判断，违背了合法性审查原则。

（三）确认有效判决应予以废弃

《若干解释》对于确认有效判决，同样规定于第57条第1款，人民法院认为被诉具体行政行为合法，但不适宜判决维持或者驳回诉讼请求的，可以作出确认其合法或者有效的判决。该规定将行政行为的有效混同于行政行为的合法，在概念上存在模糊之处。《若干解释》第58条规定，被诉具体行政行为违法，但撤销该具体行政行为将会给国家利益或者公共利益造成重大损失的，人民法院应当作出确认被诉具体行政行为违法的判决，并责令被诉行政机关采取相应的补救措施；造成损害的，依法判决承担赔偿责任。在此种情形下，被诉具体行政行为虽被确认违法，但基于国家利益或者公共利益的考虑，其效力被保留，可见有效的行为并不一定是合法的行为。从理论上来说，在行政行为的效力研究中，通常主要研究行政行为效力的内容，即先定力、公定力、确定力、执行力和存续力。[2]在论及行政行为的公定力时，通常会以公定力的有无为标准来区分无效的行政行为和可撤销的行政行为。[3]而有效的行政行为并不是一个含义特定的概念，到目前为止，其内涵与外延均无法在理论上加以明确界定。因为"对行政行为的效力评价是一个比行政行为违法性（或合法性）评价更为复杂且标准不同的一种评价。对于行政违法行为，评价的根据和标准是行政法律规范，评价的结果具有单一性，与法律规范的规定相符合即为合法，反之即为违法，在合法与违法之间，是种非此即彼的判断。而对行政违法行为的有效与否的评价，它可以因事酌定从而包含多种法律后果的判断"。[4]将一个在行政法理论中尚不能明确界定的概念规定为一种行政诉讼的判决方式，笔者认为，至少在目前，时机还不太成熟。

---

〔1〕《若干解释》第50条第3款：被告改变原具体行政行为，原告不撤诉，人民法院经审查认为原具体行政行为违法的，应当作出确认其违法的判决；认为原具体行政行为合法的，应当判决驳回原告的诉讼请求。

〔2〕参见叶必丰：《行政行为的效力研究》，中国人民大学出版社2002年版，第25页。

〔3〕参见［德］奥托·迈耶：《德国行政法》，刘飞译，商务印书馆2002年版，第100页。

〔4〕杨解君：《行政违法论纲》，东南大学出版社1999年版，第122页。

当然，笔者也注意到，权威解释中将确认有效判决的适用仅限定于"行政合同案件中的某些问题"，[1]应该说，确认有效判决在规定之初即具有前瞻性，是为行政合同案件列入行政诉讼受案范围预留的伏笔。但直至今日，在我国，行政机关的行政合同行为，是否属于具体行政行为，是否应当纳入行政诉讼的范围，仍是一个有争议的问题。尤其当国有土地使用权出让合同纠纷纳入民事诉讼受案范围后，希望更加渺茫。目前所能争取的应是将行政机关单方解除、变更行政合同或者因行使制裁权等行政优益权而引起的行政合同纠纷纳入行政诉讼受案范围。[2]但此类行政合同纠纷似乎并不需要确认有效的判决方式。综上，笔者认为，我国行政诉讼中应放弃确认有效这一判决方式，事实上，该判决方式在司法实践中亦是几乎不用的。

综上，笔者认为现有的肯定性判决体系基本合理，即以维持判决为核心，确认合法判决为第一辅助性判决，驳回诉讼请求判决作为兜底，废弃确认有效判决。法官在适用时应严格按照图2的适用顺序，逐步考察、适用。

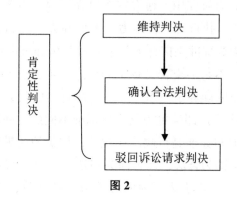

图 2

五、结束语

行政诉讼中的肯定性判决与否定性判决，犹如一枚硬币的正反两面，二者对立统一于合法性审查原则；司法审查的过程犹如一枚旋转中的硬币，经合法性审查后，硬币的最终倒向才能确定。否定性判决因其直接体现了司法

---

〔1〕 最高人民法院行政审判庭编：《〈关于执行《中华人民共和国行政诉讼法》若干问题的解释〉释义》，中国城市出版社 2000 年版，第 122 页。

〔2〕 参见江必新、梁凤云：《行政诉讼法理论与实务》（上下卷），北京大学出版社 2011 年版。

权对行政权的监督，更易引起关注；岂不知，正反相生，互为前提，正不立，反何如？只有准确界定了各种肯定性判决的适用顺位与适用条件，才能够杜绝那些本应被否定的行为混水摸鱼，此所谓不立不破。驳回诉讼请求判决实质上是合法性审查原则的妥协与例外，虽列入肯定性判决，但因其外观上的模棱两可，应严格控制其适用范围，毕竟，能够不倒的硬币是少而又少的。

论规范性文件审查的相对独立性*

文/吴宇龙

内容提要 规范性文件审查的相对独立性，是对我国规范性文件审查制度的基本内涵进行分析和解读后形成的一个学理性概念，其体现于规范性文件审查与被诉行政行为审查的关系之中，其含义包括：第一，规范性文件司法审查具有与生俱来的独立性，其在审查标的、审查功能、审查次序、审查内容、审查程序、被审查主体等方面均与被诉行政行为的审查具有本质的不同；第二，规范性文件审查的请求权（请求主体、请求期限、请求范围）又完全依附于被诉行政行为的审查程序，即其独立性又是相对的；第三，规范性文件审查的独立性是其本质属性，其依附性只是制度发展过程中阶段性的体现；第四，"规范性文件附带审查"这一概念消解了《中华人民共和国行政诉讼法》的修法价值，混同了规范性文件审查与被诉行政行为审查之间质的区别，颠倒了两种审查的逻辑次序，否定了规范性文件审查的独立性，对规范性文件审查制度的成形和完善将产生负面影响。

关键词 行政诉讼法 规范性文件审查 独立性 依附性

2014 年 11 月 1 日修订的《中华人民共和国行政诉讼法》（以下简称《行政诉讼法》）第 53 条、第 64 条关于规范性文件审查的规定正式确立了我国行政诉讼制度中对部分抽象行政行为的司法审查制度，是此次《行政诉讼法》修改的重大突破，具有深远的意义。或许正是由于突破过于重大，该制度在诞生之初即受到了一定的限制，而且只有两个条文，直接导致该制度的基本

---

* 本文发表于《人民司法·应用》2016 年第 10 期。

内涵并未十分凸显，司法实践中不可避免地出现了很多疑惑和争议。本文尝试就规范性文件审查的相对独立性进行初步的探讨，以期对该制度的成形和完善提供一些可供参考的思路。

一、规范性文件审查的相对独立性概念解析

规范性文件审查的相对独立性，并不是一个法定概念，只是笔者对我国规范性文件审查制度的基本内涵进行分析和解读后形成的一个学理性概念。

（一）规范性文件审查的相对独立性的含义

规范性文件审查的相对独立性，体现于规范性文件审查与被诉行政行为审查的关系之中，是在充分分析二者的联系与区别基础之上形成的认知。其基本含义包括两个方面：一方面，规范性文件审查是对抽象行政行为的审查，其与被诉行政行为审查具有质的区别，当然具有独立性；但另一方面，在现行立法下，规范性文件审查的启动又完全依附于对被诉行政行为审查的程序，其独立性又表现出相对性。正是基于规范性文件审查制度内在的双面性，笔者提出了规范性文件审查的相对独立性这一概念，以将其两种属性均予以概括。其中的"相对"又包含两层意思：一是指规范性文件审查的独立性是相对于被诉行政行为审查而言的；二是指规范性文件审查的独立性又是相对的，不是绝对的。需要说明的是，规范性文件审查制度中的两种属性，比重大不相同。其依附性主要体现在规范性文件审查的请求权之中，而其独立性则体现在规范性文件司法审查的各个方面，所以规范性文件审查的独立性应成为整个制度的本质属性，而其依附性则只是制度发展过程中阶段性的体现而已，毕竟我国的规范性文件审查制度刚刚破茧而出，让其暂时依附于另一个较为成熟的制度，未尝不是一个稳健的选择。

笔者提出这一概念还有一个更直接的诱因，那就是受到了另一个概念，即规范性文件附带审查的触动。该概念近年比较流行，很多人将其作为规范性文件审查的同义语使用。笔者认为，该概念的使用不够严谨，而且有误导性，应予放弃，所以才提出规范性文件审查的相对独立性这一概念。

（二）"规范性文件附带审查"语义分析

《行政诉讼法》第53条第1款规定，公民、法人或者其他组织认为行政行为所依据的国务院部门和地方人民政府及其部门制定的规范性文件不合法，在对行政行为提起诉讼时，可以一并请求对该规范性文件进行审查。该规定

中的"一并请求对该规范性文件进行审查"经常被简化为"一并审查"，进而被转化为"附带审查"。概念的背后是认知，"规范性文件附带审查"这一概念，折射出使用人对规范性文件审查制度的深层认知，尤其体现在规范性文件审查与被诉行政行为审查的关系上，其突出了一个可能是潜意识中的认知，即认为规范性文件审查是完全依附于被诉行政行为审查的。笔者认为，该种认知消解了《行政诉讼法》的修法价值，混同了规范性文件审查与被诉行政行为审查之间质的区别，颠倒了两种审查的逻辑次序，彻底否定了规范性文件审查与生俱来的、本质上的独立性，对规范性文件审查制度的成形和完善将产生负面影响。

（三）"规范性文件附带审查"可能的历史渊源

《行政诉讼法》修改之前，并未赋予原告一并提出对规范性文件审查的请求权，亦未赋予司法机关对规范性文件本身的司法审查权，这与《行政复议法》（2009年）第7条、第27条的规定形成鲜明对比。但因为规范性文件在行政诉讼中经常作为被诉行政行为的依据而出现，原告对被诉行政行为法律适用提出异议时，往往会一并对规范性文件本身提出异议，司法机关有时亦会认为规范性文件本身确实存在问题。为了解决此类问题，《最高人民法院关于执行〈中华人民共和国行政诉讼法〉若干问题的解释》（法释〔2000〕8号）第62条第2款规定，人民法院审理行政案件，可以在裁判文书中引用合法有效的规章及其他规范性文件。《最高人民法院关于审理行政案件适用法律规范问题的座谈会纪要》（法〔2004〕96号）第1条中规定，人民法院经审查认为被诉具体行政行为依据的具体应用解释和其他规范性文件合法、有效并合理、适当的，在认定被诉具体行政行为合法性时应承认其效力；人民法院可以在裁判理由中对具体应用解释和其他规范性文件是否合法、有效、合理或适当进行评述。有人将上述规定理解为司法机关对规范性文件具有了审查权，这恐怕是误读。司法机关制定的不论是司法解释还是座谈会纪要，都应属于审判工作中具体应用法律的解释，而不是创设法律。上述规定应理解为司法机关在对被诉行政行为的法律适用是否正确进行审查时，对于规范性文件的适用是否正确具有判断权，其核心是拒绝适用权，即认为不合法时有权拒绝适用，但不包括评述权和确认权。该判断权是法律适用审的一部分，也是司法机关对行政行为司法审查权的必然组成部分，若没有这一权力，整个行政诉讼制度都可能沦为空转。因为行政机关完全可以在作出任何具体行政行为之前先量身订制一个规范性文件，司法机关若不能拒绝适用该规范性文件则行政机关将永远立于不败之地。在这个意义上，将司法机关对规范性文件所享有的法律适用判断权称为"规范性文件附带审查"，虽不是十分贴切，也并无大碍。

但修改后的《行政诉讼法》正式赋予了司法机关对规范性文件的司法审查权，这一修改是质的飞跃。《行政诉讼法》第 64 条规定，人民法院在审理行政案件中，经审查认为本法第 53 条规定的规范性文件不合法的，不作为认定行政行为合法的依据，并向制定机关提出处理建议。该规定中，"经审查认为本法第五十三条规定的规范性文件不合法的"赋予司法机关的是对规范性文件直接的评述权和确认权，"并向制定机关提出处理建议"赋予司法机关的是对规范性文件的处理建议权，评述—确认—处理，此三种权力在结构上已经初步形成了一个完整的司法审查权。至于"不作为认定行政行为合法的依据"不过是对之前就已经存在的拒绝适用权的重复，仍然属于行政行为审查中法律适用审的一部分。若将修法后的规范性文件审查仍称为规范性文件附带审查，很可能是惯性思维的体现，完全消解了此次修法的价值，也违背了立法的本意。当然有人可能会觉得评述权、确认权和处理建议权的威力还不够大，希望最好有宣告权甚至是撤销权。笔者认为，首先，任何事物都是从无到有、从小到大的；其次，这一授权的实质是对我国行政权和司法权的重新定位，是对现行体制的一个重大突破，事关重大，立法机关慎重一点，也是应该的；最后，对于这一全新的权力，司法机关和行政机关都需要一个适应的过程。

二、规范性文件审查的独立性

尽管行政诉讼立法为规范性文件审查制度设定了一定的限制条件，使其在某些方面体现出对被行政行为审查的依附性，但此类限制均是针对规范性文件审查的请求权设定的，实质上构成了规范性文件审查的各项受理条件。对于规范性文件的审查主体——司法机关来说，《行政诉讼法》立法的制度设计则更多展现了突破性和开放性的一面，充分体现了规范性文件审查相对于被诉行政行为审查的独立性。具体表现如下：

（一）审查标的

规范性文件审查与行政行为审查，最核心的区别就在于审查标的不同。

规范性文件审查的审查标的是规范性文件的合法性，而行政行为审查的审查标的却是被诉行政行为的合法性，规范性文件属于抽象行政行为，被诉行政行为则主要还是以前所称的具体行政行为（当然也包括了不作为及新法中增加的行政协议），二者因此有了质的不同，规范性文件审查正是在这一意义上获得了独立性。《行政诉讼法》修改之前，整个行政诉讼制度都是建立在对被诉（具体）行政行为合法性审查之上，即便在修改后，确立行政行为合法性审查原则的第6条仍牢牢地矗立在新法总则之中，第13条第2项仍然将"行政机关制定、发布的具有普遍约束力的决定、命令"明确排除在行政诉讼受案范围之外。但是，《行政诉讼法》毕竟还是修改了，新增了第53条和第64条的规定，尽管只是前进了一小步，却是带来质变的一小步。

《行政诉讼法》第13条第2项中规定的"行政机关制定、发布的具有普遍约束力的决定、命令"与第53条规定的规范性文件，二者表述虽有不同，却并无实质区别，均指向抽象行政行为中等级比较低（规章以下）的那一部分，规范性文件是一个更包容、更简练的表述方式。那么，问题来了：既然第53条将规范性文件纳入了司法审查的范围，第13条第2项却又将与其高度近似的"行政机关制定、发布的具有普遍约束力的决定、命令"排除在行政诉讼受案范围之外，二者矛盾吗？笔者认为，二者并不矛盾。第13条第2项只是将"行政机关制定、发布的具有普遍约束力的决定、命令"排除在直接针对其提起行政诉讼的受案范围之外，而第53条却是为间接受理对规范性文件的审查请求打开了一扇窗，二者是门和窗的关系，即门还关着，窗却打开了。正是因为有了第53条的规定，使第13条第2项中规定的"行政机关制定、发布的具有普遍约束力的决定、命令"与该条中规定的其他事项（如国防、外交等国家行为；最终裁决行为等）有了本质的区别：其他事项属于绝对的不受理事项，不论是直接还是间接；而"行政机关制定、发布的具有普遍约束力的决定、命令"却成为有条件的、间接的受理事项，其受理条件为第53条对规范性文件审查请求权的各项限制。正是在这个意义上，可以将第53条理解为第13条第2项的特殊规定，第53条的实质并不是抬高了门槛，反而是降低了第13条第2项的门槛。

（二）审查功能

因审查标的的不同，规范性文件审查与行政行为审查在功能上也出现了根本性的差异。行政行为审查解决的是行政机关执行法律（包括规范性文件）

是否合法的问题，而规范性文件审查解决的却是规范性文件本身（行政立法行为）是否合法的问题，二者是源与流的关系。规范性文件在整个法律体系效力等级序列中处于末位，但其自然生长于社会生活，是更本源意义上的法，其在面对纷繁复杂的社会现实时所体现出的灵活性和适用性，是各类行政执法活动须臾不可或缺的。然而，规范性文件又有其先天不足，行政机关在制定规范性文件时既会考虑现实的需要，也不可避免地会考虑到自身的需求，因此规范性文件中体现出行政机关自身的利益就不足为奇了。恐怕这也就是本次修法将规范性文件纳入司法审查的根本原因。对于一个不合法的规范性文件，一次行政行为的司法审查，只能解决该文件对原告个人的不利影响；而一次规范性文件的司法审查，却能从源头上救济该文件对同类情况下已经受到或将要受到影响的所有人。正是由于规范性文件作为立法行为本身所具有的普遍适用性，规范性文件审查的影响自然也就超越了个案，具有了公益性。在这个意义上，规范性文件司法审查制度属于公益诉讼的一种类型，运作得好，可以有效预防行政争议的产生，减少行政诉讼案件的发生，是一个效率非常高的制度，值得花大力气投入。

（三）审查次序

规范性文件审查与行政行为审查，二者的审查标的虽不同，却有关联。前者审查的规范性文件恰好就是后者行政行为作出时的依据或依据之一，所以两种审查在逻辑上必然存在着先后次序。因为规范性文件是行政行为作出的直接依据，那么规范性文件是否合法势必就会成为判断被诉行政行为是否合法的必要逻辑前提，即规范性文件合法被诉行政行为才有可能合法，若规范性文件不合法则被诉行政行为在法律适用方面必然不合法。鉴于二者之间存在的这种逻辑关联，必然要求规范性文件审查在先，被诉行政行为审查在后，也就是说，规范性文件审查事实上成为被诉行政行为审查的一个先决问题，其独立性不言而喻。

虽然《行政诉讼法》立法时未将二者的审查次序明示，但第64条中规定的"人民法院在审理行政案件中，经审查认为本法第五十三条规定的规范性文件不合法的，不作为认定行政行为合法的依据"却暗含了这一审查次序，即明确要求先判断规范性文件的合法性，再判断行政行为的合法性。其实，二者的审查次序是由二者的逻辑关系决定的，是一个固有的、客观的存在，即便法律没有规定，它仍然在那里。

需要指出的是，《最高人民法院关于适用〈中华人民共和国行政诉讼法〉若干问题的解释》（法释〔2015〕9号）（以下简称《解释》）第2条第1款第7项规定："行政诉讼法第四十九条第三项规定的'有具体的诉讼请求'是指：……（七）请求一并审查规章以下规范性文件；……。"第20条规定："公民、法人或者其他组织请求人民法院一并审查行政诉讼法第五十三条规定的规范性文件，应当在第一审开庭审理前提出；有正当理由的，也可以在法庭调查中提出。"上述规定中表述的"一并审查"，与《行政诉讼法》第53条中表述的"一并请求对该规范性文件进行审查"存在不一致，也违背了规范性文件审查与行政行为审查之间的逻辑关系，似乎不太严谨。

（四）审查内容

行政行为审查的审查内容，主要规定在《行政诉讼法》第70条，概括地讲，包括：事实（证据）审、法律适用审、程序审、职权审、正当审等。但对于规范性文件审查的审查内容，《行政诉讼法》并未明确规定。《行政诉讼法》第53条规定的规范性文件尽管效力等级比较低，但其在性质上与效力等级较高的行政法规、规章同属于抽象行政行为，对同类行为进行合法性审查时，其审查内容大体上亦应是一致的。所以参照《中华人民共和国立法法》第96条的规定，行政诉讼中对规范性文件的审查亦应包含以下内容：（1）是否超越权限；（2）下位法是否违反上位法规定；（3）同一层级规范性文件之间对同一事项的规定是否一致；（4）是否适当；（5）是否违背法定程序。可见，规范性文件审查在审查内容方面亦是独立的。

（五）审查程序

审查标的、审查功能、审查次序、审查内容的不同，必然导致规范性文件与行政行为在审查程序上的不同。然而，整部《行政诉讼法》除第53条和第64条外，不就是一部行政行为审查程序法吗？尤其在第七章"审理和判决"单元中，一审（普通、简易）程序、二审程序、审判监督程序，完全是为行政行为的审查量身订制的，对于规范性文件的审查程序却只字未提。这难道只是立法的疏忽吗？笔者认为不是，因为规范性文件审查在我国现有制度下是新生事物，涉及司法权与行政权的重新定位，不论是理论界还是实务界对于规范性文件司法审查的程序均没有成熟方案，《行政诉讼法》又是国家大法，对于不成熟的内容不作规定，是完全可以理解的选择。需要注意的是，不能因为规范性文件审查程序没有规定，就把《行政诉讼法》规定的对行政行为的审查程序直接照搬，这样做既不能很好地履行法律赋予的对规范性文件的审查职责，也扰乱了对被诉行政行为审查的正常程序，是完全不可取的。

但是，规范性文件审查制度确确实实已经正式确立，司法机关受理原告对规范性文件审查的一并请求后，必须进行审查，不能因为法律对审查程序没有规定就拒绝审查，这是司法被动性的一种体现，即司法不能拒绝裁判，有程序要审，没有程序也得审。既然要审就必须依照一定的程序，因为程序是司法的生命，没有程序的审查就不能被称为司法审查。那么程序从哪里来呢？由各个司法机关甚至各位法官自行确定吗？显然不行，各行其是的审查程序无异于司法"自残"，司法公信力的一个很重要的来源就是司法的统一性，这就意味着需要最高人民法院以司法解释的形式来统一规定。与此类似的情况下，司法解释已有先例。修改前《行政诉讼法》第 67 条第 2 款规定，公民、法人或者其他组织单独就损害赔偿提出请求，应当先由行政机关解决。对行政机关的处理不服，可以向人民法院提起诉讼。该条就单独提起行政赔偿诉讼进行了规定，但仅此一条，行政赔偿诉讼的整个程序没有任何规定。《最高人民法院关于审理行政赔偿案件若干问题的规定》（法发〔1997〕10号）对此作出了详细规定，成为人民法院审理行政赔偿案件的基本程序。在这个意义上，本次修法充分体现了立法对司法的开放性。

（六）被审查主体

行政行为审查中，被审查主体当然就是作出行政行为的行政机关，其既然行使了职权，当然就要承担相应的责任，也就是要成为行政诉讼的被告，接受司法的审查。那么，在规范性文件审查中，被审查主体自然就应该是规范性文件的制定机关，其应当对规范性文件的合法性承担证明责任。绝大多数情况下，两种审查的被审查主体是分离的，当然，当一个行政机关既是规范性文件的制定者，又依据其所制定的规范性文件作出行政行为时，两种审查的被审查主体就发生了重合。但需要注意的是，即便在此种情况下，同一行政机关亦是扮演着双重身份：作为行政行为的作出者，其需要承担被诉行政行为合法的证明责任；而作为规范性文件的制定者，其承担的是规范性文件合法的证明责任。也就是说，两个被审查主体在物理意义上虽然可能重合，但其扮演的两种完全不同的法律身份却永远泾渭分明，各自独立。

三、规范性文件审查独立性的相对性

尽管笔者不赞同使用规范性文件附带审查这一概念，但不可否认的是，在目前我国的立法框架下，规范性文件审查与被诉行政行为审查具有非常密切的关系，规范性文件审查制度确实具有一定的依附性，亦可以称之为独立性的相对性，二者说法不同，所指相同。规范性文件审查制度和绝大多数司法制度一样，均体现了司法的被动性，即整体上呈现出"请求—审查"模式，请求是审查的前提，没有请求就没有审查。具体到规范性文件审查同样如此。但规范性文件审查制度除体现出一般的司法被动性之外，还在请求这一环节体现出了独特的依附性。具体表现如下：

（一）请求主体

《行政诉讼法》第53条第1款规定，公民、法人或者其他组织认为行政行为所依据的国务院部门和地方人民政府及其部门制定的规范性文件不合法，在对行政行为提起诉讼时，可以一并请求对该规范性文件进行审查。该规定体现了规范性文件审查制度在请求主体方面的依附性，即公民、法人或者其他组织只有在对行政行为提起诉讼的同时才可以一并请求对规范性文件进行审查，无诉讼则无请求，其对规范性文件的审查请求权依附于对行政行为的诉讼，更准确的说法是依附于行政诉讼原告的身份。该依附性的实质是立法者将对行政诉讼原告主体资格的要求（与被诉行政行为具有利害关系），嫁接到了对规范性文件审查请求者身上，此时，两种身份的主体资格要件合二为一。

但需要注意的是，不能将请求主体的依附性混同为司法审查的依附性，因为对于规范性文件司法审查来说，不论是一个依附性的请求，还是一个独立的请求，只要请求被受理进入审查程序，对于审查者来说，并无实质性差异，其审查标的均为规范性文件的合法性，也就是说，请求主体的依附性并不能直接导致审查的依附性。一个形象的比喻为，门槛的高低并不影响房屋内部的结构和功能，只要跨过去了，谁用都一样。对规范性文件审查请求主体的特别限制就相当于那个较高的门槛，实际上构成了规范性文件审查在请求主体方面的受理条件。正是由于这一内在的逻辑结构，立法者将第53条放在了第六章"起诉和受理"单元，与其形成鲜明对比的是，立法者将第61条规定的"当事人申请一并解决相关民事争议的，人民法院可以一并审理"放在了第七章"审理和判决"单元，细微之处，不可不察。

（二）请求期限

《行政诉讼法》对于一并请求审查规范性文件的请求期限并未作出明确规

定，但立法者将第 53 条放在了第六章"起诉和受理"单元，是否意味着一并请求审查规范性文件的请求期限亦应限定于"起诉和受理"，即立案审查阶段呢？从立法本意来看，恐怕只能如此理解。但这样的理解显然对原告要求太高，因为目前行政机关在作出行政行为时对于法律依据的表述通常是粗略甚至是忽略的，法律或许会引用几条，但规范性文件几乎不会明示，所以在立案审查阶段，很多原告根本就无从知道被告在作出被诉行政行为时究竟适用了哪些规范性文件，当然也就无从提出审查请求。只有在正式立案后举证答辩时，被告才会将所适用的规范性文件予以说明。那么，《解释》第 20 条规定的"应当在第一审开庭审理前提出；有正当理由的，也可以在法庭调查中提出"就是非常务实的。此处的"正当理由"一般应限于原告直至法庭调查中才准确知道被告作出被诉行政行为时所适用的规范性文件。不论是"起诉和受理""第一审开庭审理前"，还是"法庭调查中"，每一个时间节点都是对被诉行政行为诉讼程序的阶段性描述，也就是说，一并请求审查规范性文件的请求期限并不是以规范性文件本身的时间节点（如公布时间、知道时间、权利受到影响的时间等）来确定，而是以被诉行政行为诉讼程序中的诉讼阶段来确定，这就显然表明其是依附于被诉行政行为诉讼程序的，当然就体现了其依附性。该依附性还表现在，若某人因超过起诉期限丧失了对行政行为的诉权，则其同时丧失了对规范性文件的审查请求权。

需要说明的是，该依附性体现的仍然是原告请求权的依附性，而不是司法审查的依附性，因为即便本案原告在本次诉讼中错过了一并请求规范性文件审查的请求期限，仅仅意味着本案原告丧失了本次请求权，并不意味着整个司法机关将丧失对相关规范性文件的司法审查权，因为其他原告完全有可能在另案中对同一规范性文件提出审查请求。

（三）请求范围

《行政诉讼法》对于一并请求审查规范性文件的请求范围同样未作出明确规定，《解释》亦未予以明确。一般认为，一并请求审查规范性文件的请求范围应限于被告在作出被诉行政行为时所适用规范性文件的具体条款。因为，若没有请求范围上的限制，只要被告适用了规范性文件中的一个条款，即允许原告对整个规范性文件一并请求审查的话，那么《行政诉讼法》第 53 条的意义将完全丧失。第 53 条的立法逻辑在于只有那些实际受到规范性文件影响的人才可以提出审查请求，若对请求范围不加限制，则事实上允许原告对那些并未对其产生实际影响的条款亦可以提出审查请求，与立法本意不符。对规范性文件审查请求范围进行限制，明显地反映了请求范围的依附性，即其请求范围完全取决于被诉行政行为适用规范性文件的范围，不可越雷池一步。

需要说明的是，请求范围的依附性，体现的仍然是原告请求权的依附性，而不是司法审查的依附性。尽管在个案中，请求范围决定了审查范围，但站在整个司法权的角度来看，任何规范性文件，只要其全部条款均被适用，则意味着其整体被纳入了司法审查的可能范围，只不过不是通过一个案件，而是在多个案件中才能实现。在这个意义上，规范性文件司法审查玩的是拼图游戏，只要时间足够长，总能拼出全貌。当然，那些永不或极少适用的条款，本身即丧失了审查的必要性。事实上，一个规范性文件中，核心的、起关键作用的、高频适用的条款往往并不会太多，而此类条款进入司法审查的可能性就会大大提高，司法审查能够解决此类条款中存在的问题，立法目的应该就达到了。

规范性文件审查的管辖困境及其纾解*

吴宇龙　　胡若溟

论文提要： 2014 年修订的《中华人民共和国行政诉讼法》赋予人民法院对规章以下行政立法行为的司法审查权，但实施以来，效果不甚理想，主要是制度设计不完善的问题，尤其是司法审查的管辖权配置存在着结构性矛盾，具体表现为"管辖权地域范围与规范性文件空间效力范围不匹配""管辖权的行使不具有唯一性和排他性""管辖权分配与司法能力不匹配""管辖权分配与两审终审制不匹配"等四个方面。在"结构功能主义"的视角下，上述管辖困境的根源在于现行的规范性文件审查管辖权体系忽视了规范性文件具有的"法源"特性，将规范性文件审查与行政行为审查捆绑，最终导致司法体制内各要素之间的不协调。从整体论与系统论出发，以构建和谐合理的审查体系为目的，应通过程序上的"中止分离"、管辖上的"三级分流"、效力上的"一审终局"等方式，最终解决上述问题，形成权威、高效的规范性文件审查体系，以实现其从根本上减少违法行政行为的立法初衷。

主要创新点：

1. 将视角集中于司法管辖权。目前，许多学者及实务工作者已经就规范性文件审查的审查技术与审查方式做了细致周密的研究，本文试图从司法管辖权与规范性文件审查这一基础关系出发，探寻实践中影响规范性文件审查制度功能发挥的制度性原因，并尝试提出初步解决方案。

2. 主张打破规范性文件审查与行政行为审查的捆绑，将两种审查相对分离。一旦启动了规范性文件审查程序，行政行为的审查即应中止，等待规范性文件审

---

* 本文发表于《浙江审判》2017 年第 3 期。

查的结果；同时，将行政诉讼一审管辖权与规范性文件的审查管辖权彻底分离。

3. 主张建立与规范性文件效力范围相匹配的"三级分流"管辖权配置机制。基层人民法院不再分配规范性文件审查管辖权，中级人民法院管辖设区的市级及以下政府及其部门制定的规范性文件审查，高级人民法院管辖省级政府及其部门制定的规范性文件审查，最高人民法院管辖国务院部门制定的规范性文件审查。

4. 主张确立规范性文件审查的"一审终局"效力。从有利于规则稳定性、司法权威性、化解纠纷等三方面出发，采用"一审终局"的效力规则更能充分发挥规范性文件审查的功能，实现立法目的。

2014 年修订的《中华人民共和国行政诉讼法》（以下简称《行政诉讼法》）第 53 条和第 64 条正式赋予人民法院对规章以下行政立法行为的司法审查权，这是我国行政诉讼制度的重大突破，也是我国法治进程的标志性事件。然而，该法实施一年中，该制度的设立初衷——"从根本上减少违法行政行为"，[1]并未得到明显体现。正如姜明安教授所言，这项制度运行一年来的实际效果并不太理想。其中既有制度设计不完善的问题，也有制度实施者努力不够的问题。[2]笔者作为从事一线行政审判工作 10 年以上的法官，亦深有同感，尤其感到现行规范性文件司法审查体系不仅不利于该制度应有功能的实现，反而有意无意地淡化了该制度的突破性，基本上仍然维持在《行政诉讼法》修改前的状态，长此以往，该制度将有沦为空转的危险。本文尝试以结构功能主义为视角，揭示现行体系在管辖权配置方面的结构性矛盾，并提出相应改善建议，以期对我国行政规范性文件司法审查制度的成型和完善提供一些可资参考的思路。

一、规范性文件审查管辖权配置的结构性矛盾

现行体系将规范性文件审查与行政行为[3]审查捆绑，故规范性文件审查

---

〔1〕 "全国人大常委会对《行政诉讼法（修正案）》一审稿的立法说明"，载 http://www.npc.gov.cn/npc/lfzt/2014/2013-12/31/content_1822189.htm，最后访问日期：2016 年 7 月 1 日。

〔2〕 参见姜明安："强化对'红头文件'的司法监督"，载《人民法院报》2016 年 5 月 4 日，第 5 版，最高人民法院纪念新行政诉讼法实施一周年座谈会发言摘登。

〔3〕 本文所称的行政行为，即《行政诉讼法》规定的行政行为，主要还是指《行政诉讼法》修改前所称的具体行政行为，当然也包括了不作为及新法中增加的行政协议，但不含抽象行政行为。

通常也被称为行政行为审查的"附带审查"，在此之下，规范性文件司法审查的管辖权配置必然会出现下列结构性矛盾：

（一）管辖权地域范围与规范性文件空间效力范围不匹配

《行政诉讼法》确立了基层人民法院管辖一审行政案件的级别管辖一般原则，而现行体系又将规范性文件审查与行政行为审查捆绑，所以基层人民法院也就自然成为绝大多数规范性文件审查的管辖法院。根据《行政诉讼法》关于地域管辖的规定，每一个基层人民法院事实上都有一个相对固定的司法管辖区域。而对于规范性文件司法审查来说，其审查的对象是具有普遍约束力的行政立法行为，每一个规范性文件基于其制定主体的行政管理地域范围，都具有确定的空间效力范围，即只在特定的地域范围内才具有可适用性。《行政诉讼法》第 53 条规定的可以进入司法审查的规范性文件为"国务院部门和地方人民政府及其部门制定的规范性文件"，可见，进入司法审查的规范性文件的空间效力范围是全方位的，上至全国、下至乡镇，无所不包。在基层人民法院成为绝大多数规范性文件审查管辖法院的现行体系下，意味着基层人民法院的司法管辖权范围在大多数情况下将远远小于被其审查的规范性文件的空间效力范围，也就是说，国务院部门制定的全国普遍适用的规范性文件、省级政府及其部门制定的全省普遍适用的规范性文件、设区的市级政府及其部门制定的全市普遍适用的规范性文件，均将由司法管辖权范围只限于一个县域的基层人民法院来审查其合法性，这种管辖权分配模式无论在法规范层级体系上还是政治治理意义上均不能说是妥贴的。即便是中级人民法院管辖的一审行政案件，涉及规范性文件审查时，其司法管辖权区域在多数情况下仍小于被其审查规范性文件的空间效力范围。至于高级人民法院与最高人民法院，虽然在《行政诉讼法》中亦规定了特定的一审行政案件管辖权，但事实上极少发生，故在该问题上，不具有普遍性。

（二）管辖权的行使不具有唯一性和排他性

根据《行政诉讼法》关于地域管辖的规定，对行政行为的司法审查管辖权具有唯一性和排他性。虽然在特定情形下，对某一行政行为有管辖权的法院可能不止一个，如对限制人身自由的行政强制措施就可由被告所在地或者原告所在地法院管辖，但其管辖权仅是潜在的管辖权，此类立法的实质是赋予原告管辖选择权，一旦原告做出选择，最终实现的对某一行政行为的司法管辖权仍然具有唯一性和排他性。然而，由于规范性文件在其适用区域内具有普遍适用性，其在不同司法管辖区域内被同时、反复适用属于高概率事件，其在提起的多个行政诉讼中同时或先后被一并请求进行合法性审查亦是完全可能的，在规范性文件审查与行政行为审查捆绑的现行体系下，各法院基于对行政行为审查的管辖权均将自然取得对规范性文件审查的管辖权，这必然导致规范性文件司法管辖权的交叉、重复等混乱现象，直接破坏了司法管辖权本应具有的唯一性和排他性，其直接后果当然就是司法的统一性和权威性受到威胁，自相矛盾的审查结论将不可避免。

（三）管辖权分配与司法能力不匹配

在规范性文件审查与行政行为审查捆绑的现行体系下，规范性文件司法审查的管辖权实际上主要分配到了基层人民法院，但目前基层人民法院的行政审判司法能力普遍不足以应对规范性文件的审查要求。

在客观能力方面，案多人少的矛盾不断凸显，过去作为"短板"的行政审判，本来人员队伍就比较薄弱，面对案件大量激增，就更显压力巨大。[1]"立案登记制"的实施使全国各级法院行政案件大幅上升。2015 年，全国各级人民法院受理一审行政案件 24.1 万件，审结 19.9 万件，同比分别上升 59.2% 和 51.8%。但与此相对的是截至 2015 年年底，我国现从事行政审判工作的法官人数仅 8878 人，基层人民法院行政庭平均法官数量仅 2.3 人。[2]然而，这 2.3 人实际上也并不能保证全部精力都投入到行政审判工作中，迫于不科学的办案量考核压力，一些基层人民法院行政法官还要承担部分民事或刑事审判任务；更有甚者，有些基层人民法院为了完成组建一个合议庭的硬性要求，表面上为行政庭配置了 2~3 人，但实际上，基层人民法院行政庭大多处于"一人庭"的尴尬境地。显然，如此稀少的行政法官面对庞大的行政行为争议已经不堪重负，再将规范性文件审查这一重任寄希望于基层人民法院，客观上不具有现实性。另外，行政法官个人的视野与其所在法院的司法管辖权范围密切相关，当基层人民法院的司法管辖权范围普遍小于被其审查

---

〔1〕 辜胜阻（全国人大常委会委员、财政经济委员会副主任委员）："新法实施成绩可喜 行政审判任重道远"，载《人民法院报》2016 年 5 月 4 日，第 5 版，最高人民法院纪念新行政诉讼法实施一周年座谈会发言摘登。

〔2〕 参见周强："最高人民法院关于行政审判工作情况的报告——2015 年 11 月 2 日在第十二届全国人民代表大会常务委员会第十七次会议上"，载 http://www.npc.gov.cn/npc/xinwen/2015-11/03/content_1949926.htm，最后访问日期：2016 年 6 月 25 日。

的规范性文件的空间效力范围时，其较为狭小的视野必将影响到其对规范性文件审查的判断能力。

在主观能力方面，虽然有论者曾将行政规范性文件排除出"法"的范围，[1]但是其不具有"行政法规或规章"的"法"之外形并不代表着在其之中不存在法律规范，[2]相反，司法实践中规范性文件均被作为"隐性的法"使用，[3]且在很大程度上为立法所认可，[4]这就对规范性文件的审查者提出了更高的能力要求。然而，现实情况是，基层人民法院行政法官却是整个行政审判体系中最薄弱的环节，根源在于基层人民法院中普遍存在的轮岗制。行政审判专业性强，涉及面广，一个优秀行政法官的成长需要更多审判经验的积累，然而基层人民法院多年来持续不断的轮岗，对行政法官的成长形成了制度性的制约。另外，基层人民法院行政审判受司法环境的不利影响最大，行政法官主观上亦不愿意长期坚守，于是就造成了基层人民法院行政法官的司法能力普遍较弱的现状，而且这个现状还很难在短期内改变。

综上，将规范性文件审查的管辖权主要分配到基层人民法院，实在是强人所难，规范性文件审查制度运行一年来效果不理想，这是主要原因。

（四）管辖权分配与两审终审制不匹配

《行政诉讼法》规定了对行政行为审查的两审终审制，在规范性文件审查与行政行为审查捆绑的现行体系下，规范性文件审查亦自动适用了两审终审制，但现实中，规范性文件的审查重任却主要落在了一审法院，二审法院通常只是一笔带过。尽管《行政诉讼法》规定了二审程序的全面审查原则，但两审终审制的实质仍然是对初审法院和终审法院的职能进行了有侧重的分配。规范性文件审查是对规则本身是否有效的判断，具有强烈的政策制定作用与

---

〔1〕 参见乔晓阳主编：《中华人民共和国行政复议法条文释义及实用指南》，中国民主法制出版社1999年版，第60页。

〔2〕 参见朱芒："论行政规定的性质———从行政规范体系角度的定位"，载《中国法学》2003年第1期。

〔3〕 曾有研究者通过大量的数据分析，得出规范性文件的效力已经在实践中成为"活法"的结论。参见王庆廷："隐形的'法律'——行政诉讼中其他规范性文件的异化及其矫正"，载《现代法学》2011年第2期。

〔4〕 如《浙江省行政规范性文件管理办法（2018）》第3条规定，本办法所称行政规范性文件，是指除政府规章以外，由行政机关或者经法律、法律授权的具有管理公共事务职能的组织依照法定权限、程序制定并公开发布，涉及公民、法人或者其他组织权利义务，在本行政区域内具有普遍约束力，在一定时期内反复适用的公文。

公共影响力，显然不应主要由一审法院来完成。规范性文件审查事实上的管辖权分配与两审终审制下法院的职能定位之间存在着根本性的不匹配。

另外，在规范性文件审查与行政行为审查捆绑的现行体系下，两审终审制将形成一个无法回避的逻辑悖论：按照《行政诉讼法》第 64 条的规定"人民法院在审理行政案件中，经审查认为本法第五十三条规定的规范性文件不合法的，不作为认定行政行为合法的依据，并向制定机关提出处理建议"，即当一审法院对规范性文件进行了审查，认为不合法的，不作为认定行政行为合法的依据，依法应当向制定机关提出处理建议；但此时的一审判决尚不是终审判决，当二审程序启动后认为一审对规范性文件的审查结论不正确而认定被审查规范可以作为认定行政行为合法的依据时，则二审法院并不需要向制定机关提出处理建议。此时，制定机关该如何应对？

二、规范性文件审查管辖困境的根源分析

在结构功能主义视角下，一个运行良好的制度应是"一个整体的、均衡的、自我调解和相互支持的系统，结构内的各部分都对整体发挥作用；同时，通过不断分化与整合，维持整体的动态的均衡秩序"。[1]具体到行政诉讼，其"以事实为依据，以法律为准绳"的审理原则也形成了行政诉讼制度的基本结构支点：事实认定与法律适用。尽管事实与法律并非绝对的并列关系，"流转于事实与规范之间"的法解释方法使得"法"成为事实认定的必要前提，[2]法官所认定的事实并非纯粹的客观事实而是法律要件事实；而规范本身的政策判断与价值衡量，对客观事实亦会产生强烈的引导和塑造。但是，"寻找认定事实的法律"与"适用法律认定事实"之间仍然存在着质的不同，规范性文件审查属于确定规则的一部分，而行政行为审查却是适用规则的一部分。就作用对象而言，行政行为是针对特定相对人的范围封闭的行为，[3]而规范性文件的作用对象则是开放的、不特定的；就效力而言，行政行为基本上是一次性的，而规范性文件则是可反复适用的；就性质而言，在"依法行政"

---

〔1〕 T. Parsons, R. Bales, E. Shils, *Working Papers in the Theory of Action*, Free Press, 1953, pp. 85-100.

〔2〕 参见段厚省："司法中的诠释学循环：解读事实与法律的基本方法"，载《南京师大学报（社会科学版）》2012 年第 1 期。

〔3〕 参见［德］哈特穆特·毛雷尔：《行政法学总论》，高家伟译，法律出版社 2000 年版，第 277 页。

的原则指引下，行政行为本质上是一种规范的具体化，是将抽象的法规范最终转化为具体的个案，[1]作用于具体相对人，而规范性文件虽然也是为了执行和细化上位法规范，但其具体化过程仍是在法规范体系内运行，不具有直接性与终局性。

基于规范性文件与行政行为质的不同，对二者进行司法审查时亦应当有针对性地设计不同的司法审查制度，包括管辖、程序、标准等，并发挥不同设计之间的比较制度优势，以实现行政诉讼制度的整体功能。美国司法审查制度正是按这一原则设计和运作的，例如，作为美国专门规定司法审查的成文法，《行政命令审查法》（Administrative Orders Review Act）对一些重要行政部门的行政命令进行司法审查作了规定，根据这些规定，由上诉法院对这些部门的行政命令进行审查。[2]正如皮尔斯教授所言，良好的司法审查体系将会让地方法院审查所有数量众多的行政行为，也就是行政机关每年对数以千计的裁决案件进行裁决时作出的命令，而地区法院所处理的行为中具体的事实往往比法律和政策裁决更具主导地位；良好的司法审查体系同样会由巡回法院审查所有可能引发重要的法律或者政策问题的行政行为，所有行政机关的立法性规则都能满足这些标准，而巡回法院也很适合于审查此类行为，因为相比解决裁决性事实的命令，规则更适合由巡回法院审查。法律对审查管辖权的配置能够合理对应巡回法院与地区法院间的比较优势。[3]

而我国现行规范性文件审查体系未区分规范性文件与行政行为质的不同，未凸显规范性文件审查框架的根本支点：规范性文件的"法源"性质——凡是与法律、法规和规章不相抵触的行政规范性文件，应当成为法的组成部分——具有实质意义的法。[4]不同于行政行为，规范性文件为行政机关提供社会管理的依据，包含着多样化的政策考量，而这种"法源"性也会随规范性文件效力层级的提升而增强。从司法体制的一般原理出发，顶层程序着重关照制定政策和服务于公共目的方面的功能，而基层程序则重在直接解决纠

---

〔1〕 参见赵宏：《法治国下的目的性创设》，法律出版社 2012 年版，第 110 页。

〔2〕 参见［美］杰弗里·吕贝尔斯：《美国规章制定导论》，江澎涛译，中国法制出版社 2016 年版，第 274 页。

〔3〕 参见［美］理查德·J·皮尔斯：《行政法》（第 3 卷），苏苗罕译，中国人民大学出版社 2016 年版，第 1288 页。

〔4〕 参见章剑生：《现代行政法总论》，法律出版社 2014 年版，第 70 页。

纷和服务于私人目的，[1]正是这种比较优势要求将着眼于个案正义的事实问题与着眼于政策规则的法律问题管辖权相分离，前者应当主要交由下级法院审理，后者则应更多由上级法院审理。而我国现阶段规范性文件审查在管辖权配置中忽视了上述要求，试图在既有的行政行为审查框架内以"附带审查"方式实现对规范性文件的审查，直接导致了当下规范性文件司法审查的管辖困境。

三、规范性文件审查管辖权配置方案的重构

我国现行规范性文件审查体系中存在的结构性矛盾，主要还是制度设计不完善造成的。值得庆幸的是，《行政诉讼法》的立法技术很高，第53条和第64条都具有极大的包容性与开放性，所谓的"附带审查"并不是法律的明文规定。本文尝试在现有立法基础上，改造相关配套制度，重构规范性文件审查的管辖权配置体系。

（一）程序上的"中止-分离"

现行体系的根本症结在于忽视了行政行为与规范性文件的本质区别，将规范性文件审查与行政行为审查进行捆绑，所以突破困境的第一步就应该是将两种审查相对分离。笔者认为，分离应分两步，第一步是程序的分离，即一旦启动了规范性文件审查程序，行政行为的审查即应中止，等待规范性文件审查的结果；第二步是管辖权的分离，即将行政诉讼一审管辖权与规范性文件的审查管辖权彻底分离。具体做法：当行政诉讼的原告一并请求对规范性文件进行审查时，首先由诉讼案件一审法院审查其提出的请求是否符合法律的规定，该审查属于程序审，主要审查请求主体、请求期限、请求范围等，若一审法院认为其请求合法即予受理，同时裁定中止对行政行为的审查，并将规范性文件审查报请有管辖权的法院进行审查，待规范性文件审查有终局结论后再重启对行政行为的审查。两种审查从捆绑到分离是重大的制度调整，具体论证如下：

1. 两种审查的逻辑关系决定了其必须在程序上予以分离

规范性文件审查与行政行为审查，二者的审查标的具有本质的不同，却

---

[1] 参见傅郁林："审级制度的建构原理——从民事程序视角的比较分析"，载《中国社会科学》2002年第4期。

有关联。前者审查的规范性文件恰好就是后者行政行为作出时的依据或依据之一，所以两种审查在逻辑上必然存在着先后次序。规范性文件是行政行为作出的直接依据，那么规范性文件是否合法势必就会成为判断被诉行政行为是否合法的必要逻辑前提，即规范性文件合法被诉行政行为才有可能合法，若规范性文件不合法则被诉行政行为在法律适用方面必然不合法。二者之间这种逻辑关联，必然要求规范性文件审查在先，被诉行政行为审查在后，即规范性文件审查事实上成为被诉行政行为审查的一个先决问题，[1]故在启动规范性文件审查程序后，行政行为的审查应当中止。

2. 《行政诉讼法》对两种审查的分离留下了弹性空间

《行政诉讼法》第 53 条第 1 款并未将规范性文件审查与行政行为审查进行捆绑，该条第 1 款规定："公民、法人或者其他组织认为行政行为所依据的国务院部门和地方人民政府及其部门制定的规范性文件不合法，在对行政行为提起诉讼时，可以一并请求对该规范性文件进行审查"，其实质是将规范性文件审查请求权与行政行为诉权进行捆绑，立法所禁止的只是直接针对规范性文件提起的诉讼。该规定的核心用语"一并请求对该规范性文件进行审查"，其"一并"的对象只是"请求"，并不包括"审查"，即《行政诉讼法》所要求的强制性捆绑只针对原告，而对于规范性文件的审查主体，即人民法院，并未强制要求捆绑，很多人习惯性地将此处的"一并请求对该规范性文件进行审查"误读为"请求一并审查"，其实是不符合立法本意的，是对立法文义的限缩。

《行政诉讼法》第 64 条亦未强制性地要求将规范性文件审查与行政行为审查进行捆绑。该条规定："人民法院在审理行政案件中，经审查认为本法第五十三条规定的规范性文件不合法的，不作为认定行政行为合法的依据，并向制定机关提出处理建议"，其中"经审查认为"的主语系"人民法院"，该"人民法院"当然可以理解为是审理行政行为案件的一审法院，但该规定并未绝对排除其他法院。如果立法用语是"人民法院在审理行政案件时"，即将"中"改为"时"，则不再有解释空间，"经审查认为"的主语与"审理行政案件"的主语只能重合；但立法并未用"时"，而用了"中"，"时"强调的是两种审查的同步性，而"中"强调的却是两种审查的次序性，即既不是

---

[1] 参见吴宇龙："论规范性文件审查的相对独立性"，载《人民司法·应用》2016 年第 10 期。

"前"，也不是"后"，而是"中"，这就给两种审查的分离留下了可能的制度空间，即在行政行为审查中止的情况下，由其他法院对规范性文件的合法性进行审查，待规范性文件审查结论确定后，再启动对行政行为的审查，亦是符合立法文义的。另外，《行政诉讼法》第64条规定中的"人民法院"也可以理解为人民法院的泛指，即指整个法院体系，包括了各级人民法院，而不是特指管辖行政行为诉讼的一审法院。

3. 行政复议法的启示

从制度演变路径来看，《行政诉讼法》规定的规范性文件审查制度显然与《中华人民共和国行政复议法》一脉相承。《中华人民共和国行政复议法》第26条规定："申请人在申请行政复议时，一并提出对本法第七条所列有关规定的审查申请的，行政复议机关对该规定有权处理的，应当在三十日内依法处理；无权处理的，应当在七日内按照法定程序转送有权处理的行政机关依法处理，有权处理的行政机关应当在六十日内依法处理。处理期间，中止对具体行政行为的审查。"该规定非常明显地将行政复议管辖权与规范性文件处理管辖权相分离，[1]这一制度设计在整体上非常顺畅，既保障了行政复议程序的正常运行，又权威高效地解决了规范性文件在行政复议程序中的效力问题，对行政诉讼相关制度的重构极具启发意义。

（二）管辖上的"三级分流"

两种审查分离后，首先要解决的就是管辖权配置问题，即规范性文件审查的管辖权应如何在现有法院体系内进行分配。笔者认为，基于各级法院司法管辖权范围、司法能力以及司法的统一性和两审终审制，规范性文件审查管辖权的分配应遵循以下三个原则：一是审查法院的地域管辖范围与被审查规范性文件的空间效力范围相匹配；二是确保管辖权行使的唯一性和排他性；三是兼顾行政行为审查的两审终审制，当一审法院不符合第一个原则时，应由二审法院完成规范性文件的审查。具体分配方式如下：

1. 基层人民法院不分配规范性文件审查管辖权

囿于基层人民法院司法管辖权范围狭小、司法能力薄弱、法官视野较为狭窄的现状，又受制于两审终审制和司法统一性的要求，规范性文件审查管

---

〔1〕 理论上一般将其区分为"行政复议机关"和"有权处理机关"，参见刘飞宇、王心禾："论具体行政行为'依据'复议制度"，载《法学杂志》2008年第4期。

辖权不应向其分配，详细理由已在本文第一部分展开，不再赘述。

2. 中级人民法院管辖设区的市级及以下政府及其部门制定的规范性文件审查

中级人民法院在我国行政审判体系中起着承上启下的关键作用，[1]业务量大，行政法官稳定性较好，业务能力积淀较多，将设区的市及以下的规范性文件审查管辖权配置到中级人民法院，与其辖区范围和司法能力是相称的，有利于保障此类规范性文件在其适用范围内的统一性，也有利于将矛盾化解在基层，与《行政诉讼法》第15条第3项规定"中级人民法院管辖下列第一审行政案件：（三）本辖区内重大、复杂的案件"的立法精神也是相通的。

3. 高级人民法院管辖省级政府及其部门制定的规范性文件审查

高级人民法院在我国行政审判体系中具有举足轻重的地位，其本身不仅具有纠纷解决的功能，还有很强的政策形成功能，[2]行政法官视野开阔、见多识广，理论水平较高，审判经验丰富，将省级规范性文件审查管辖权确定到高级人民法院，与其辖区范围和司法能力亦是相称的，同样可以保障此类规范性文件在全省范围内的统一适用，与《行政诉讼法》第16条规定"高级人民法院管辖本辖区内重大、复杂的第一审行政案件"的立法精神亦是相通的，对一个全省普遍适用的规范性文件是否具有法律效力作出判断，应该称得上是在该辖区内的重大事项。

4. 最高人民法院管辖国务院部门制定的规范性文件审查

最高人民法院是我国行政审判体系中的顶层圣殿，不论是审判经验，还是法学理论，都代表了我国行政审判的最高水平，更兼具日趋明显的政策制定等国家治理功能，[3]将全国统一适用的规范性文件审查管辖权确定到最高人民法院，可以确保此类规范性文件在全国范围内的统一适用，与《行政诉讼法》第17条规定"最高人民法院管辖全国范围内重大、复杂的第一审行政案件"的立法精神亦是相通的，对一个全国普遍适用的规范性文件是否具有法律效力作出判断，应该称得上是全国范围内的重大事项。

---

〔1〕 参见最高人民法院行政审判庭编著，江必新主编：《中华人民共和国行政诉讼法及司法解释条文理解与适用》，人民法院出版社2015年版，第126页。

〔2〕 参见赖波军：《司法运作与国家治理的嬗变——基于对四川省级地方法院的考察》，北京大学出版社2015年版，第300页。

〔3〕 参见季卫东："最高人民法院的角色及其演化"，载《清华法学》2006年第1期。

当然，司法实践中具体的管辖情形可能会非常复杂，笔者仅就一般配置原则进行说明，其他特殊情形均可参照上述三个基本原则予以判断。

（三）效力上的"一审终局"

上述规范性文件审查管辖权的配置方案，实质是提高了现行体系中规范性文件审查的级别管辖，使管辖法院的级别管辖与地域管辖在整体上更加和谐。在规范性文件审查的级别管辖普遍提高的同时，其因与行政行为审查捆绑而导致的两审终审制亦无保留必要，一审终局将成为水到渠成的自然选择。一个规范性文件（目前应限定为与行政诉讼个案相关的条款）只能审查一次，其审查结论应具有既判力，不论行政机关后续如何处理，其审查结论在整个法院体系内应被尊重，之后的案件当事人不得针对同一对象再行提出审查请求。

1. 有利于规则的稳定性

规范性文件审查制度设计时，对于规则稳定性的考虑应占有重要位置，因为即便是一个不完善的规则，也比没有规则要好得多。主要用来解决个体权利救济的行政诉讼两审终审制并不能被简单照搬到规范性文件审查制度中。

2. 有利于司法的权威性

规范性文件审查级别管辖的提高，即意味着由等级较高的管辖法院根据《行政诉讼法》第 64 条向制定机关提出处理建议，相较由等级较低的法院提出无疑对制定机关和社会公众均具有更大的影响力和拘束力。

3. 有利于纠纷化解的高效性

规范性文件审查期间中止行政诉讼案件的审理对个体权利救济的及时性会产生一定的影响，但是，在确立规范性文件审查管辖权行使的唯一性与排他性原则后，规范性文件司法审查将成为一个效率非常高的制度，其在一劳永逸地解决相关规范性文件效力问题的同时，从根源上减少甚至是消除了同类行政争议产生的可能性，这正是该制度的魅力所在。

结　语

正如观察者们所指出的，1978 年以来中国改革所坚持的"摸着石头过河"，其核心在于"实事求是"，不沉迷于先验性的形式主义，只根据实际需要设计制度。[1]而这种"实践导向"也应是司法权应对规范性文件审查的基

---

〔1〕 参见 ［英］罗纳德·哈里·科斯、王宁：《变革中国：市场经济的中国之路》，徐尧、李哲民译，中信出版社 2013 年版，第 180 页。

本态度：传统视角下行政诉讼的根本目的定位于通过解决行政争议保护公民的合法权益，[1]诉之利益等设计也均指向行政行为审查，以此解决个案纠纷。而国家治理现代化的大背景下，随着行政机关行政任务的扩张，其也更多采用制定抽象规范的形式实现规制任务，这一规制手段的变化在更有效地保障其治理目标实现的同时，也引发了层出不穷的矛盾与纠纷，在法治国家背景下，这就必然要求司法机关因时而变，不拘泥于传统，以更积极的心态和更有效的方法应对这一挑战，通过权威、高效的规范性文件司法审查促进法治政府建设，推动国家治理现代化。

---

〔1〕　参见应松年："完善行政诉讼制度：行政诉讼法修改核心问题探讨"，载《广东社会科学》2013 年第 1 期。

房屋征收与补偿案件的行政审判思路[*]

文/吴宇龙

2011 年 1 月 21 日，国务院第 590 号令公布施行了《国有土地上房屋征收与补偿条例》（以下简称《征收条例》），同时废止了 2001 年《城市房屋拆迁管理条例》（以下简称《拆迁条例》）。2011 年 2 月 18 日，浙江省高级人民法院行政庭下发《关于切实做好〈国有土地上房屋征收与补偿条例〉实施后相关司法应对工作的通知》（以下简称《应对通知》），要求加强新条例实施对法院行政审判相关工作影响的专题调研和分析预判，提出具体对策。笔者作为长期从事一线行政审判工作的法官，在总结多年房屋拆迁行政审判经验基础上，谈一点个人看法。

一、新旧交替、理念更新

从《拆迁条例》到《征收条例》，这是一场始自宪法、物权法的正名运动，名称的变化反映了制度的改进，而制度的改进源自理念的更新。

（一）征收为公、公商分野

公共利益是国家将强制力指向个人私产的唯一正当理由。《征收条例》开宗明义，将房屋征收的法定要件，也是唯一的要件确定为公共利益，这就使隐身于"拆迁"这一模糊概念中的商业利益再无遁身之处。"房屋拆迁"本是一个中性的、过程性的描述概念，其字面意思不过是搬家拆房子，至于为什么搬、为什么拆，含糊其辞的《拆迁条例》并没有给出令人信服的正当理由；而"房屋征收"却是具有特定内涵的法律概念，是建立在现代财产权，

---

* 本文发表于《人民司法·应用》2011 年第 9 期。

尤其是物权基础上的现代法律制度，是用来界定个人与国家、私权与公益明确界线的法律制度。《征收条例》将"房屋征收"植根于公共利益之上，至此，公共利益从一个抽象的、宣言性的政治法律概念第一次成为具体的、需要明确界定的司法化法律概念，进步不可谓不大。尽管作为一个法律概念，公共利益的外延并不是非常清晰，但公共利益的司法化不就是其逐步走向清晰的过程吗？

商业利益为何不能进入《征收条例》呢？商业利益属于私人利益，个人房产亦属于私人利益，二者在法律上是平等的民事法律关系，二者的往来应遵从于意思自治、等价交换的自然法则。而房屋征收过程中建立在公共利益基础上的国家强制力则属于公权力，若以征收来推进商业开发，则使国家强制力蜕变为商业利益的保驾护航者，其公权力的性质何以体现？

（二）科学规划、彰显公益

公共利益既然是公共的，就不能关起门来仅凭少数人的好恶作出评判，而应当是有目共睹、充分酝酿、形成共识、载于规划的。《征收条例》规定，征收房屋的各项建议活动，应当符合国民经济和社会发展规划、土地利用总体规划、城乡规划和专项规划。保障性安居工程建设、旧城区改建，应当纳入市、县级国民经济和社会发展年度计划。制定国民经济和社会发展规划、土地利用总体规划、城乡规划和专项规划，应当广泛征求社会公众意见，经过科学论证。而《拆迁条例》仅要求建设项目符合城市规划，具体体现在申领拆迁许可证时应提交《建设用地规划许可证》。《拆迁条例》中的规划要求具有结果控制性、技术性和局部性，仅能保证建设项目的主要技术指标（如容积率、建筑密度、绿化率等）符合城市规划的要求；而《征收条例》中的规划要求具有目的控制性、宏观性和综合性，除保证建设项目符合城市规划的要求外，还促使发展规划、土地规划、城乡规划和专项规划在各自管控范围内形成合力，以确保征收的公益性。

《征收条例》所列举的各类规划皆具有法定的制定程序和法定的规划内容，只有严格依法制定的规划，即建立在公众广泛参与和专家充分论证基础上的规划才能称得上是经科学论证的规划；可见，规划的科学性基本等同于规划的合法性。《征收条例》所列举的各类规划将成为征收决定的直接依据，并在诉讼中成为证明公共利益的关键证据，若各类规划不能充分展现出征收在公共利益上的必要性，或者作为证据材料提交的各类规划在制定程序或内容上存在明显的违法，将无法成为证明征收公益性的定案证据，那么征收决定的合法性也就难以成立了。这就意味着，启动公共建设项目的随意性将受到极大的约束。欲建设，先规划，再好的创意、再好的动机，未经充分论证载入规划，一切免谈。规划先行或许会导致一时的效率低下，但长远来看，广泛讨论、科学论证是任何公共建设项目达到实效的必经之路；关乎国家和社会长治久安的建设项目，何必在意一时的快慢呢？

（三）阳光征收、取信于民

阳光是最好的诚信丸，是最好的防腐剂。征收房屋既然是为了公共利益的需要，那就没有什么是不能公开的；也只有最彻底的公开，才能让百姓理解并相信征收的公益性。《征收条例》层层把关、步步推进，将阳光征收贯穿始终：第一，据以判定公共利益的各类规划应当广泛征求社会公众意见，经过科学论证；第二，拟定的征收补偿方案必须公布，征求公众意见，征求意见期限不得少于 30 日；第三，对征收补偿方案的征求意见情况和根据公众意见修改的情况应当及时公布；第四，因旧城区改建需要征收房屋，多数被征收人认为征收补偿方案不符合《征收条例》规定的，市、县级人民政府应当组织由被征收人和公众代表参加的听证会，并根据听证会情况修改方案；第五，房屋征收决定作出后应当及时公告；第六，房屋征收部门应当对房屋征收范围内房屋的权属、区位、用途、建筑面积等情况组织调查登记，被征收人应当予以配合。调查结果应当在房屋征收范围内向被征收人公布；第七，房屋征收评估办法由国务院住房城乡建设主管部门制定，制定过程中，应当向社会公开征求意见；第八，补偿决定应当在房屋征收范围内予以公告；第九，房屋征收部门应当依法建立房屋征收补偿档案，并将分户补偿情况在房屋征收范围内向被征收人公布；第十，审计机关应当加强对征收补偿费用管理和使用情况的监督，并公布审计结果。

上述规定属于政府主动公开范围，除此以外，被征收人可依据政府信息公开的相关规定，申请公开相关政府信息。

（四）公平补偿、不损不纵

在确保征收的公益性之后，才能够讨论补偿的公平与否；以商业开发为目的的房屋征收，再高的补偿，也是不具有正当性的。而建立在公共利益之上的房屋征收，因公共利益的优先性，势必要求私人权利让位，不动产物权在私法上的支配地位亦将终结于公法中的房屋征收制度。但征收并不意味着牺牲，法治原则要求有征收必有补偿，而且是公平的补偿。《征收条例》规定，对被征收房屋价值的补偿，不得低于房屋征收决定公告之日被征收房屋类似房地产的市场价格。表面看来这似乎与《拆迁条例》的规定相差无几，其实是颠覆性的变革，因为房屋补偿价值的确定实现了彻底的市场化，不再依赖一个政府根据土地等级按年度发布的货币补偿基准价。通俗地说，房屋征收补偿的原则就是住房保障基础上的市价收购，这可以有效保障被征收人不因征收而致损。

此外，征收的公益性也决定了被征收人不应因征收而暴富，毕竟征收补偿资金来源于公共财政，政府无权慨纳税人之慷。

（五）强制征收、非必勿用

《征收条例》中，房屋强制征收由拆迁时代的行政、司法双轨制，转为司法一元制。行政强制征收的终结，被誉为《征收条例》的最大亮点，其实不论是行政强制还是司法强制，都属于国家强制力范畴，在本质上并没有区别。运行得好，行政强制力同样可以成为促进公共利益的利器；运行得不好，司法强制力同样不会得到认同。行政强制征收被取消，并不意味着行政强制力本身就不应该存在，征收的公益性决定了其必须以一定的国家强制力作为后盾，较之以司法强制的繁琐，行政强制的高效本应该是公益征收更好的保障。高效的行政强制征收何以被取消呢？或许仍要归因于部分拆迁项目中的商业因素。商业行为的第一要义就是平等自愿，而以拆迁来推动的商业开发，动不动就以政府的名义强制拆迁，既不存在平等，也谈不上自愿，被拆迁人如何能够心平气和呢？长此以往，积怨既深，带有浓厚商业色彩的行政强制拆迁退出历史舞台，只怕是迟早的事。

司法强制征收，作为国家暴力的一部分，尽管具有维护公共利益的正当性，仍应定位为公共利益的最后一道防线，应当充分发挥其心理威慑作用，不到万不得已，不可轻用，更不可滥用。因为正义的暴力仍然是暴力，暴力手段与生俱来的恐惧性与创伤性，将给被征收人留下难以磨灭的心理阴影。既然是因公共利益引起的征收，其正当性得以充分展示，那么相信群众、依靠群众、从群众中来、到群众中去的群众路线就永远不会过时；晓之以理、动之以情、醒之以法的工作方针就应该贯穿到房屋征收的每一个环节与细节。当然，对于那些漫天要价、借机闹事、敢于以身试法的人，必要的强制手段仍是不可或缺的。

二、新型案件、要点提示

（一）征收案件

房屋征收当然要作出征收决定，征收决定是一个可以提起行政诉讼的具体行政行为。征收的第一要义就是公共利益，那么公共利益的判断将势必成为征收案件的重中之重。《征收条例》下的征收案件类似于《拆迁条例》下的拆迁许可案件，二者的比对有助于深化认识：（1）被告不同。拆迁许可案件以房产管理部门为被告；而征收案件以市、县级人民政府为被告。（2）审级不同。拆迁许可案件中基层人民法院为一审法院，中级人民法院为二审法院；而征收案件中中级人民法院为一审法院，省高级人民法院为二审法院。（3）审查对象行为性质不同。拆迁许可案件审查的是拆迁许可证的合法性，被诉行为属于行政许可行为，适用《中华人民共和国行政许可法》；而征收案件审查的是房屋征收行为的合法性，被诉行为属于行政征收行为，不适用《中华人民共和国行政许可法》，但要适用《中华人民共和国物权法》。（4）审查重点不同，重心前移。拆迁许可案件重点审查建设项目批准文件、建设用地规划许可证、国有土地使用权批准文件等材料是否规范齐全；而征收案件的审查重点却是判断征收是否确实出于公共利益的需要，诉讼中作为证据提交的《征收条例》所列举的各类规划能否确实充分地证明公共利益的存在。拆迁许可案件中举足轻重的建设项目相关文件在征收案件中将无关痛痒。事实上，植根于公共利益之上的征收完成后，建设项目如何推进从来就不是被征收人关注的对象，当然也就无需成为司法审查的重点。重心的前移，意味着人民法院走到了公共利益判断的第一线，再加上公共利益本身所具有的模糊性，人民法院任重而道远。

（二）补偿案件

公益基础上的房屋征收能否顺利实施，关键在于补偿是否公平。如能充分考虑被征收人的各项合理诉求，公私双方通常会订立补偿协议，那就无须作出补偿决定，也就不会形成补偿行政案件。只有在征收双方达不成补偿协议或被征收房屋所有权人不明确时，才需要人民政府作出补偿决定，对补偿决定不服就会引发补偿案件。《征收条例》下的补偿案件类似于《拆迁条例》下的拆迁裁决案件，同样可以在二者的比对中深化认识：（1）被告不同。拆迁裁决案件以房产管理部门为被告；而补偿案件以市、县级人民政府为被告。

（2）审级不同。拆迁裁决案件中基层人民法院为一审法院，中级人民法院为二审法院；而补偿案件中中级人民法院为一审法院，省高级人民法院为二审法院。（3）审查对象行为性质不同，政府角色回归。拆迁裁决案件审查的是居间裁决行为的合法性，被诉行为属于行政裁决行为；而补偿案件审查的是单方补偿决定的合法性，被诉行为属于行政补偿行为，这就抹去了居间裁决行为形式上的中立性。裁决变补偿，是立法对事实的还原，使政府成为名实相符的征收补偿法律主体，而不再隐身于拆迁人之后，以超脱形象示人；拆迁裁决中凭借裁决的中立性而存在的原则性裁决、部分裁决现象，都将无处容身，因为《征收条例》下的公平补偿必定是各项法定补偿的全面覆盖，原则性补偿等同于不补偿，部分补偿等同于少补偿。（4）审查重点基本相同，审查范围有所拓展。不论是拆迁裁决案件还是补偿案件，二者的审理过程都紧密围绕补偿协议中依法应该约定的各类事项而展开，如补偿方式、补偿金额和支付期限、产权调换房屋的地点和面积、搬迁费、临时安置费或者周转用房、停产停业损失、搬迁期限、过渡方式和过渡期限等。但《征收条例》确立了补偿不低于市场价格的原则，补偿的公平性大大提高；而且，《征收条例》还建立了征收的补助奖励制度和住房保障制度，将有助于缓解目前存在的拆迁矛盾。

（三）强制执行审查案件

《征收条例》的最大关注点就是司法强制征收，该关注点体现到具体的案件中，指向的正是强制执行审查案件，具体指补偿决定的非诉强制执行审查案件。此类案件备受关注，其实并不新鲜，《拆迁条例》下司法强制执行本已存在，只不过人民政府自力执行，极少启动罢了；尽管如此，人民法院仍在审理大量的房屋强制拆迁案件，那正是针对人民政府责成（令）强制拆迁决定提起的行政案件，此类案件与《征收条例》中强制执行审查案件大同小异：（1）案件性质不同。《征收条例》下的强制执行审查案件属于非诉执行案件；而《拆迁条例》下的责（令）成强制拆迁决定案件却是诉讼案件。（2）审查内容基本相同。不同性质的案件，解决的却是同一个问题，即强制征收（拆迁）的必要性与可行性，主要审查是否符合强制执行的各项条件及各项法定补偿是否到位。需要特别强调的是，《征收条例》确立了先补偿、后搬迁的原则，该原则应在强制执行审查案件中坚决贯彻。（3）审查程序应改进。《征收条例》下的强制执行审查案件，社会敏感度高，原有程序设置已不能满足现实需要。依照《最高人民法院关于执行〈中华人民共和国行政诉讼法〉若干问题的解释》（法释〔2000〕8号，以下简称《若干解释》）第89条第1款、第93条的规定，市、县级人民政府申请强制执行补偿决定的，应向房屋所在地的基层人民法院申请，受理后，由该法院行政庭进行合法性审查并在30日内作出是否准予执行的裁定。此审查方式已不能适应当前形势的需要，最大的问题在于基层人民法院客观上基本不具备审查市、县级人民政府强制执行申请的条件。鉴于此，浙江省高级人民法院行政庭《应对通知》提高了强制征收执行审查案件的审级，决定由中级人民法院对县级人民政府的执行申请作出是否准予执行的裁定，由省高级人民法院对地级市人民政府的执行申请作出是否准予执行的裁定。除此之外，考虑到该类案件的复杂性与敏感性，30日的审查期限可能不足，应参照一审行政诉讼程序改为3个月；在相关规定未进行针对性的调整前，可参照延长审限的相关规定。（4）对于补偿决定已经历诉讼程序后的司法强制执行程序规定不明确。《征收条例》第28条规定的仅是"被征收人在法定期限内不申请行政复议或者不提起行政诉讼，在补偿决定规定的期限内又不搬迁"时的强制执行程序，对于被征收人已针对补偿决定提起行政诉讼后的强制执行程序并未明确。该情形下，应以判决结果的不同而区别对待：若补偿案件的判决结果为维持，补偿决定的内容已被人民法院生效判决的判决主文所吸收，生效判决具有可执行性，可作为执行依据。被征收人在维持判决生效后仍不搬迁的，应依《中华人民共和国行政诉讼法》（1990年）第65条第2款、《若干解释》第85条的规定执行，即以诉讼执行的程序进行，由人民政府向人民法院申请强制执行生效判决；若补偿案件的判决结果为驳回诉讼请求，因生效判决的判决主文不具有可执行性，此时人民政府申请强制执行，仍应按前述非诉执行的程序进行，只不过人民法院在作出是否准予执行裁定时，应以生效判决为依据。

三、遗留问题、疏堵并用

探讨如何应对《征收条例》引发的相关案件固然是人民法院当下工作的重中之重，但寻求《拆迁条例》遗留问题的破解之道才是人民法院的燃眉之急。《征收条例》有章可循，按章办事，虽然可操作性不是很强，亦不至于束手无策，且存在一个缓冲期；而《拆迁条例》虽已废止，但遗留庞大，积怨已深，稍有不慎，极易引发公共危机事件。经调查，杭州市目前生效但尚未实施完毕的拆迁许可证有180多个（不包含集体土地），涉及拆迁户9000多户；那么，全国遗留多少拆迁许可证、涉及多少拆迁户呢？其中，需要启动司法强制拆迁审查程序的案件又会有多少呢？面对如此重负，唯有疏堵并用。

（一）范围控制

《征收条例》第 35 条规定，《拆迁条例》于 2011 年 1 月 21 日废止，已依法取得房屋拆迁许可证的项目，继续沿用原有的规定办理，但政府不得责成有关部门强制拆迁。据此，凡在 2011 年 1 月 21 日之前人民政府已经作出责成（令）强制拆迁决定的，应按原有模式强拆；行政机关撤销其强制拆迁决定后，申请人民法院强制执行的，属规避法律，推卸责任，应不予受理。另外，《征收条例》是针对国有土地的，浙江省人民代表大会常务委员会 1998 年批准的《杭州市征用集体所有土地房屋拆迁管理条例》仍然有效，故集体土地上的拆迁，仍应按原有模式操作，即由人民政府强制拆迁；若土地管理部门申请人民法院强制拆迁，原则上不予受理。

（二）实体控制

从《拆迁条例》到《征收条例》，属新旧法的交替，法不溯及既往是一般原则，但还有例外原则，即从轻原则。《征收条例》实施后，房屋拆迁管理部门向人民法院申请强制拆迁，人民法院进行审查时，程序上可适用"从旧"的原则，沿用原有规定；但实体上，要贯彻"从轻"的法律精神，即在新旧法的适用上，要选择适用有利于被拆迁人的规定，最根本的一点就是要确保强制拆迁的公益性。理由如下：

1. 新形势下，确保强制拆迁的公益性是人民法院必守的法律底线。2001年《拆迁条例》虽未将公共利益作为拆迁的法定要件，但拆迁的本质就是征收，2004 年《中华人民共和国宪法（修正案）》第 22 条将《中华人民共和国宪法》第 13 条第 3 款修改为，国家为了公共利益的需要，可以依照法律规定对公民的私有财产实行征收或者征用并给予补偿。2007 年《中华人民共和国物权法》第 42 条第 1 款规定，为了公共利益的需要，依照法律规定的权限和程序可以征收集体所有的土地和单位、个人的房屋及其他不动产。据此，征收的公益性是早在《征收条例》之前，即由宪法、物权法确立的基本原则，在《征收条例》业已公布实施之后，人民法院更应当坚守该原则，确保强制拆迁的公益性。

2. 新形势下，确保强制拆迁的公益性也是人民法院必守的政治底线。"公商不分"是拆迁矛盾愈演愈烈的总根源，也是行政强制退出征收历史舞台的根本原因。司法权同样是公权力，司法权的运行也不能脱离公权力运行的基本规律，只有将司法强制力构筑于公共利益之上，才具有正当性，才能得到认可。《拆迁条例》时期启动的建设项目，并不受公共利益的严格约束，存在部分的非公益建设项目并非没有可能。对于此类项目，行政机关应凭借其掌控的强大社会资源，尽力自行化解。在当前形势下，若将非公益建设项目强行纳入司法强制执行程序，恐怕不仅达不到执行目的，还极有可能会适得其反。

3. 对于那些公益性非常明显的拆迁项目（如交通、电力等基础设施建设），被拆迁人又确实存在漫天要价或借机闹事情形的，房屋拆迁管理部门向人民法院申请强制拆迁时，人民法院经审查认为完全具备强制执行条件的，应及时作出准予执行裁定。被拆迁人若主动搬迁则可终结执行，否则，坚决予以强制搬迁。

（三）程序控制

拆迁裁决已经作出，而人民政府未作出强制拆迁决定时，司法强制拆迁应适用何种程序，浙江省高级人民法院《应对通知》中并未涉及。依照《拆迁条例》第17条的规定，此种强制拆迁申请应由房屋拆迁管理部门提出，而依照《若干解释》第89条第1款、第93条的规定，房屋拆迁管理部门应向房屋所在地的基层人民法院申请，由该法院行政庭审查后作出是否准予执行的裁定。该做法已不能适应当前形势的需要，基层人民法院同样不具备审查房屋强制拆迁申请的条件。鉴于此，参照浙江省高级人民法院《应对通知》中关于人民政府申请强制执行的程序，《征收条例》实施后向人民法院申请强制执行拆迁裁决的程序应为：地级市房屋拆迁管理部门申请强制拆迁的，由中级人民法院受理后，报请省高级人民法院对其执行申请进行审查并作出是否准予执行的裁定；县级房屋拆迁管理部门申请强制拆迁的，由基层人民法院受理后，报送中级人民法院对其执行申请进行审查并作出是否准予执行的裁定。此外，行政机关在拆迁裁决诉讼中，依照最高人民法院《若干解释》第94条的规定申请先予执行时，原则上应不予准许。

行政审判司法建议的特性与完善[*]

汤海庆　易　飞　吴宇龙

2007 年 3 月 1 日，最高人民法院下发《关于进一步加强司法建议工作为构建社会主义和谐社会提供司法服务的通知》（法发〔2007〕10 号）。2009 年 12 月 24 日，最高人民法院印发《关于深入贯彻落实全国政法工作电视电话会议精神的意见》（法发〔2009〕59 号），提出各级人民法院要积极参与社会管理创新工作，结合审判、执行工作中发现的问题，积极运用司法建议等方式，及时向有关部门提出加强和改进社会管理的意见建议。至此，司法建议，尤其是行政审判司法建议日益成为人民法院的工作重点之一。但是，人民法院开展司法建议活动并非前所未有的新鲜事物。早在 20 世纪 50 年代，我国就提倡和开展过这一活动。[1]此后，司法建议制度在刑事、民事、行政三大审判领域全面展开，并最终在《中华人民共和国行政诉讼法》（以下简称《行政诉讼法》）与《中华人民共和国民事诉讼法》（以下简称《民事诉讼法》）中正式确立。那么，为什么历史久远的司法建议制度又会成为近年来的司法热点话题呢？结合浙江省杭州法院行政审判司法建议（2008~2010 年）的实践，笔者谈一点自己的看法。

一、行政审判司法建议的特性

行政审判司法建议可分为法定型与非法定型，二者具有不同的特性及适用情形。

法定型行政审判司法建议。法定型行政审判司法建议的法律依据有四个：第一，《行政诉讼法》（1990 年）第 65 条第 3 款第 3 项规定："行政机关拒绝

---

* 本文发表于《人民司法·应用》2012 年第 7 期。

〔1〕 参见谭兵："论人民法院的司法建议权"，载《现代法学》1986 年第 1 期。

履行判决、裁定的，第一审人民法院可以采取以下措施：……（三）向该行政机关的上一级行政机关或者监察、人事机关提出司法建议。接受司法建议的机关，根据有关规定进行处理，并将处理情况告知人民法院；……"。第二，因人民法院审理行政案件可以参照民事诉讼的有关规定，故《民事诉讼法》（2007 年）有关司法建议的规定亦适用于行政审判。该法第 103 条规定："有义务协助调查、执行的单位有下列行为之一的，人民法院除责令其履行协助义务外，并可以予以罚款：（一）有关单位拒绝或者妨碍人民法院调查取证的；（二）银行、信用合作社和其他有储蓄业务的单位接到人民法院协助执行通知书后，拒不协助查询、冻结或者划拨存款的；（三）有关单位接到人民法院协助执行通知书后，拒不协助扣留被执行人的收入、办理有关财产权证照转移手续、转交有关票证、证照或者其他财产的；（四）其他拒绝协助执行的。人民法院对有前款规定的行为之一的单位，可以对其主要负责人或者直接责任人员予以罚款；对仍不履行协助义务的，可以予以拘留；并可以向监察机关或者有关机关提出予以纪律处分的司法建议。"第三，《最高人民法院关于执行〈中华人民共和国行政诉讼法〉若干问题的解释》第 59 条第 3 项规定："根据行政诉讼法第五十四条第（二）项规定判决撤销违法的被诉具体行政行为，将会给国家利益、公共利益或者他人合法权益造成损失的，人民法院在判决撤销的同时，可以分别采取以下方式处理：……（三）向被告和有关机关提出司法建议；……。"第四，《最高人民法院关于行政诉讼撤诉若干问题的规定》第 1 条规定，人民法院经审查认为被诉具体行政行为违法或者不当，可以在宣告判决或者裁定前，建议被告改变其所作的具体行政行为。对上述法律规定进行归纳，可将法定型行政审判司法建议的内涵界定为：在行政审判中用来保障生效裁判的执行，确保调查取证、诉讼保全和执行程序的顺利进行，维护因被诉具体行政行为撤销而受到影响的合法权益，推动行政争议的实质性化解而发出的司法建议。

非法定型行政审判司法建议。法定型行政审判司法建议的适用情形、建议对象与制度定性非常明确，但考察杭州两级法院 3 年（2008～2010 年）来发出的行政审判司法建议，却会发现一个令人吃惊的现象：杭州两级法院2008 年发出行政审判司法建议 10 份，2009 年 15 份，2010 年 26 份，3 年合计51 份；但在 51 份司法建议中，没有一份是依据上述规定发出的，即均不属于法定型行政审判司法建议。这一现象如何解释？

首先，这一现象并不意味着实践中的行政审判司法建议已不具有正当性。制定法只是正当性的一个来源，实践中的行政审判司法建议虽然没有直接的制定法依据，但其能够长期自然生长于中国社会的特定政治、文化、法律土壤之上，无疑具有了更高层面上的正当性，即"自然法"上的正当性。正如苏力所说，是"一个民族的生活创造它的法制"[1]，而不是相反。事实上，我国司法建议的"自然法"属性原本就是其与生俱来的第一属性，这在其60年的演进变迁中可以得到充分的印证。据考证，我国司法建议工作的开展在很大程度上是受苏联"个别裁定"制度的启发。司法部于1956年7月13日作出的《关于人民法院在审理案件中如发现单位在工作中存在缺点时不要用个别裁定应用建议书的批复》（〔56〕司普字第853号），确定了我国法院系统司法建议的基本模式，成为司法建议工作的制度起源。最初，司法建议主要用于刑事审判领域，以弥补漏洞、改善管理、加强教育，最终实现预防和减少犯罪的目的。此后，司法建议逐步向民事、经济、行政审判领域渗透，并最终在制定《行政诉讼法》及《民事诉讼法》时，作为正式的法律制度被确立下来。[2]可见，我国司法建议工作的开展，原本就没有直接制定法上的依据，而是因时因势，应运而生，是人民法院在不同历史时期回应不同社会需求的有效手段。即便是那些被国家立法正式吸收的司法建议的适用情形，也仅是司法建议实践中存在的一小部分而已。也就是说，并不能因为没有制定法依据，就想当然地将实践中的行政审判司法建议认定为不具有正当性。

其次，实践中绝大多数的行政审判司法建议是人民法院能动司法的结果，符合行政审判的根本宗旨，并有助于推动社会管理创新，具有政治上的合法性。行政诉讼制度是以制约行政权力的设定、运作为宗旨的制度，涉及国家政治体制及法治的维护，是一种行政和司法之间权力制约关系的建构，具有明显的政治性质。同时，行使行政权的行政机关是现代国家权力分工体系下狭义社会管理的主要责任承担者；而行政审判最鲜明的特点就是以行政机关为被告，以审查被诉具体行政行为的合法性为核心任务。这就意味着，从社会管理的角度来观察，行政诉讼制度实质上属于一种社会管理矫正机制，其

---

〔1〕 苏力：《法治及其本土资源》，中国政法大学出版社2004年版，第304页。

〔2〕 参见刘思萱："论功能变迁中的司法建议——中国特色司法制度的个案剖析"，载万鄂湘主编：《审判权运行与行政法适用问题研究》（上册），人民法院出版社2011年版。

以司法审查的方式，纠正行政机关在社会管理中存在的不足。而实践中的行政审判司法建议大多就行政审判工作中所反映出的有关单位和管理部门在制度上、工作中所存在的问题，建议其建立健全相关制度、堵塞漏洞，进行科学管理，提出改进和完善管理工作的建议和方法。正是在此意义上，实践中的行政审判司法建议既有助于行政审判根本宗旨的实现，又深入推进了社会管理创新工作的开展，其没有直接制定法依据的这一事实，反而高度体现了人民法院在当前社会情势下积极有为、能动司法的政治担当。基于此，可对非法定型行政审判司法建议下一个定义：它是指人民法院在行政审判过程中，基于能动司法的原则，针对行政机关在行政管理中存在问题的发现与矫正、行政管理的优化与创新等提出的合法化或合理化建议。非法定型行政审判司法建议是人民法院能动司法的结晶，是人民法院对行政诉讼这一社会管理矫正机制的创新，应将其定位于对行政诉讼制度的补充和提升。正如学者所言，行政审判司法建议制度是行政法"本土化"的一个良好范本，为中国语境下行政法的良性发展提供了一种极具启示意味的可能。人们也许没有预见到司法建议将会与行政诉讼结合起来，可以说行政审判司法建议的诞生是一个偶然，但通过不断地规范，其成为司法权监督行政权的一种重要方式将是一个必然。[1]

　　与人民法院其他审判工作相比，由于行政审判直接审查辐射面很广的具体行政行为，直接监督和制约公权力的行使，行政审判司法建议一定程度上有着特殊的分量和意义。[2]从杭州两级法院3年来发出的51份司法建议看，在当前的社会条件下，行政审判司法建议在实现行政诉讼根本宗旨、全面推进社会管理创新方面存在着巨大的优势。该优势体现在以下几个方面：

　　横向拓展。行政诉讼的基本原则是一行为一诉，一案一审，一事一判；而行政审判司法建议却是缘起于个案，但又超越于个案，能够以点带面，在审理一案的基础上，拓展一片，规范一方，将行政审判监督行政机关依法行政的功能发挥得淋漓尽致。

　　纵向延伸。行政诉讼的启动遵循不告不理的原则，原告诉什么，法院审

---

〔1〕　参见黄学贤、丁钰："行政审判中司法建议制度的几个基本问题"，载《苏州大学学报（哲学社会科学版）》2010年第1期。

〔2〕　参见江必新："拓宽行政审判职能　推进社会管理创新：行政审判在社会管理创新中的角色思考"，载《法律适用》2011年第3期。

什么，而且行政诉讼还有受案范围的限制，并不是什么都可以诉、可以审，司法的被动性显露无疑；而行政审判司法建议却能够在行政诉讼止步的地方再进一步，充分发挥司法的能动性，对行政机关提出进一步的要求，从而实现人民法院延伸服务的政治使命。

类案汇总。行政诉讼只能以个案的方式进行，有的个案可能是典型的、具有代表性的，但更多的个案却是偶然出现、不具有普遍性的；而且行政诉讼个案中反映的问题也总是分散的，针对个案的司法裁判也必然是有局限性的，只能是头痛医头、脚痛医脚。而行政审判司法建议却可以针对行政管理事务本身所具有的系统性，对同类案件进行概括、分析、提升后，提出系统性的建议。如2010年11月，杭州市中级人民法院为了规范杭州市人民政府的政府信息公开工作，在总结《中华人民共和国政府信息公开条例》施行以来以杭州市人民政府为被告的35件政府信息公开案件（其中9件败诉）后，发出司法建议，建议杭州市人民政府及时调整工作流程、合理配置力量、建立健全责任追究制度及应诉制度，以改变目前在政府信息公开工作中的状况。

事前预警。行政诉讼所体现的对行政机关的监督属于事后监督，只能在行政机关作出具体行政行为并被提起诉讼之后，监督才有可能变为现实；而行政审判司法建议却可以提前介入，防患于未然，一旦发现行政机关在管理制度上存在隐患或者制定的规范性文件有违法之处，马上就可以发出预警，从源头上减少违法行政的发生；尤其在抽象行政行为尚不属于行政诉讼受案范围的现状下，行政审判司法建议的这一优势大有用武之地，对于那些与上位法明显抵触的抽象行政行为，虽然不能直接判决撤销，但大可提出修改建议。

漏洞弥补。以事实为依据，以法律为准绳，是一切司法行为的根本准则，行政审判也不能例外，而法律又从来不是完美无缺的，那么行政诉讼司法裁判自然也难称完美；但行政审判司法建议可以充分发挥法官的主观能动性，对现有法律制度的不足之处，大胆提出改进意见，力求完美。

二、行政审判司法建议的制度完善

尽管行政审判司法建议存在着诸多优势，但其作为对行政诉讼这一社会管理矫正机制的创新，尚处于不成熟阶段，需要进行制度上的进一步完善。

（一）行政审判司法建议的制度性不足

对杭州两级法院3年来发出的51份司法建议的细致解读，可发现其在功能定位、制度架构、效果落实等方面尚存在不足。

1. 定位不准。如前所述，行政审判司法建议是人民法院能动司法的结晶，是人民法院对行政诉讼这一社会管理矫正机制的创新，应将其定位于对行政诉讼制度的补充和提升。但各法院各行其道：有的司法建议内容完全可以在判决书中予以指正，有的司法建议相当于普法教育，甚至有极个别司法建议存在"越位"现象，即对于那些本应判决行政机关败诉的案件，却"退而求其次"，仅发出司法建议，在裁判文书中避而不谈被诉行为的违法性。能动司法是在适用法律过程中的能动，不是突破法律，也不是随意盲目司法；能动司法需要高度重视司法自律和自限，必须确保在法制的轨道上进行，必须遵循司法工作的客观规律，坚持司法的基本特征，恪守人民法院的权力分工和职责范围，要做到坚持底线、进退有度。[1]

2. 管理不力。具体表现为：（1）质量不高。有的司法建议脱离实际可操作性不强，有的司法建议面面俱到针对性不强，不同法院司法建议对同一问题的观点缺乏统一性。（2）退出无门。行政诉讼实行两审终审制和再审制，一审判错了二审可以改过来，二审判错了再审可以改过来；司法建议却是一发定终身，一旦发出，不论对错，均没有回旋的余地。（3）关注不够。司法建议的公开程度极低，除发出法院、发送对象和抄送机关外，涉案当事人及社会公众几乎一无所知，其影响力亦可想而知。（4）杂乱无章。司法建议及相应反馈的登记、汇总制度不健全，司法建议的收集主要依靠承办法官的记忆力，本文所载历年数据，并不能保证百分之百精确。（5）考核无功。年度工作量考核中，司法建议无足轻重，不利于调动法官的积极性。（6）统计无名。人民法院的各项数据均会纳入司法统计，唯独对司法建议不理不睬，大大降低了司法建议在法院工作中的地位，不利于充分发挥司法建议的强大功能。（7）推广无方。优质司法建议发出后，再无人问津，只能长久地沉睡在档案里，完全埋没了其示范与推广价值。

3. 反馈不够。51份司法建议中，近一半的司法建议石沉大海，即便是提出不同意见，也要好过一言不发。没有反馈，就没有沟通；没有反馈，就没有互动。

4. 落实不明。司法建议是柔性的，本身没有强制约束力，司法建议的实

---

〔1〕 参见江必新："能动司法：依据、空间和限度——关于能动司法的若干思考和体会"，载《人民司法》2010年第1期。

际效果完全取决于发送对象的自愿落实。没有反馈与提出不同意见的司法建议，自不必对其落实报以希望；即便有反馈并表示愿意采纳的司法建议，其内容到底有无落实，也没有十分把握。

（二）行政审判司法建议制度的完善

作为人民法院对行政诉讼这一社会管理矫正机制的创新，理想形态的行政审判司法建议，必定是法、理、情高度统一的优质司法建议，但真实形态的司法建议却良莠不齐，这就意味着行政审判司法建议需要再创新。司法建议长久的生命力和最终的实效性完全取决于其质量，而形成优质司法建议只能依靠健全的制度和科学的管理。提高行政审判司法建议的质量，充分发挥行政审判司法建议在社会管理创新方面的优势，可从以下几方面入手：

1. 中级人民法院主导。对应于行政审判中的两审终审制，行政审判司法建议亦应确立二审法院的主导地位，由于绝大多数一审行政案件在基层人民法院，故二审法院主导在很大意义上就是中级人民法院主导。另外，行政审判司法建议由中级人民法院主导，是目前行政审判现状下的较好选择。以杭州法院来说，杭州市中级人民法院辖下 13 个基层人民法院，存在一个普遍性问题，即行政审判人员流动频繁，行政审判业务能力难以保持；而且基层人民法院行政案件数量毕竟有限，基层行政庭往往将办案的主要精力集中在其他民事或刑事案件上，行政审判只是他们的"副业"。而杭州市中级人民法院行政审判人员则相对稳定，行政审判业务能力沉积较多；更为重要的是，杭州市中级人民法院行政庭专门办理行政一审、二审案件，心无旁骛，日积月累，业务总会更熟悉，视野总会更宽广。中级人民法院主导下的行政审判司法建议质量应该会更有保障，社会管理创新的优势亦可以更加显现。但是，中级人民法院主导并不等于中级人民法院包揽，基层人民法院法官的积极性和创造性同样是优质司法建议的重要源泉。中级人民法院主导的具体内涵包括：（1）基层人民法院在案件审理中认为需要发出司法建议的，应拟出《司法建议书稿》，但并不立即发出。（2）若该案上诉，则将《司法建议书稿》装订入卷一并移送，由中级人民法院最终决定是否发出和以什么内容发出。中级人民法院采纳基层人民法院意见的，司法建议由基层人民法院发出；中级人民法院认为无需发出司法建议或以新的意见自行发出司法建议的，应告知基层人民法院。（3）若该案未上诉，基层人民法院应将《司法建议书稿》报中级人民法院核稿后，方可发出。非诉行政执行审查案件中发出司法建议，照此办理。(4) 基层人民法院发出司法建议后，均应将《司法建议书稿》原件两份报中级人民法院行政庭备案。(5) 基层人民法院收到行政机关对司法建议的反馈后，原件存档，同时将复印件及时报中级人民法院行政庭备案。

2. 科学建议。顾名思义，既然是司法建议，就应当有具体的建议，不能止步和满足于提出问题；而且建议必须是可具体操作的，原则、笼统、不具有操作性的建议等同于没有建议。提出司法建议的形式可以多种多样，重点是要紧紧围绕行政审判工作中暴露出的行政机关问题或法院执法当中存在的困难，提出富有建设性的意见和建议。[1]基于将行政审判司法建议定位于对行政诉讼制度的补充和提升，行政审判司法建议的适用范围可概括为：(1)《行政诉讼法》(1990 年) 第 65 条第 3 款第 3 项规定的情形；(2)《民事诉讼法》(2007 年) 第 103 条第 2 款规定的情形；(3)《最高人民法院关于执行〈中华人民共和国行政诉讼法〉若干问题的解释》(法释〔2000〕8 号) 第 59 条第 3 项规定的情形；(4)《最高人民法院关于行政诉讼撤诉若干问题的规定》第 1 条规定的情形；(5) 个案中存在的问题，既不足以导致败诉，又不适宜在裁判文书中直接表述的；(6) 同类案件中存在共性问题的；(7) 败诉案件原因分析的；(8) 案件审理中发现非本案审查范围合法性问题的；(9) 案件审理中发现行政机关的规章制度、习惯做法存在重大缺陷，需要预警的；(10) 案件审结后，提出相关制度缺陷弥补意见的；(11) 其他需要发挥司法能动性提出司法建议的情形。

3. 逐步公开。司法建议不受关注的一个重要原因就是其公开程度严重不足，尽管司法建议的公开程度、公开方式、公开范围都是需要逐步探索的，但目前基本处于"暗箱操作"的司法建议是不可能大有作为的。为营造氛围、打开局面，司法建议的公开工作应逐步展开：(1) 在法院系统内公开。参照上海市高级人民法院的做法，在法院管理系统内逐步建立司法建议信息库，[2]按年度将每份司法建议的内容、拟稿人、反馈信息等及时准确地输入信息库，为法院工作人员查询司法建议信息提供便利，也为归纳、清理、总结司法建议工作提供便利。(2) 有选择地通过媒体向社会大众公开。司法建议大多是

---

〔1〕 参见江必新："拓宽行政审判职能 推进社会管理创新：行政审判在社会管理创新中的角色思考"，载《法律适用》2011 年第 3 期。

〔2〕 参见刘金妩："司法建议工作的实证分析与完善"，载《中国审判》2010 年第 10 期。

为改进工作发出的，改进工作归根结底是为了更好地服务于人民，而人民却对司法建议一无所知，这是不正常的。社会公众的积极参与，是推动司法建议工作良性发展的根本动力，而参与的前提，就是要让人民群众逐步了解并支持人民法院的司法建议工作。（3）逐步实现向行政相对人公开。虽然超越个案是司法建议的一个特点，但司法建议毕竟缘起于个案，通常都与个案有着密切的联系，个案当事人对于与其案件相关的司法建议应享有知情权。更为重要的是，司法建议对当事人公开，应属于阳光司法必不可少的组成部分。目前行政审判中的普遍做法是，裁判文书对各方当事人公开，而司法建议却只向行政机关发送或抄送，对行政相对人则一律保密。正是这一做法给那些以司法建议代替败诉判决的"越位"行为留下了可乘之机。司法建议向行政相对人公开，既有利于提高司法建议的质量，又有利于促进行政机关的依法行政。

4. 纳入考核。写出一份优秀裁判文书很难，写出一份优秀司法建议更难。裁判文书的基础在于全案的证据和相关的法律，吃透了二者，优秀裁判文书就有了保障；而优秀司法建议却需要在个案中敏锐地发现问题，经深入思考、调查研究后超越个案分析问题，然后提出合理可行的建议以解决问题，这是一个更加艰难的过程。然而年终考核中，司法建议却被完全忽略，眼睁睁看着自己的智慧与汗水付诸东流，些微的失落恐怕亦是人之常情吧。为了充分调动法官的积极性，司法建议应该纳入审判工作量考核。

5. 列入统计。司法统计工作是人民法院的一项重要基础性工作，是人民法院掌握审判工作情况、评估审判运行态势、总结审判工作经验的重要依据，也是人民法院实现科学决策、科学管理的重要手段。但在目前的司法统计中，并没有关于司法建议的任何内容，司法建议在人民法院的整体地位由此可见一斑。为了充分发挥司法建议的强大功能，建立司法建议的长效机制，将其列入司法统计势在必行。鉴于司法统计工作具有全局性，在法院系统尚未正式将司法建议作为一项统计内容时，可考虑先在行政审判范围内进行试点，积累经验，待时机成熟后再行推广。

6. 评优推广。优秀裁判文书可以评优得奖、另编成册，其推广示范价值自然实现；而优秀司法建议却基本上是一次性消耗品，发出后就只能沉睡在档案里，有的甚至被随意塞在证物袋里，几乎没有重见天日的机会。随着时间的推移，司法建议最终的命运很可能是被完全遗忘，他人日后遇到同类问题时还要重复劳动、再发建议，倘若后发司法建议与前发完全不同，发送对象又拿来当面质疑，人民法院何以应对？可见，司法建议的推广工作已是刻不容缓。参照裁判文书的年度评优先例，可在评选优秀裁判文书的同时，评选出若干数量的优秀司法建议，既有利于其推广，同时又是司法建议公开宣传的一种有效方式。[1]

7. 收回机制。即使百倍的调查研究，千倍的深思熟虑，万倍的小心谨慎，仍然不能保证发出的每一份司法建议都是绝对正确的。尤其对于那些在反馈中提出不同意见的司法建议，应深入调查，充分沟通，明辨是非。理由不成立的，应再次发出司法建议，督促其落实；理由成立，司法建议确实无法落实的，应建立司法建议的收回机制。

8. 反馈-落实机制。司法建议不同于裁判文书，并不具有直接的司法强制执行力，只是力求通过摆事实、明法律、讲道理而形成说服力。但正如优秀裁判文书也可能需要强制执行一样，有说服力的司法建议的落实同样不能完全依赖发送对象的自觉自愿。这就产生了一个问题，无强制执行能力的人民法院如何保障司法建议的落实呢？解决这个问题需要打破惯性思维，虽然司法建议是人民法院发出的，但司法建议的落实并不仅仅是人民法院的责任，尤其是行政审判司法建议。一方面，行政审判司法建议的发送对象是特定的，即各类行政机关，行政机关与人民法院职责虽有不同，但均为人民代表大会制度下产生的国家机关，行政机关尤其是各级人民政府，有义务依法行政，有责任积极改进其各项工作，对于人民法院发出的司法建议，同样有责任积极反馈落实。以杭州为例，杭州市人民政府应成为保障行政审判司法建议反馈落实的第一责任人，应对司法建议的反馈、落实率提出要求，制定专门的司法建议反馈落实评议考核办法，并在行政-司法联席会议中专题交流司法建议的反馈落实情况。为了更好地促进行政审判司法建议工作的开展，充分发挥行政审判司法建议在社会管理创新方面的优势，可以考虑市级人民政府与中级人民法院普遍联合制定司法建议的相关规定，行政司法联合互动、形成合力，全面而深入地推进法治行政的进程。另一方面，行政审判司法建议反馈率低的原因是多方面的，其中司法建议本身质量不高、规范性不强也是一

---

〔1〕 该做法已被宁波市中级人民法院试行，不过并未纳入优秀裁判文书评选，而是由行政庭单独评选。另外，最高人民法院亦组织开展了第一届全国法院优秀司法建议评选活动。

个重要因素。片面追求司法建议反馈率甚至将反馈率视为司法建议工作好坏唯一标准的做法既无必要也无可能。更为重要的是人民法院如何通过高水准司法建议的规范化发布，真正说服行政机关自觉落实司法建议的内容。[1]

---

〔1〕　参见章志远："我国行政诉讼司法建议制度之研究"，载《法商研究》2011年第2期。

能动与谦抑：房屋强制过户的物权法反思[*]

——以不动产物权变动规则的演进为背景

吴宇龙

论文提要：《中华人民共和国物权法》（以下简称《物权法》）实施前，二手房买卖中的房屋强制过户现象具有长期性和普遍性，其主要以司法政策和《中华人民共和国合同法》（以下简称《合同法》）的基本原则作为依据，是一种司法主导型制度，是计划体制向市场体制过渡阶段的产物，是司法实践理性的选择，在相关立法尚未明确、立法价值取向尚未明朗、房产交易秩序较为混乱的条件下，体现了司法的能动性。该制度强调了诚实信用原则及合同的独立性，具有时代进步性和现实合理性，同时也得到权威法学理论的支持。随着《物权法》的正式实施，我国确立了基于法律行为的不动产物权变动规则：申请-登记生效规则和区分规则。二手房买卖属于典型的法律行为，应严格遵循该规则。

然而，指导房屋强制过户的潜规则明显不同于《物权法》确立的不动产物权变动规则。在确认判决方式下，其规则为：债权意思主义、否认物权行为的相对独立性、混淆物权变动一般规则与物权变动特别规定的关系；在履行判决方式下，除具有与确认判决方式相同的规则外，还存在强制执行裁定实体化和转移登记职权化的规则。"契约应该履行并不等于契约绝对肯定地履行"，并不是任何债权都适合强制履行。

房屋强制过户的合理性只具有相对意义，当《物权法》正式实施后，其能否继续运行取决于其与《物权法》的契合程度。被动性是司法权的本质属性，面对法律，司法者应该谦抑。另一方面，《物权法》确实具有超前性，其

---

* 本文发表于《浙江审判》2009 年第 3 期。

良好运行又依赖于充分发挥司法在引导公众、督促房产登记机关方面的能动性。能动性同样是司法权与生俱来的属性，只不过需要因时顺势而已。

关 键 词：房屋强制过户 物权法 不动产物权变动规则 司法

引 言

二手房买卖中的房屋强制过户现象在我国具有长期性和普遍性。[1]当房屋的出卖人收到买受人的房款并交付使用后，因各种原因（通常是房价大幅度上涨）拒绝协助办理房产过户手续，而买受人又不能单方申请房产转移登记，故直接诉请确认房屋所有权（早期较多），或者要求继续履行房屋买卖合同（目前较多）。在早期，人民法院通常会直接判决确认买受人的房屋所有权，房产登记机关据此办理过户手续。由于确认判决方式引发争议，在目前，人民法院更多的是判决责令出卖人在指定期限内协助买受人办理房产过户手续，即采用履行判决方式。而出卖人在指定期限内通常仍拒绝申请登记，买受人即向人民法院申请强制执行。强制执行机构通常会作出强制执行（过户）裁定，同时向房产登记机关发出协助执行通知书。登记机关一般首先公告注销出卖人持有的房屋所有权证，待公告期满后，即将涉案房屋登记为买受人所有，完成强制过户。该过程因时、因地、因人可能有所不同，但大致如此。

二手房买卖中的房屋强制过户是司法主导的，在实施过程中并没有直接援引与不动产物权变动相关的法律规范作为依据，实务中主要是以司法政策和《合同法》基本原则为依据，[2]其明示的直接法律依据在实体法上通常表

---

〔1〕 笔者对房屋强制过户的了解一方面来源于行政审判，同时也查阅了部分民事审判、执行案件，并且向房产登记机关做了进一步的调查与核实。另外，因商品房的登记程序有所不同，本文的论述均针对二手房，不涉及商品房。

〔2〕 最高人民法院 1990 年 12 月 5 日《最高人民法院关于贯彻执行〈中华人民共和国民法通则〉若干问题的意见》（修改稿）第 87 条，财产所有权合法转移后，一方翻悔，不予支持。财产所有权的转移尚未按原协议转移，一方翻悔并无正当理由，协议又能够履行的，应当责令其继续履行；如果协议不能履行，给对方造成损失的，应当负赔偿责任。上海市高级人民法院 2005 年 12 月 16 日《关于审理"二手房"买卖案件若干问题的解答》问答 6，合同签订后，一方不愿意再履行买卖合同，而另一方坚决要求继续履行的，如何处理？答：按照约定全面履行合同义务是合同履行的一项基本原则。因此，除合同另有约定或出现可单方解除合同的法定情形外，无论是合同签订后的预期违约还是合同履行期届满后的实际违约，如另一方坚决要求继续履行的，除符合《合同法》第 110 条规定外，应责令双方继续履行。在履行义务的同时，另一方还有其他损失的，应当赔偿损失。

述为《合同法》（1999 年）第 60 条第 1 款和第 107 条，[1]在程序法上则是《中华人民共和国民事诉讼法》（2007 年）第 227 条。[2]由于房屋的过户除了体现买卖双方的合同关系，即合同的履行外，更重要的是还体现了房屋所有权的移转，即不动产物权的变动。而规范物权的动态关系，即建立物权设立、移转、变更与废止的具体制度，正是物权法的三大基本范畴之一。[3]所以，在完整的法律适用层面上，房屋强制过户在实体法上不仅需要《合同法》的依据，还更需要《物权法》的依据。然而，我国《物权法》直到 2007 年 10 月 1 日起才正式实施，那么，之前即大量存在的房屋强制过户在《物权法》中能够找到其实体法依据吗？其与《物权法》确立的不动产物权变动规则是否相符呢？司法主导下的房屋强制过户在《物权法》背景下将何去何从呢？本文将尝试对上述问题做出回答。

一、房屋强制过户的产生背景及其合理性分析

在《物权法》制定之前，我国的物权法体系还主要停留在理论层面，立法中涉及的与物权相关的规定是零星的，并且随着社会的发展处于不断调整的过程中，立法中对不动产（房屋）物权变动的相关规定同样也是模糊、散乱而不相一致的，司法实践中也有过突破和摇摆，学术讨论中亦存在极大的争议，房屋强制过户就是在此大背景之下产生的。笔者将《物权法》实施之前，不动产（房屋）物权变动相关规定的发展进程及内容简要归纳如下，然后再对其合理性进行分析：

（一）计划体制主导阶段

在计划体制主导阶段，整个社会处于计划体制之中，农村的住房基本自给自足，城市大多数人的住房需要依靠国家的分配，只有历史遗留的少量城市私有房屋有交易的现实需求。

在此条件下，国务院《城市私有房屋管理条例》（1983 年）第 9 条规定，买卖城市私有房屋，卖方须持房屋所有权证和身份证明，买方须持购买房屋

---

[1]《合同法》第 60 条第 1 款：当事人应当按照约定全面履行自己的义务。第 107 条：当事人一方不履行合同义务或者履行合同义务不符合约定的，应当承担继续履行、采取补救措施或者赔偿损失等违约责任。

[2]《中华人民共和国民事诉讼法》第 227 条：在执行中，需要办理有关财产权证照转移手续的，人民法院可以向有关单位发出协助执行通知书，有关单位必须办理。

[3] 参见孙宪忠：《论物权法》，法律出版社 2008 年版，第 7 页。

证明信和身份证明，到房屋所在地房管机关办理手续。任何单位或个人都不得私买私卖城市私有房屋。严禁以城市私有房屋进行投机倒把活动。该规定将未经办理登记手续的房屋买卖定性为"私买私卖"，属于被明令禁止的行为，因此，私买私卖的房屋买卖合同属于违反行政法规强制性规定的行为，应被认定为无效合同。据此，合同与物权变动均是自登记时生效，登记不仅是物权变动的生效要件，也是债权的生效要件，未经登记的房屋买卖，买受人既得不到房屋所有权，也不能向出卖人追究违约责任。综上，该阶段不动产（房屋）变动规则可归纳为：物权登记生效，债权变动完全依附于物权登记，债权合同（房屋买卖）不具有独立性。

该规则原本是为强化行政管理服务的，其在司法实践中的运用，事实上放纵和鼓励了房屋出让方的违约行为，造成了一定的社会不公，所以最高人民法院出台司法解释对其加以修正，[1]但是这一修正在随后又被反修正，[2]也就是说在司法实务中还是要坚持上述规则。尽管上述规则在适用过程中遭到了众多的责难与批评，但其在立法层面上始终是存在的，具有法律位阶高、表述清晰的特征。受其影响，《中华人民共和国担保法》（1995 年）第 41 条规定，当事人以本法第四十二条规定的财产（土地使用权、建筑物等）抵押的，应当办理抵押物登记，抵押合同自登记之日起生效。《中华人民共和国城市房地产管理法》（1995 年）第 35 条、第 59 条确立了国家实行土地使用权和房屋所有权登记发证制度，房地产转让、抵押，当事人应当依法办理权属登记。但该法并未明确规定此种登记的直接法律效力，亦未否认国务院《城市私有房屋管理条例》的效力。

（二）从计划体制向市场体制过渡阶段

随着改革开放不断深入，市场力量茁壮成长，意思自治的观念浸入人心，房地产市场也开始出现，市场体制开始萌芽并不断壮大，但传统体制依然强

---

〔1〕《最高人民法院关于贯彻执行民事政策法律若干问题的意见》（1984 年 8 月 30 日）第 56 条规定，买卖双方自愿，并立有契约、买方已交付了房款，并实际使用和管理了房屋，又没有其他违法行为，只是买卖手续不完善的，应认为买卖关系有效，但应着其补办房屋买卖手续。

〔2〕 最高人民法院 1987 年 12 月 10 日给辽宁省高级人民法院的〔1987〕民他字第 42 号《关于如何具体适用最高人民法院〈关于贯彻执行民事政策法律若干问题的意见〉第五十六条规定的批复》，内容为《意见》（《关于贯彻执行民事政策法律若干问题的意见》）第 56 条规定的精神，只适用于解决《条例》（《城市私有房屋管理条例》）实施前的历史遗留问题；《条例》实施后，人民法院审理这类案件，应严格按照《条例》的规定办理。

大，并占据主导地位。此时两种体制并行，各种观念激烈碰撞，立法、司法中亦有体现。就不动产物权变动规则而言，虽有发展，但或语焉不详，或权威性不够。

首先，《中华人民共和国民法通则》（1987 年）第 72 条第 2 款规定，按照合同或者其他合法方式取得财产的，财产所有权从财产交付时起转移，法律另有规定或者当事人另有约定的除外。《合同法》（1999 年）第 133 条规定，标的物的所有权自标的物交付时起转移，但法律另有规定或者当事人另有约定的除外。上述两规定确立了财产所有权从财产交付时起转移的规则，此处的财产显然也包括不动产，但前述的各法律法规又明确要求不动产转移应当登记，故所有权从交付时起转移的规则一般来说只适用于动产，而不适用于不动产。

其次，《合同法》（1999 年）第 44 条规定，依法成立的合同，自成立时生效。法律、行政法规规定应当办理批准、登记等手续生效的，依照其规定。该规定在判断房屋买卖合同的生效时间方面仍然是模糊的，直到《最高人民法院关于适用〈中华人民共和国合同法〉若干问题的解释（一）》（1999 年）第 9 条才正式明确地确立房屋登记不影响买卖合同效力的规则。[1]但从严格意义上来说，在《物权法》实施之前，该规则仍然是缺乏法律依据的，只能停留在司法政策的层面。

在此背景下，房屋强制过户的现象也开始出现。如前所述，由于其在司法实务中主要是以司法政策和《合同法》基本原则作为依据的，并没有直接援引与不动产物权变动相关的法律规范，换句话说，上述立法中零星而散乱的不动产物权变动规则是不适用于房屋强制过户的。可见，司法机关在推行房屋强制过户制度时，依靠的是其自身的价值判断，故该制度可以说是一种司法主导型制度，是司法权在社会急剧变化期间做出的一种能动性选择，是创新性司法的产物。该制度在运行中虽然没有直接援引与不动产物权变动相

---

〔1〕《最高人民法院关于适用〈中华人民共和国合同法〉若干问题的解释（一）》（1999 年）第 9 条第 1 款：依照合同法第四十四条第二款的规定，法律、行政法规规定合同应当办理批准手续，或者办理批准、登记等手续才生效，在一审法庭辩论终结前当事人仍未办理批准手续的，或者仍未办理批准、登记等手续的，人民法院应当认定该合同未生效；法律、行政法规规定合同应当办理登记手续，但未规定登记后生效的，当事人未办理登记手续不影响合同的效力，合同标的物所有权及其他物权不能转移。

关的规则，但只要是与不动产物权变动相关的制度，其背后一定隐藏着作为其运行基础的不动产物权变动规则，由于该规则并未明示，笔者将其称为指导房屋强制过户的潜规则，将在下文中予以详细说明。

（三）房屋强制过户的合理性分析

房屋强制过户制度是在司法实践中产生并普及的，反映了司法的实践理性，其具有合理性是不可否认的。笔者将其简单归纳如下：

第一，该制度在价值选择上具有正义性，诚实信用原则在这一制度中得到了强化。在目前社会诚信度整体不高的情况下，强调诚实信用原则尤其具有重大现实意义。

第二，该制度具有时代进步性，实质上是对在计划体制下建立起来的"债权变动完全依附于物权登记，房屋买卖合同不具有独立性"规则的校正，强调了房屋买卖合同的独立性，也强调了合同应当依约全面履行的基本原则，是我国市场经济体制初步建立并逐步深入人心的见证。

第三，该制度具有现实合理性。一方面，我国民间尚未完全形成房产交易登记的习惯，二手房交易未办证或拖延办证的现象大量存在，房屋买受人虽已实际长久使用房屋，但并未成为法律上的所有权人，若对其不加保护，于理不公。另一方面，我国房地产市场刚刚起步，尚不完善，与其相伴的不动产登记制度亦不健全。[1]在此社会现实下，减弱物权登记的效力，增强房屋买卖合同的效力，也体现了对社会发展阶段性的体悟。

第四，该制度实际上得到了权威的法律学理解释的支持，是具有法理依据的。比如著名民法学家梁慧星先生认为，"我国民法不采德国民法物权行为理论，及民法通则第七十二条已将所有权变动作为合同的直接效力，因此合同法第一百三十条关于买卖合同的定义（买卖合同是出卖人转移标的物的所有权于买受人，买受人支付价款的合同），对负担行为与处分行为一体把握，将处分行为纳入债权行为之中，视标的物所有权变动为买卖合同直接发生的效果。此与法国民法典和日本民法典的立法思想是一致的"。[2]不动产的买卖，虽属于债权行为，但债权的行使或债务的履行结果，将导致物权的移转

---

〔1〕 参见于海涌：《论不动产登记》，法律出版社 2007 年版，第 1~32 页。

〔2〕 梁慧星：《为中国民法典而斗争》，法律出版社 2002 年版，第 250~251 页。括号内容为笔者所加。

变更，因此既包含负担行为也包含处分行为。[1]

二、《物权法》确立的不动产物权变动规则

《物权法》确立的各项基本制度是我国市场体制发展到一定程度，并借鉴其他市场经济发达国家（主要是德国法系）成熟经验的产物。《物权法》的一个重要任务就是建立一套相互一致的，关于物权的设立、变更、转让和消灭的规则，即物权变动规则。而《物权法》确立物权变动规则时的一个基本思路是：在物权变动的基本制度设计中，突出法律行为的作用，将物权变动是否依据法律行为区分为两个大的部分。[2]一部分是基于当事人意思表示的行为，即法律行为引起的物权变动；另一部分是基于法律规定、法院裁判、行政征收、继承以及事实行为等法律行为以外的原因引起的物权变动。物权变动规则通常指法律行为引起物权变动所适用的规则，非因法律行为引起的物权变动应适用《物权法》的特别规定，[3]该特别规定在法理上通常被归入原始取得，不适用物权变动规则。需要明确的是，二手房买卖是典型的法律行为，应严格遵循《物权法》确立的不动产变动规则。

根据《物权法》第 6 条、第 9 条第 1 款、第 11 条、第 14 条、第 15 条、第 106 条第 1 款，我国不动产物权变动规则可概括为：

（一）申请–登记生效规则

申请–登记生效规则指不动产物权的设立、变更、转让和消灭，当事人应当依照法律规定申请登记，自记载于不动产登记簿时发生效力，未经登记，不发生效力，法律另有规定的除外。

物权是一种对世权、支配权、绝对权，具有排他性。而法律赋予物权这种强大的效力需要相应的物权法制度来支撑，这就是物权的公示和公信规则。物权只有通过一定的手段向天下人告知其所拥有的权利，才具有对抗第三人的效力，被公示的物权才能被推定为正确无误，才是可依赖的，也只有公示的物权才会受到法律的保护。而对于不动产来说，登记已成为其法定的公示手段，所以基于法律行为的不动产物权变动，只有经申请并登记才能生效。而债权是一种对人权、请求权、相对权，不具有排他性，其成立变动一般只

---

[1] 参见梁慧星：《民法总论》，法律出版社 2007 年版，第 202 页。
[2] 参见孙宪忠："我国物权法中物权变动规则的法理评述"，载《法学研究》2008 年第 3 期。
[3] 参见《物权法》第 28 条、第 29 条、第 30 条等。

需合意即可，无须公示。不动产物权的登记通常产生的效力为：物权公示效力、物权变动的根据效力、权利正确性推定效力、善意保护效力、警示效力和监管效力。[1]

我国《物权法》确定的登记生效规则，是对前述《城市私有房屋管理条例》和《中华人民共和国城市房地产管理法》相关规定的延续，体现了法的稳定性，同时也借鉴了德国法上的"登记要件主义"模式。该规则清楚地区别于以法国、日本为代表的"登记对抗主义"或"债权意思主义"模式，在法、日模式下，物权的变动仅以当事人之间存在合法有效的转移所有权的债权合同为已足，不需要进行任何形式的公示，当事人之间的债权意思表示一致直接导致物权的变动。不动产物权的登记与否对权利的成立和生效不产生影响，登记仅仅产生对抗的效力，没有登记的物权只在当事人之间生效，却不能对抗第三人。[2]在日本，为了在不动产交易中避税，不动产物权交易中不登记者很多。[3]

（二）区分规则

区分规则指发生物权变动时，物权变动的原因行为与物权变动的结果行为作为两个法律事实，他们的成立生效依据不同的法律根据。亦即当事人之间订立有关设立、变更、转让和消灭不动产物权的合同，除法律另有规定或者合同另有约定外，自合同成立时生效；未办理物权登记的，不影响合同效力。

区分规则的建立不但符合物权为排他权而债权为请求权的基本法理，而且被民法实践证明是一条分清物权法和债权法的不同作用范围、为物权变动与债权变动建立科学规范基础、区分当事人的不同法律责任的行之有效的规则。区分规则的基本要求有两点：（1）在未能发生物权变动的情况下，不能否定有效成立的合同的效力。因合同仍然是有效的合同，违约的合同当事人一方应该承担违约责任。（2）不能认为已经生效的合同均能发生物权变动的结果，即仅仅以生效的合同作为物权排他性效力的根据。因为，物权变动只能是在不动产登记与动产交付时，物权变动必须以公示的行为作为其基本的

---

〔1〕 参见孙宪忠：《论物权法》，法律出版社 2008 年版，第 408~413 页。

〔2〕 参见于海涌：《论不动产登记》，法律出版社 2007 年版，第 36~37 页。

〔3〕 参见孙宪忠：《论物权法》，法律出版社 2008 年版，第 409 页。

表征。[1]

区分规则在我国《物权法》上的确立，使得物权变动本身与债权合同一样具有了一定的独立性，这实际意味着之前体现在司法解释中的"房屋登记不影响买卖合同效力的规则"已经上升为国家意志，具有法律规范的效力；也意味着《城市私有房屋管理条例》《中华人民共和国担保法》中确立的"债权变动完全依附于物权登记，合同（房屋买卖、担保）不具有独立性"规则被否定；同时，这也意味着，我国的物权变动规则已接受了德国物权行为理论的合理性一面，具有与物权行为理论将物权行为与债权行为相区分相同的效果。也可以认为我国存在实质意义上的物权行为（从交付或申请登记行为中推定出来有移转物权的意思），存在物权行为与债权行为的区分。[2]但根据《物权法》第106条第1款的规定，无处分权人将不动产或者动产转让给受让人的，所有权人有权追回，可见我国《物权法》虽然接受了物权行为的相对独立性，但并未接受物权行为的无因性。但这并不妨碍承认物权变动中原因行为与结果行为的区分，仅仅将"物权行为"与"债权行为"、"处分行为"与"负担行为"作为分析范畴加以接受。[3]

三、指导房屋强制过户的潜规则

如前所述，二手房买卖中的房屋强制过户在《物权法》制定之前已普遍存在，那么其是在何种规则指导下运作的呢？其指导规则与物权法确立的不动产物权变动规则是否一致呢？

（一）确认判决方式

直接以民事判决将房屋所有权确认给买受人的方式，在早期较为普遍，因争议较大，目前较少使用。其潜在的指导规则为：

1. 债权意思主义

确认判决之前，买受人是房屋买卖合同的一方当事人，其享有的是基于合同的债权请求权，其身份属于债权人，是所有权人之外的世人之一；而出卖人仍然是不动产登记簿上的房屋所有权人。然而，通过人民法院的确认判决，二者的身份却发生了变化，原仅享有债权的买受人，依据司法判决的强

---

[1] 参见孙宪忠：《论物权法》，法律出版社2008年版，第47页。
[2] 参见高富平：《物权法》，清华大学出版社2007年版，第214~215页。
[3] 参见韩世远：《合同法总论》，法律出版社2008年版，第196~197页。

制力，变成了所有权人，原所有权人却变成了被对抗的世人之一。在这一转变过程中，债权人仅仅依据双方意思表示一致达成的房屋买卖合同即获得了房屋所有权，即物权。可见，房屋强制过户潜在的物权变动规则是债权意思主义，即物权的变动仅以当事人之间存在合法有效的转移所有权的债权合同为已足，不需要进行公示（登记），当事人之间的债权意思表示一致直接导致物权的变动。该规则与《物权法》确立的不动产物权变动申请-登记生效规则不符。

2. 否认物权行为的相对独立性

确认判决仅依据双方意思表示一致达成的房屋买卖合同，即将出卖人依法享有的房屋所有权确认给了买受人，其另一个潜在的物权变动规则为：将债权行为（负担行为）与物权行为（处分行为）一体把握，将转移物权的意思表示纳入债权意思表示之中，视标的物所有权变动为买卖合同直接发生的效果。该规则完全否定了物权行为的相对独立性，否定了不动产登记申请行为中所内含的物权处分意思表示，使物权行为完全附属于债权（合同）行为，与《物权法》确立的不动产物权变动区分原因行为与结果行为的规则不符。

3. 混淆物权变动一般规则与物权变动特别规定的关系

有一种观点认为，根据《物权法》第28条的规定，因人民法院的法律文书导致物权设立、变更、转让或者消灭的，自法律文书生效时发生效力。据此，人民法院的确认判决直接导致所有权转移是有《物权法》依据的，此时无须适用不动产物权变动的申请-登记生效规则和区分规则。笔者认为，该观点混淆了物权变动一般规则与物权变动特别规定的关系，将非因法律行为导致物权变动的特殊方式（司法判决）适用到了因法律行为（二手房买卖）导致的物权变动，不能成立。

由前可知，《物权法》确立物权变动规则时的一个基本思路：在物权变动的基本制度设计中，突出法律行为的作用，将物权变动是否依据法律行为区分为两个大的部分。二手房买卖是以双方当事人意思表示为基础的，是典型的（私法）法律行为，其当然应适用基于法律行为的物权变动规则，即申请-登记生效规则和区分规则。而《物权法》第28条中的人民法院法律文书，应指人民法院直接依法作出的导致物权发生变更的形成判决（如分家析产、离婚中的财产分割等），此时，物权变动体现的是司法权的强制力，即公权力，而不是基于双方当事人的意思表示，故依法不适用物权变动的一般规则。而房屋强制过户时人民法院作出的是确认判决，不是形成判决，故不能适用《物权法》第 28 条。鉴于买受人提出的是确认之诉，人民法院应根据《物权法》第 16 条的规定，以不动产登记簿为根据来确定物权的归属，而不是以合同为根据。正是意识到了直接将房屋所有权确认给买受人的方式不太恰当，该种方式目前已较少使用。

（二）履行判决方式

履行判决是对确认判决的改良，直接确认房屋所有权的依据是不充分的，但依据合同应当全面履行的原则作出的履行判决在《合同法》上是有充分依据的。所以目前的房屋强制过户普遍是以履行判决的方式进行的。该种方式的潜在指导规则为：

1. 与确认判决方式相同的规则

履行判决强制过户方式只是在判决形式上发生了变化，其通过强制执行程序同样完成了房屋的强制过户，二者在本质上并无区别，只不过以强制执行的方式间接完成了房屋强制过户。履行判决本身仍然尊重了出卖人的所有权，同时确认买受人仍为债仅人。然而，当执行程序终结时，二者的身份同样发生了变化，债权人变成了所有权人，原所有权人却变成了被对抗的世人之一。这一变化体现的物权变动规则同样是债权意思主义、否认物权行为的相对独立性及混淆物权变动一般规则与物权变动特别规定的关系，只不过是通过执行程序间接体现而不是通过判决直接体现。该规则同样与《物权法》确立的不动产物权变动规则不符。

2. 强制执行裁定实体化

人民法院根据合同应当依约全面履行的原则，判决继续履行合同，责令出卖人在指定期限内协助买受人办理房产过户登记手续。该履行判决与通常的合同履行判决并无不同。但是，当该判决进入强制执行程序时，其执行方式却与履行判决通常的执行方式截然不同。

申请人（买受人）申请执行的是一个"责令出卖人在指定期限内协助买受人办理房产过户登记手续"的判决，根据房屋权属登记的相关法律规定，"出卖人协助买受人办理房产过户登记手续"实际上就是指"双方共同向房产登记机关申请转移登记"的行为。正是由于出卖人拒绝申请，而买受人又不能单方申请房屋权属转移登记，所以买受人才向法院提起履行之诉。因此，申请人申请执行的判决，是一个责令出卖人（与买受人一起）向房产登记机关申请转移登记的判决，该判决属于责令完成一定行为的判决。责令完成的行为可以分为两类：一类为可替代的行为，另一类为不可替代的具有人身专属性的行为。而法律法规对申请房屋转移登记行为的实施主体有严格的身份要求，即只能由房屋买卖的双方当事人来申请，除此之外，任何人都无权启动房屋所有权的转移登记程序，这也就意味着该行为在法律上与人身密不可分，具有了法定的人身专属性。据此，该判决要求出卖人履行的行为是不可替代履行的。

根据《最高人民法院关于人民法院执行工作若干问题的规定（试行）》（法释〔1998〕15号）第60条的规定，被执行人拒不履行生效法律文书中指定行为的，人民法院可以强制其履行。对于只能由被执行人完成的行为，经教育，被执行人仍拒不履行的，人民法院应当按照妨害执行行为的有关规定处理。结合《中华人民共和国民事诉讼法》第102条的规定，此处的处理指：根据情节轻重予以罚款、拘留；构成犯罪的，依法追究刑事责任。该规定将本质上属于私法（财产）责任的违约责任转化为公法责任，甚至是刑事责任，这一做法是否合适，本文不做详细探讨，但是该规定事实上承认了此类行为最终是不可强制执行的。最高人民法院执行办公室关于人身可否强制执行问题的复函中也强调，必须注意执行方法，不得强制执行人身。[1]《合同法》第110条也对债权人要求继续（强制）履行的权利进行了限制。[2]综上，可以得出的结论是："契约应该履行并不等于契约绝对肯定地履行"，[3]并不是任何债权都适合强制履行。"责令出卖人在指定期限内协助买受人办理房产过户登记手续"的判决，最终是不可强制执行的，若拒不履行，可以罚款、拘

---

〔1〕《最高人民法院执行办公室关于人身可否强制执行问题的复函》（〔1999〕执他字第18号）湖北省高级人民法院：你院鄂高法〔1998〕107号《关于刘满枝诉王义松、赖烟煌、陈月娥等解除非法收养关系一案执行中有关问题的请示》报告收悉。经研究，答复如下：

武汉市青山区人民法院〔1996〕青民初字第101号民事判决书已经发生法律效力，依法应予执行。但必须注意执行方法，不得强制执行王斌的人身。可通过当地妇联、村委会等组织在做好养父母的说服教育工作的基础上，让生母刘满枝将孩子领回。对非法干预执行的人员，可酌情对其采取强制措施。请福建高院予以协助执行。

〔2〕《合同法》第110条："当事人一方不履行非金钱债务或者履行非金钱债务不符合约定的，对方可以要求履行，但有下列情形之一的除外：（一）法律上或者事实上不能履行；（二）债务的标的不适于强制履行或者履行费用过高；（三）债权人在合理期限内未要求履行。"

〔3〕孙宪忠："我国物权法中物权变动规则的法理评述"，载《法学研究》2008年第3期。

留或追究刑事责任。

然而，司法强制执行机构并未采用该种方式，其对该履行判决的不可强制执行属性视而不见，当然其也没有去强制执行出卖人的人身，即强迫出卖人去申请房产转移登记，而是发出一份强制过户裁定和一份协助执行通知书，房产登记机关据此作出强制注销行为和重新发证行为，买受人同样从债权人变为所有权人。其中的关键在于强制过户裁定，该裁定实际上起到了转移房屋所有权的作用，与前述确认判决在本质上是一致的。而房产登记机关之所以强制注销出卖人的房屋所有权，也正是以该裁定为依据，认为在实体上出卖人的所有权已经消灭，进而从程序上予以注销。否则，房产登记机关是不会依职权随意去注销一个合法有效的房屋所有权的。因此，该裁定的性质也从程序性的强制执行质变为实体性的房屋所有权转移。

3. 转移登记职权化

不论是《城市私有房屋管理条例》《中华人民共和国城市房地产管理法》《物权法》，还是建设部《城市房屋权属登记管理办法》《城市房地产转让管理规定》，都无一例外地规定，房屋所有权转移登记依照双方当事人的申请，方可办理。从行政法的角度看，房屋所有权转移登记是一个依申请的行政确认行为，是一次完成的一个行为，该行为直接导致了物权的变动，该行为对买受人的法律意义是得到了物权，而对出卖人的法律意义是失去了物权，这是同一物权变动的完整内涵，是由一个行为产生的两个法律后果，是一枚硬币的两面，是不能分离，也不可分离的。然而，在房屋强制过户过程中，在出卖人并未申请房屋转移登记的情况下，房产登记机关却人为地将转移登记分割成两个行为，首先依职权强行注销了出卖人的房屋所有权，然后将其登记到买受人名下，通过这两个行为完成了事实上的房屋所有权转移登记。该行为将依申请的房屋权属转移登记异化为依职权的房屋权属注销登记，是没有法律依据的。

另外，由于房产登记机关的强制过户登记是根据人民法院的协助执行通知书来操作的，这就使其披上了一层合法的外衣。该协助执行通知书是根据《中华人民共和国民事诉讼法》第227条发出的，而该条所称的，在执行中需要办理有关财产权证照转移手续的情况，应指根据《物权法》的特别规定引起物权变动后，需要办理有关财产权证照转移手续的情况，而不适用于因法律行为引起的物权变动。如为实现债权人的金钱债务，经人民法院查封债务人的房屋、并拍卖后，此时房屋所有权已依法转移，[1] 人民法院可以依据该条发出协助执行通知书，房产登记机关据此所做的权属登记，仅是一种程序意义上的登记，即手续，该种登记只影响物权的后续处分权，并不影响物权的变动生效。若基于法律行为的物权变动亦可通过该种方式完成，那么《物权法》精心设计的不动产物权变动规则将彻底失去意义，完全被协助执行通知书所取代。强制过户的协助执行通知书要求房产登记机关做的，就是转移登记本身，在此之前，出卖人并未申请转移登记，只有通过强制过户，才最终实现了房屋所有权的转移。所以笔者认为，《中华人民共和国民事诉讼法》第227条不能适用于二手房买卖这一典型的法律行为。

结束语：兼论司法的能动与谦抑

司法主导的房屋强制过户，体现了司法的实践理性和司法的价值判断，是司法能动性在特定历史条件下的产物，具有时代进步性和现实合理性。但其合理性只具有相对意义，其强调了诚实信用原则，却偏离了物权处分的意思自治原则；其强调了房屋买卖合同的独立性，却违背了不动产物权变动区分原因行为与结果行为的规则；其注意并保护了现实生活中普遍存在的房产交易不登记现象，同时也默认了该现象背后普遍存在的避税习惯；其发现了不动产登记制度的不健全，却没有严格要求，反而采取了从根本上取消登记效力的消极方法；其运作模式可以寻求学术权威的理论支持，但学术探讨中的观点只能代表个人，只是众多意见中的一种，其意见只应具有说服力，而不应具有强制力。在相关立法尚未明确、立法价值取向尚未明朗、房产交易秩序较为混乱的条件下，体现司法能动性的房屋强制过户确实具有进步性，但当《物权法》正式实施后，其能否继续运行取决于其与《物权法》的契合程度。被动性是司法的本质属性，司法的价值判断必须服从立法的价值判断，司法的实践理性必须跟随立法的价值理性。面对法律，司法者应该谦抑，《物

---

[1] 此处的所有权转移并不是因基于当事人意志的法律行为而引起的物权变动，适用物权变动的特殊规则。《物权法》第28条：因人民法院、仲裁委员会的法律文书或者人民政府的征收决定等，导致物权设立、变更、转让或者消灭的，自法律文书或者人民政府的征收决定等生效时发生效力。《最高人民法院关于人民法院民事执行中拍卖、变卖财产的规定》（法释〔2004〕16号）第29条：动产拍卖成交或者抵债后，其所有权自该动产交付时起转移给买受人或者承受人。不动产、有登记的特定动产或者其他财产权拍卖成交或者抵债后，该不动产、特定动产的所有权、其他财产权自拍卖成交或者抵债裁定送达买受人或者承受人时起转移。

权法》应该得到尊重，甚至应该被信仰。另一方面，《物权法》在某些方面确实是超前的，司法者直接适用其相关规定在当下可能会产生一些混乱，但积极引导公众面对《物权法》，使其能够熟练运用《物权法》提供的各项权利保障措施，同时督促房产登记机关严格、准确地执行《物权法》的各项制度，这些方面，不正是司法权大有作为，充分发挥司法能动性的天地吗？司法能动性同样是司法权与生俱来的属性，只不过需要因时顺势而已。

至于在遵循《物权法》确立的不动产物权变动规则基础上，如何保护买受人利益的问题，笔者认为，买受人的权利属于债权，出卖人拒绝履行合同应承担赔偿损失的违约责任，鉴于其恶意违约，可考虑适用惩罚性赔偿责任。这样做既尊重了诚实信用原则，也维护了出卖人作为物权人理应享有的物的增值利益，毕竟，物的贬值风险也是由物权人来承担的。

行政滥诉：行政诉讼困境解读的另一维度[*]
——以杭州法院行政审判实践为样本

吴宇龙　　蔡维专

论文提要： 对行政诉讼困境的解读多与行政诉权的保护紧密相连，然而在司法实践中个别当事人肆意提起行政诉讼，滥用行政诉讼诉权，"滥诉""缠诉"的现象屡见不鲜，对之进行研究有助于更深刻理解当下的行政诉讼制度。行政滥诉常表现为"一人多案"和"一事多案"，多发于房屋拆迁及政府信息公开领域。行政滥诉的成因是多方面的，除了行政诉讼自身功能定位不清外，尚包括行政诉讼具有"比较优势"、行政诉讼审查深度有限、诉讼成本收益失衡、"诉讼掮客"的鼓动等。行政滥诉有悖于行政诉权的公共属性、违反权利不得滥用原则、浪费了有限的司法资源，具有侵害性，应当进行化解。在现有制度框架下，法院对滥诉的化解多是技术性的，如建立滥诉档案、加强诉前调解、提高庭审及裁判文书质量等。在《中华人民共和国行政诉讼法》修改之际，若能通过拓宽行政诉讼受案范围，适当将抽象行政行为纳入诉讼；完善司法审查标准，实现裁判的实质正义；确立无效之诉，给当事人足够的救济；确立行政示范诉讼等，则可从源头上化解滥诉。

引　言

1989 年 4 月 4 日，第七届全国人民代表大会第二次会议通过了《中华人

---

　*　该文获杭州市法院系统第十三届学术研讨会（2013）一等奖、全省法院第二十三届学术讨论会（2013）三等奖。

民共和国行政诉讼法》（以下简称《行政诉讼法》），标志着我国行政诉讼制度全面建立起来。然而《行政诉讼法》在从"文本"走向"行动"的过程中充满了艰辛与曲折，其实施效果也差强人意。在人民法院审理的所有的案件中，行政案件数量的比例只有 1.5% 左右，增长幅度也相对缓慢。相对于每年庞大的因行政争议引发的信访而言，当事人舍诉讼而择信访的倾向很明显。行政诉讼中畏诉、厌诉的情况还普遍存在。因此学术界对行政诉讼困境的解读多基于行政诉权的保护。在此背景下探讨行政诉讼滥诉问题似乎很不合时宜。但笔者认为，厌诉、畏诉与缠诉、滥诉两种法律现象共生共存，似乎矛盾，却是一体两面，都反映了当下行政诉讼制度权威不够，运行不畅，存有"症结"。未来即当下，把握当下方可向明天前行，行政诉讼制度的完善有赖于对当下制度运行的全面把握，而滥诉则为我们提供了检讨现有行政诉讼制度的另一维度，有助于我们认识现有行政诉讼制度运行的另一面。对行政滥诉的讨论多散见于行政审判的各种文件中，未成系统，笔者也尚未检索到专门研究行政滥诉的文章，本文抛砖引玉，以期能引起实践和理论界对行政滥诉的关注。

一、滥诉的现状透视

（一）滥诉的基本类型

"行政滥诉"是对行政诉权滥用这一特殊法律现象的俗称，而非严格的法律术语，笔者也无意寻求其严格的法律定义。本文所研究的行政滥诉以符合行政诉讼起诉条件为前提，只是个别当事人提起大量的行政诉讼，成为行政诉讼专业户，其诉虽具有形式合法性，却无实质正当性，或违背了行政诉权的本旨或超越了诉权行使的正当界限。

当下行政诉讼制度面临诸多困境，公众在面对行政纠纷时更多的选择信访等其他路径。[1]然而令人不解的是，行政诉讼滥诉现象仍然较为突出。[2]行政诉讼中相当数量的裁定驳回起诉和不予受理结案，在一定程度上也反映

---

〔1〕 2009 年的数据可资参考。据统计，2009 年全国法院新收刑事、民商事、行政一审案件 6 688 963 件，行政案件虽然不足 2%，但行政申诉上访案件占了全部来京申诉上访案件的 18% 左右，比平均值高出 8 倍，绝对数已经超过了刑事和执行。数据来源于最高人民法院副院长江必新于 2010 年 5 月在全国法院行政审判工作座谈会上的讲话。

〔2〕 "行政诉讼中滥诉现象应予关注"，载法制网，http://www.legaldaily.com.cn/government/content/2010-08/18/content_ 2246825. htm？node=21491，最后访问日期：2013 年 6 月 9 日。

了行政案件存在"滥诉"的问题。[1]行政诉讼滥诉常见的表现是一人多案和一事多案。

"一人多案",这是行政滥诉的典型形态。在杭州法院的实践中,此类滥诉的代表是马守英案。马守英系杭州市拱宸桥地区旧城改造桥西区块的被拆迁人,其房屋在2009年10月16日被杭州市城市管理行政执法局强制拆除。马守英遂于2009年11月份提起第一桩行政诉讼,此后3年多的时间里,马守英先后向杭州市两级法院提起大量行政诉讼,仅杭州市中级人民法院审理的一审、二审行政案件就多达62件,并且还在不断增长中。而马守英滥诉的运作模式是穷尽一切救济程序,如行政诉讼一审、二审甚至再审,逐次提起,一案又变多案,这样仅马守英一人即可牵扯大量的行政审判资源。

"一事多案",在拆迁引发的行政诉讼中表现得尤为突出。同一区块的被拆迁人针对同一项目的拆迁许可、规划许可、用地标准文件、拆迁方案批准文件等各个阶段的具体行政行为,分别向法院提起行政诉讼,如吕连兴案。吕连兴系杭州市钱江新城核心区二期工程地块的被拆迁人,自2008年以来共有18件案件在杭州市中级人民法院审理。同一地块的其他被拆迁人如盛水彪、莫有才、郭炳锡、顾建娟、赵龙兴等也效仿吕连兴的行为,针对同一类型、基本相同的行政行为,通过更换当事人的方式反复向法院起诉。

(二)滥诉的集中领域

1. 房屋拆迁

因房屋拆迁引发的行政滥诉最为突出。拆迁涉及利益巨大,引发的矛盾也较为尖锐,投射到行政诉讼中即表现为行政滥诉。拆迁领域的滥诉特点较为明显:一是被拆迁人有效仿心理和抱团态势,容易形成群体性诉讼;二是被诉机关不限于实施强拆或作出强拆决定的机关,对拆迁项目涉及的规划、建设、国土、城市管理等部门都有可能成为行政诉讼的被告;三是以拆迁行为为基点,被诉行政行为越来越靠前,向前追溯到用地批准、建设项目审批、拆迁许可、拆迁裁决、行政复议、政府信息公开等行为;四是拆迁纠纷多经过行政一审、上诉、再审等诸多环节,一案变多案。

2. 政府信息公开

政府信息公开领域的行政滥诉现象也不容忽视。个别当事人信息公开诉

---

〔1〕　参见江必新:"完善行政诉讼制度的若干思考",载《中国法学》2013年第1期。

讼目的异化，将诉讼作为获取证据材料的手段，甚至作为与行政机关谈判的筹码。而部分行政机关对信息公开工作重视不够，不会公开、不愿公开、不能公开且应诉不充分，导致败诉率较高。以 2010 年、2011 年为例，杭州市市级机关政府信息公开案件败诉率分别为 32. 20% 和 45.28%，成为所有行政案件中被告败诉率最高的类型。同时政府信息公开诉讼中变换主体、多头诉讼倾向明显。如章金火、陈剑辉、项美丽、黄滨翔等 4 人，以杭州市城市管理行政执法局为被告，分别提起政府信息公开诉讼，皆要求公开房屋强制拆迁通知书复印件，强制拆迁实施方案及批准人，实施强制拆迁现场负责人签名、职务及执法证复印件，强制拆迁记录等。

上述两个领域具有相当的关联性，大部分的政府信息公开诉讼都因房屋拆迁引起，通过信息公开可以获取相应的证据材料，作为实现被拆迁人利益诉求的支撑，或是拖延拆迁项目的进度，或是在拆迁实体诉讼败诉后，通过信息公开诉讼启动新的救济途径。

（三）滥诉的识别

"滥诉"是一个内涵不确定、外延不周延的俗称，因此寻求滥诉的构成是一件较为困难的事情，笔者结合行政诉讼实际，尝试提出识别行政滥诉的具体标准。当然，构成行政滥诉的前提是有行使行政诉权的行为，无诉权行使则无滥诉。行政诉权行使的主要形式有行政起诉、行政上诉以及提起行政诉讼再审申请。行政诉讼申诉、涉行政诉讼的信访都不属于行使诉权的行为，但这些"诉外"行为有助于判断当事人的诉讼动机，为滥诉的识别提供参考。

1. 主观上存在滥诉的故意

行政滥诉涉及诉权这一重大的权利，对之认定需要主要因素的限定。进一步而言，若通过当事人的行为能够确定存在滥诉的故意，则可以直接认定为滥诉，这种情况较为少见。更多的情况是，当事人虽无明确的滥诉意思表示，但当事人的诉权行使缺乏实质正当性，违反行政诉权的本旨或者超越诉权行使的正当界限。常见的表现有如下三点。

一是行为人过于频繁地提起行政诉讼，诉讼量较大。这是实践中最为常见，也最亟需规制的滥诉。对诉讼量的认定需要注意的是：（1）时间上综合认定，不以审判年度为分割。审判年度更多是司法行政管理上便利，对于行政滥诉的认定则不必拘泥于审判年度。（2）案件之间的有机联系。行为人为制造大量的诉讼，有可能通过策略性的安排规避一事不再理原则，因此在统计行政滥诉数量时应考虑到行政诉讼之间的有机联系。如在马守英案中，马守英于 2009 年 11 月 5 日向杭州市拱墅区人民法院提起拆迁裁决诉讼。该案中，马守英丈夫沈本好作为第三人参加诉讼，一审法院判决驳回诉请，二审予以维持。2010 年 1 月，沈本好又向拱墅法院起诉拆迁许可证，马守英作为第三人参加诉讼，法院以超过起诉期限为由驳回起诉。

二是"狮子大开口"或诉求极端。对于"狮子大开口"或诉求极端，仅将行政诉讼作为逼迫行政机关就范的手段的诉讼不具有正当性。

三是缺乏真实的诉的利益。"无利益即无诉权"这是诉讼法的基本原理。诉的利益指对权利给予司法保护之必要，即原告所助长的实体权利和法律关系面临危险和不安时，判决可除去危险和不安。[1]因此诉的利益是受理案件的前提和先决条件，也是判断有无滥诉的重要依据。诉的利益也必须是真实的，对于行为人与被诉行政行为无诉的利益而又反复提起行政诉讼的，法律无保护的需要。如对于因举报、投诉等产生的"公益诉讼""垃圾诉讼"等缺乏真实的诉的利益的起诉，以及行为人就该类行政行为反复提起的行政诉讼，应属于滥诉。

2. 客观上诉权的行使具有侵害性

之所以需要对滥诉进行规制，是因为行政滥诉具有侵害性。相对于民事诉讼中的滥诉，行政滥诉没有直观的被侵害人和被侵害利益。行政滥诉的侵害性主要表现为对行政诉权公共属性的侵蚀，对正常行政审判秩序的破坏，对行政机关行政效率的减损，对有限司法资源的浪费。这在本文的第三部分"滥诉化解的理论证成"有更详细的论述。

当然，行政滥诉的识别贯穿着诉权的保护与限制，因此如何确保行政滥诉认定的"不枉不纵"，除了参考上述滥诉的构成要件外，尚需要综合考虑行政滥诉化解的理论基础，在原则与具体标准间来回穿梭，同时还需经过严格的程序，并及时听取行政诉讼审判人员的意见。需注意的是滥诉的认定是动态的，需要进行个案甄别，行为人被判定为滥诉只是触发立案受理环节的关注，并不意味着其所提起的其他行政诉讼均不受理，滥诉认定也不针对所有提起行政诉讼的当事人。

---

〔1〕 参见姜启波："人民法院立案审查制度的必要性与合理性"，载《人民法院报》2005 年 9 月 21 日。

二、滥诉的成因分析

（一）现有行政诉讼制度功能定位名实分离，救济不足

虽然《行政诉讼法》已经明确行政诉讼制度功能在于保护公民的合法权利和监督行政两个方面，但囿于行政诉讼制度的具体设计以及外部法治环境的约束，行政诉讼的权利救济功能并没有得到很好的实现，导致名实分离，损害行政诉讼的权威性和实效性。就监督行政而言，我国法律对行政行为合法性的要求存在某种形式主义的偏向，法院在审查行政行为时，也只能就法律要求进行合规则式的审理，而无法保证行政行为符合实质意义上的公正与合理。[1]行政诉讼裁判所追求的形式合法性与当事人所追求的实质正义存在冲突，降低了行政诉讼实质性化解行政争议的功能，行政诉讼裁判的可接受性也大为降低。而行政诉讼的权利保护功能则更是饱受诟病。我国的行政诉讼制度只能保护公民的个体权利，并且对于个体权利的保护还因受案范围、审查方式以及判决等制度设置的限制，使得行政诉讼制度所保护的利益范围限制在相当狭小的空间。[2]行政诉讼严重的形式法治难以触及相对人实质的利益诉求，难以满足实践的需要。在众多的滥诉案例中，当事人滥诉的直接理由往往是其实体权利不能得到救济，实体利益未能得到满足。正基于此，最高人民法院通过司法解释、司法政策等形式不断修正、落实行政诉讼的救济功能，如判决类型的拓展、行政协调的引入、对行政争议实质化解的强调等，但限于其地位，制度设计并不彻底，行政诉讼的救济功能并未得到完全的彰显和贯彻。

（二）行政诉讼具有"比较优势"

当前社会急剧转型，矛盾多发，官民冲突也普遍存在。行政争议具有多发性、多样性、复杂性、突发性、群体性、危害性等特点。[3]就行政争议的救济渠道而言，我国建立了多层级差异化的救济体系，包括行政诉讼、信访、行政复议、行政监察、行政裁决等，其中信访、行政复议和行政诉讼最为常

---

[1] 参见杨伟东：《权力结构中的行政诉讼》，北京大学出版社 2008 年版，第 29 页。

[2] 参见曹达全："行政诉讼制度功能研究：宪法与行政法治中的行政诉讼制度"，苏州大学 2008 年博士学位论文。

[3] 参见赵大光："疏通救济渠道 依法保护诉权"，载中国法学会行政法学研究会编：《社会管理创新与行政法：中国法学会行政法学研究会 2010 年年会论文集》，中国政法大学出版社 2011 年版，第 1372~1380 页。

见。相比信访和行政复议，行政诉讼具有明显的比较优势。

就与信访比较而言，虽然我国信访量远大于诉讼量，但信访制度缺乏严格的程序设置、处理的透明度较低，信访处理结果往往缺乏可执行性。"只分诊，不治病"的信访制度难以满足公民日益高涨的权利救济需求。而行政诉讼具有更高的透明度，法院的司法审查标准更为公开，相对人也有更稳定的预期。即使从更加务实的角度，行政诉讼的成功率也要远高于信访，根据学者统计，1990~2011年行政诉讼原告总体胜诉（判决撤销、变更、履行法定职责、确认违法或无效、赔偿）比例为14.02%。[1]而通过信访渠道解决问题的只有0.2%。[2]而与行政复议比较而言，行政诉讼为外部审查，具有更强的可抗辩性、可参与性和更高的公信力，更容易获得公众的制度认同。

因此行政诉讼相较于信访和行政复议，优势较为突出，这也直接影响到公众的选择。在笔者掌握的行政滥诉案例中，滥诉者往往在行政诉讼中胜诉过，对行政诉讼的优势有感性的认知。特别是在房屋拆迁案件中，被拆迁人对拆迁补偿不满，遂对拆迁行为涉及的项目立项审批、环评、拆迁公告、拆迁裁决、强拆行为轮次起诉，并交织使用信息公开诉讼，以图能够获得胜诉。一旦获得胜诉判决之后，当事人又会采取诸如滥诉、信访、联系媒体制造舆论等措施，给行政机关施压。

（三）成本收益失衡，"诉讼暴利"客观存在

行政滥诉的成本之低与所获收益之大形成巨大反差，使滥诉有利可图，甚至成为一项暴利活动。一是行政诉讼费用很低，一般行政案件的诉讼费只有50元，当事人启动诉讼的风险大为减少，这固然鼓励行政纠纷的当事人提起行政诉讼，发挥行政诉讼的监督功能，但是诉讼费用的滥诉过滤功能也就大为削弱。二是行政诉讼举证责任的分配对滥诉者也构成激励。虽然提起行政诉讼的当事人也须承担一定的证明责任，如在信息公开案件中当事人需证明自己提出过信息公开申请，但总体而言被诉行政机关承担了大部分的举证责任，包括举证不能的败诉后果。因此行政诉讼对于当事人来说门槛较低，不需要进行复杂的举证活动，也无需聘请专业的律师，当事人往往一纸诉状，

---

〔1〕　参见包万超："行政诉讼法的实施状况与改革思考：基于《中国法律年鉴》（1991-2012）的分析"，载《中国行政管理》2013年第4期。

〔2〕　学者的调查显示，实际上通过上访解决问题的只有0.2%。参见赵凌："国内首份信访报告获高层重视"，载《南方周末》2004年11月4日。

坐等开庭，除了往来诉讼的交通费以及消耗的时间外，诉讼成本很低。在笔者统计的滥诉案件中，滥诉当事人多具有明显的地域性，相当一部分当事人自己出庭或委托略懂的公民代理。即使聘请了律师也多采用打包诉讼、风险代理的形式与律师结成利益共同体，通过缠诉与滥诉，获取巨大的经济利益。

（四）"诉讼掮客"通过"诉讼打包"、风险代理的形式鼓动滥诉

在权利意识觉醒的同时，社会责任意识和规则意识的缺乏导致个别当事人片面狭隘地追求个人权利，没有承认和尊重他人的权利，以滥用诉权为手段，追求各种不当利益或非法目的。[1]又由于法律服务市场有待规范，"诉讼掮客"通过诉讼打包以及风险代理的形式，与当事人约定利益分成，鼓动当事人滥诉。"诉讼掮客"多见于个别的律师和职业的公民代理人，他们一面以"维权斗士"自居，串联当事人，风险代理、打包诉讼；另一面添油加柴，秀语言暴力，激化矛盾，鼓动当事人制造"诉讼泡沫"。在笔者接触的滥诉案例中，某律师通过与某一片区被拆迁人签订诉讼"集体承包合同"，约定每一被拆迁户先缴纳一定的代理费用，由其代理因拆迁过程中产生的任何诉讼，包括行政诉讼，并且约定在诉讼过程中从开发商或政府获得的利益按照一定的比例分成。这种模式对于拆迁户来说，通过尚不算高额的代理费就可以获得一系列诉讼的律师代理，而又可能通过诉讼获取更多的拆迁补偿，这确实是比较划算的事情。既然已经缴纳了代理费，那么起诉越多，当事人的每个案子的诉讼成本就越低，而胜算就越大，给予政府的压力也就越大。对于代理律师而言，虽然每一户的代理费并不多，但是通过"诉讼打包"的方式（如有的片区拆迁少则数十户多则几百户）则获得了可观的律师费，再通过风险代理的形式，实现诉讼代理利益最大化。同时，律师为维持自己在拆迁户中的"口碑"和影响力，也需要通过胜诉证明自己的价值，这样也刺激着律师不断鼓动当事人滥诉来获得胜诉，即使不能确保胜诉，在庭审中也会发表言辞激烈的言论，迎合拆迁户，激化矛盾，严重扰乱庭审秩序。而激化的矛盾，又为其创造了新的诉讼代理机会。因此，在诉讼承包和风险代理的形式下，当事人及其代理律师天然具有滥诉的冲动。

---

〔1〕 参见白清："司法不能承受之重——滥用诉权的考察与规制"，载万鄂湘主编：《司法解决的对策与机制 全国法院第十九届学术讨论会获奖论文集》，人民法院出版社 2007 年版，第 35 页。

三、滥诉化解的理论证成

行政诉权是启动行政诉讼，开启对行政权进行司法审查的钥匙。因此应对公民提起行政诉讼的积极性加以保护甚至鼓励。然而，滥诉偏离了行政诉讼的正常轨道，背离了行政诉权的公共属性，违背了权利不得滥用原则，浪费了本就稀缺的司法资源，需要进行积极的化解甚至规制。

（一）行政诉权的公共属性

行政诉权兼具私人与公共的双重属性，就私人而言，行政诉讼的当事人与被诉的行政行为多具有法律上的利害关系，其诉讼的目的多是维护自身的合法权利；就公共而言，虽然诉讼作为一项公共产品，必然带有公共属性，但相比民事诉讼而言，行政诉讼作为一种司法审查，承担着维护和监督行政行为的职责。可以说，行政诉讼不仅以保护公民权利为宗旨，更以维护和监督行政权为使命。如果说行政实体法将行政权关进了笼子里，行政程序法划定了行政权运行的轨道，那么《行政诉讼法》则监督着行政权的行使有无越界，有无偏离其轨道。因此从这个角度来说，任何一桩行政诉讼都具有公共指向。对于提起行政诉讼的当事人来说，在起诉的那一刻，他已不自觉地参与营造了一种司法审查的公共空间。

行政滥诉的直接后果就是减损这种公共性。因为肆意提起行政诉讼者，特别是以诉谋利者，私利已逾越法律可保护的范围，诉讼目的异化，不仅将行政诉讼作为牟取法外利益的手段，更将诉外因素以滥诉为媒介强行带入行政诉讼中，干扰司法，破坏正常的行政审判秩序。如在多起滥诉案例中，当事人都曾联系过传统媒体，甚至在网络上发表言辞激烈的帖子，对法院施加压力。同时，行政诉讼指向行政行为，被告恒定，因此行政诉权一旦启动就会导致被诉行政机关必须进入诉讼程序，接受司法审查。而有的法院或行政机关出于维稳或考核的压力，对一些非分的利益诉求不得不予以迁就，以息事宁人。很多行政诉讼滥诉案例，当事人甚至不以胜诉为目的，只求法院能够受理，明显有造势以挟行政机关的嫌疑。

（二）权利不得滥用原则

行政诉权不得滥用是权利不得滥用原则的具体体现。《中华人民共和国宪法》第51条规定："中华人民共和国公民在行使自由和权利的时候，不得损害国家的、社会的、集体的利益和其他公民的合法的自由和权利。"《中华人民共和国民事诉讼法》第50条第3款亦规定："当事人必须依法行使诉讼权利，遵守诉讼秩序，履行发生法律效力的判决书、裁定书和调解书"。这一条即确立了民事诉讼中禁止诉权滥用原则。虽然《行政诉讼法》没有明确规定这一原则，但根据《最高人民法院关于执行〈中华人民共和国行政诉讼法〉若干问题的解释》（法释〔2000〕8号）第97条的规定"人民法院审理行政案件，除依照行政诉讼法和本解释外，可以参照民事诉讼的有关规定"。由此，禁止诉权滥用也应适用于行政诉讼。

禁止诉权滥用是法律科以诉权的一项义务性限制，它不仅意味着当事人不得肆意提起行政诉讼，也意味着当事人若违反该原则，应承担不利的法律后果。

（三）司法资源的有限性和分配的正义性

诉讼是一种很奢侈的纠纷解决方式，[1]会动用很多的司法资源。毋庸讳言，我国行政审判力量相对薄弱。虽然我国绝大部分的法院都设立了行政审判庭，并充实了一定的审判人员，然而专门从事行政审判人员数量还是偏少，人员调动频繁，稳定性不足，这一点在基层人民法院特别突出。有的基层人民法院行政审判庭只有一到两人，连一个合议庭都难以保证，只好从其他业务庭"借用"审判人员。然而，既无经济上的诉讼价值又无社会效益的滥诉行为带来外部不经济性，对本不充裕的司法资源造成浪费，使有限的资源无法被合理调配以解决更多问题。[2]对于提起滥诉的当事人，法院一般都会慎重对待，因为处理不慎极有可能引发信访，由此法院需调动更多的司法资源去化解滥诉，并防范着当事人的信访，这也给行政审判人员带来更多审判业务之外的工作，使得稀缺的司法资源向无谓的滥诉集中。

司法资源也是一种公共资源，其分配须遵循正义原则，也就是用于解决给定法律争议的程序应当与该争议的价值、重要性和复杂性成比例。[3]而滥诉人为增加了争议的重复处理和复杂性，同时也减损了诉讼的价值和重要性，

---

〔1〕 参见［日］小岛武司：《诉讼制度改革的法理与实证》，陈刚等译，法律出版社2001年版，第161页。

〔2〕 参见周芳红、杜睿哲："论司法资源配置与司法公正"，载《兰州交通大学学报》2007年第5期。

〔3〕 参见［英］阿德里安A. S. 朱克曼主编：《危机中的民事司法 民事诉讼程序的比较视角》，傅郁林等译，中国政法大学出版社2005年版，第16页，转引自周芳红："分配正义视角下的司法资源配置"，载《华北水利水电学院学报（社会科学版）》2009年第6期。

违背分配正义。法律不仅应保护个体的具体的行政诉权，更应平等保护大众的一般的行政诉权。为此，法官必须要考虑的不仅是站在法院面前的当事人，而且要考虑所有其他在外面排队等候的人。[1]

四、滥诉化解的机制建构

滥诉是诉权行使的非正常状态，本质上不仅是一个法律问题，也是一个社会问题。行政滥诉的生成与发展不仅在于行政审判本身，更在于整个司法有机体甚至社会本身。滥诉的化解需要法院、政府、社会的合力，需要立法、司法、行政多权共治，但囿于篇幅所限，本文仅从法院的角度探讨。同时《行政诉讼法》的修改已列入立法议程，滥诉也反映了当下行政诉讼制度存有"症结"，滥诉的化解也有赖于行政诉讼制度的完善，因此结合这一大背景对滥诉化解做了制度上的展望。

（一）机制构建：在现有的制度框架下

法院是行政诉讼程序的主导者，也应是化解行政滥诉的主力军。滥诉的化解应贯穿于立案、审判、判后等各个环节，需要立案、审判以及信访部门的合力。

1. 立案环节保持预警，减缓冲突

建立滥诉档案。对于明显属于滥诉的当事人（包括个别代理人）法院应建立滥诉者档案，对该滥诉当事人的基本情况及时汇报、登记，在法院内部相互通报、交流。在建立档案时，应尽可能地将行政争议的基本情况和背景交代清楚，作为立案人员判断是否为滥诉的参考。这样既可以保证立案人员有的放矢，又可以防止"误伤"，保证滥诉者的其他正当诉讼得到保护。同时，行政案件立案人员与审判人员应加强沟通，做到滥诉认定的不枉不纵、准确及时。

加强诉前调解和信访分流。借鉴民事诉讼中诉前调解预登记制度，经评估确有滥用诉权等情形，法院不宜受理或暂不宜受理，需另行或者联动协调处置的起诉，加强诉前调解或将纠纷分流至信访渠道。发挥诉前调解和信访的优势，对滥诉当事人的诉外诉求加以引导，并对行政诉讼的有限性和局限性向当事人阐释清楚，避免当事人对行政诉讼产生不当的过高预期，以摆正

---

[1]　参见周芳红："分配正义视角下的司法资源配置"，载《华北水利水电学院学报（社会科学版）》2009年第6期。

诉讼心态。

注重与行政复议的衔接与协调。"滥"的问题不仅发生在行政诉讼中，也常见于行政复议程序，并且两者具有相当的关联性。由此，化解行政滥诉应注重诉讼、复议的衔接与协调。首先，充分利用现有的府院联席会议、行政复议与行政诉讼联席会议制度，加强滥诉人员信息的通报与共享。其次，行政审判部门可通过司法建议、行政审判报告或简报，对一段时间内的败诉和滥诉案件及其要点向行政机关作行风险提示，提示行政行为中存在的败诉风险以及可能诱发滥诉之处。对于重大的拆迁或重点工程建设，相应的机构也应及时将拆迁过程中可能诱发大规模行政争议或行政诉讼的情况通报法院。最后，将化解滥诉的关口提前，对于重点滥诉人员，在行政复议阶段应综合考虑可能引发的滥诉风险，采取督促涉案机关及时与当事人沟通、协调等，及时将行政争议实质性化解。

2. 审判环节让当事人"出气"，增强存在感

对于有的滥诉案例来说，当事人一般对行政诉讼的局限性都有比较理性的认识，其滥诉的动机往往只是"出口气"，纾解其在行政行为中所受的"怨气"。对此：

首先应确保庭审的公开与公正。庭审系当事人对司法权威的最直观感受，一定程度上决定了当事人对法院裁判的认同度。行政审判人员应恪守居中裁判的原则，维护当事人的存在感，保障当事人的程序参与，让当事人感受到与被诉行政机关平等的诉讼地位；充分尊重当事人发表意见的权利，只要当事人的言论没有危害国家安全、恶意诽谤他人或严重干扰法庭秩序都不应该简单地予以制止，这样即使当事人的意见没有被法官采纳，也会增强当事人对行政裁判的接受度。

其次应加强对原告诉求的审查与回应。对当事人在行政诉讼中的各项请求，尽可能充分沟通，阐释清楚，消除疑虑。如当事人在行政诉讼中提出调取证据的请求、申请行政首长出庭的请求、调整开庭排期的请求等，不予准许的，应与当事人充分沟通，阐释不予准许的理由，消除当事人的疑虑。

最后须提升裁判文书质量，发挥裁判说理和指导功能。裁判文书的说理不单是司法技术问题，对于解决诉讼争议，化解矛盾纠纷，实现诉讼目的，

宣传国家法制，促进社会和谐都有重要意义。[1]在裁判文书中对当事人的质证、辩论意见应如实反映在判决之中并应尽量予以回应，做到说理有据。说理的过程也就是裁判形成的过程，需要清晰地展现出裁判据以成立的事实依据和法律依据。在事实方面，当事人通过公开的举证、质证和辩论，试图影响到法官心证，但是由于心证是法官内心的确认，具有隐蔽性，当事人尤其是行政诉讼原告难以查知，若最终法官没有采纳滥诉者的意见，很容易造成当事人对法官的公正性产生怀疑。因此，在裁判文书中，对于证据的分析与采纳应完整展现当事人的意见并加以回应。在法律说理方面，滥诉当事人往往会提出自己的法律依据或者自己对法律的理解，这种理解往往夹杂着误读和曲解，通过这种误读和曲解，滥诉者往往都能建构起自己的法律逻辑。这种法律逻辑不破，当事人难以服判。因此，在判决中对于法律的说理也应同样引起重视。

3. 判后环节加强答疑，增强互信

判后答疑不仅能够及时化解当事人的滥诉倾向，还能够有效增强当事人对行政审判的理解，增强对行政裁判的可接受性。判后答疑具有相当的灵活性，当事人与法官以聊天式的方式进行交流，心理的距离更近，其交流的内容也更为全面。对于审判人员而言，通过判后答疑可以对当事人滥诉的深层次原因进行准确的把握，并进行针对性的化解。

4. 裁判文书公开，加强判决既判力

在滥诉的案例中，有很多案件大同小异，因此通过先前案例裁判文书的公开，可以让当事人产生合理的预期，引导其理性起诉。当前，裁判文书上网公布增强了裁判的宣示作用，便于当事人进行相应的预期。针对行政诉讼滥诉这一现实，裁判文书的公开可以采取更为灵活的方式，如对涉及同一项目的不同当事人分别起诉的，可以将已经结案的裁判文书予以提示，告知其裁判的要点，引导其理性起诉。

（二）制度展望：在《行政诉讼法》修改之际

1. 厘清行政诉讼的定位，加强其权利救济的本色，注重行政争议的实质解决

对于行政诉讼的定位，争论甚多，焦点在于行政诉讼是救济制度还是监

---

[1]　参见胡云腾："论裁判文书的说理"，载《法律适用》2009 年第 3 期。

督制度。客观而言，在相当多的情况下行政诉讼是通过审查和纠正违法的行政行为达到保护公民权益的目的。但整体而言，行政诉讼的根本目的或主要目的仍应定位于通过解决行政争议保护公民的合法权益。[1]行政争议实质性解决包含以下三个层面的内容：纠纷解决的妥善性、一次性和迅速性。妥善性要求司法审查的对象并非局限于被诉行政行为的合法性，追求全面妥善解决当事人之间的权利义务争议；纠纷解决的一次性和迅速性，则要求司法审查尽可能高效地一次性解决当事人之间法律关系不明确而导致的纠纷，防止反复争讼不休，实现诉讼经济。[2]推进行政争议的实质性解决是一项系统工程，不仅需要厘清行政诉讼的定位，加强行政诉讼的权利救济本色，更需要在《行政诉讼法》修改时将权利救济贯穿、落实于行政诉讼各项制度之中。

2. 拓宽行政诉讼受案范围，适当将抽象行政行为纳入诉讼

适当将抽象行政行为纳入诉讼中有利于从根本上解决行政争议，从源头上化解滥诉。如在拆迁案件中，一般地方政府或其组成部门都会就拆迁补偿标准制定具有普遍适用性的规范性文件。现有制度下，被拆迁人对补偿不满意的无法就规范性文件提起行政诉讼，这导致拆迁纠纷难以从根本上化解，当事人只有通过滥诉等其他渠道，获得与行政机关谈判的筹码。若适当将抽象行政行为纳入司法审查的范围，当事人的滥诉也就没有必要。

3. 完善司法审查标准，实现裁判的实质正义

合法原则和合理原则是行政法两大基本原则。目前行政诉讼以合法性审查为原则，只在例外的情况下才进行合理性审查，这也导致司法审查形式化，与当事人追求的实质正义相违背。若在《行政诉讼法》修改之际能对此有所突破，完善司法审查标准，将有利于实质正义的实现，有利于行政纠纷的实质解决。即使在《行政诉讼法》层面无法突破，退而求其次，可以由最高人民法院出台相应的司法解释对"滥用职权"进行具体化，鼓励法官采用该规则拓展司法审查的深度。实际上，由于行政"滥用职权"缺乏明确的权威解释，单纯的法律概念对于过于自抑或过分依赖规则的法院来讲过于抽象与笼统，法官不敢、也不愿意在缺乏具体的审查标准的情况下作出"开创性"的

---

〔1〕 参见应松年："完善行政诉讼制度：行政诉讼法修改核心问题探讨"，载《广东社会科学》2013 年第 1 期。

〔2〕 参见钱弘道、吴亮："纠纷解决与权力监督的平衡——解读行政诉讼法上的纠纷解决目的"，载《现代法学》2008 年第 5 期。

审查，往往会有意地予以转换或回避。[1]这也导致《行政诉讼法》第 54 条规定的"滥用职权"规则被束之高阁。根据学者的调查，在近年的《人民法院案例选》《中国审判案例要览》中收录的近千个行政诉讼案例中，明确适用《行政诉讼法》第 54 条中"滥用职权"条款的案件仅寥寥 10 余个，所占比例极低。[2]因此若最高人民法院能够对"滥用职权"的具体标准做出统一而明确的解释，鼓励法官采用该规则，必将大大拓展司法审查的深度，有利于行政诉讼实质正义的实现。

4. 确立无效之诉，为相对人提供足够的救济

无效诉讼，是指行政相对人主张行政行为自始无效，请求法院以判决加以确认的诉讼。[3]无效之诉的审查对象是无效的行政行为，即确定的、自始不发生法律效力的行为，对之无效的宣告应不受时效期限的限制。最高人民法院的司法解释突破了《行政诉讼法》规定的判决方式，增加了四种确认型判决方式，包括确认无效判决。但确认无效之诉并没有随之建立起来，也未规定特别的诉讼程序。事实上，确认无效判决也一直处于"备而不用"的尴尬地位。理论界和实务界对其实际运用的忽视，极大地阻碍了行政诉讼监督作用的发挥和当事人权利的实现，[4]导致部分滥诉案件的发生，甚至引发信访。如当事人对无效行政行为不服的，其起诉期间与其他诉讼无异，导致当事人的实体权利得不到救济，这不仅与法理相悖，更与公众的正义观念相冲突。因此应通过《行政诉讼法》的修订确立无效之诉，确认无效之诉不受起诉期限的限制，并规定相应的诉讼程序。

5. 确立行政示范诉讼，以既判力赋予行政裁判一定范围的普遍适用

在大陆法系国家，对于若干背景基本相同、行政行为基本相同的案件，采取了推选若干当事人起诉的方式，该案件审理裁判后对其他当事人具有既判效力。在我国，也可以参考上述做法。[5]示范性诉讼在房屋拆迁案件中具

---

〔1〕　参见余凌云："对行政机关滥用职权的司法审查——从若干判案看法院审理的偏好与问题"，载《中国法学》2008 年第 1 期。

〔2〕　参见沈岿："行政诉讼确立'裁量明显不当'标准之议"，载《法商研究》2004 年第 21 卷。

〔3〕　参见金伟峰："建立我国行政诉讼中的确认无效诉讼制度"，载《政法论坛》2005 年第 3 期。

〔4〕　参见李静怡："行政诉讼确认无效判决之完善"，载《人民论坛》2010 年第 23 期。

〔5〕　参见江必新："完善行政诉讼制度的若干思考"，载《中国法学》2013 年第 1 期。

有突出的优势。因为在房屋拆迁案件中，拆迁涉及的用地批准、建设项目审批、拆迁许可行为基本相同，对之进行一次司法审查即可，在个别当事人提起诉讼后，对其他当事人可以通过诉讼登记程序直接进入诉讼，该判决对登记的当事人也有拘束力。这样不仅可以提高行政审判效率，更可以避免一事多诉，一事多判，防范滥诉。

五、结语

行政滥诉，不仅是一个法律问题，更是一个社会问题。行政滥诉的生成不仅在于行政审判本身，更在于整个司法有机体甚至法治大环境。对行政滥诉的化解，不仅需要司法有所作为，也需要司法机制以外力量的协助与补强。事实上，有时候这种司法体制外的力量在行政纠纷解决方面更具有优势，使得司法问题通过非司法的途径解决。[1]总之，行政滥诉之于行政审判不是无关痛痒，而是痛痒相关，正视之、慎处之、妥为之，必将有利于我国行政诉讼制度的完善和法治水平的提高。

---

〔1〕 参见汪庆华：《政治中的司法：中国行政诉讼的法律社会学考察》，清华大学出版社 2011 年版，第 119~160 页。

无效行政行为理论在民事诉讼中的运用[*]

——兼谈公文书证合法性排除规则

吴宇龙

论文提要： 无效行政行为理论是行政行为理论的重要组成部分，是大陆法系一个普遍且成熟的公法理论，被广泛应用于行政、民事和刑事诉讼中。该理论认为，当行政行为具有重大且明显的瑕疵时，该行政行为属无效行政行为，不具有行政行为通常所具备的公定力。无效行政行为理论在我国民事诉讼中不仅在理论上是可用的，甚至在民事诉讼的相关司法解释中早已实际运用，在个案裁判中亦被大量运用，只是在具体运用时，未将其理论依据明确归之于无效行政行为理论而已。

本文基于无效行政行为理论将民事诉讼中公文书证（主要是具体行政行为）的合法性排除规则归纳为：只要能够认定某一公文书证所载的具体行政行为属于无效行政行为，那么该行政行为就不具有公定力，该公文书证就不具有合法性，可以在民事诉讼中直接予以排除；反之，如果某一公文书证所载的具体行政行为不能被确认为无效行政行为，即使该行政行为有瑕疵，仍具有公定力，即仍应被视为合法，若有当事人对其合法性有异议，也只能通过其他法定程序，由法定有权机关对其是否合法作出宣告，在法定有权机关作出宣告之前，作为该行政行为载体的公文书证不得在民事诉讼中直接予以排除。简言之，民事诉讼中公文书证合法性的审查原则应为无效审查原则，而不是行政诉讼中具体行政行为合法性审查的全面审查原则。

无效行政行为之"无效"的确认标准包括一般确认标准和具体确认标准。

---

* 本文完成于 2007 年未公开发表。

其中，一般确认标准即为理论标准。根据无效行政行为一般原理，当行政行为存在的瑕疵构成"重大且明显"时，该行政行为无效；而具体确认标准通常应由立法来确立，我国尚未确立法定的无效行政行为具体确认标准，但相关司法解释和专家学者论述可作为参照标准。

在民事诉讼中排除公文书证的合法性，要慎重，也要果敢。本文通过分析两个典型案例，以解说在民事诉讼中当公文书证所载具体行政行为的瑕疵并不明显时，司法权应当充分尊重行政行为的公定力，维护公文书证的合法性；而当公文书证所载的具体行政行为存在重大且明显的瑕疵时，则应果断地从合法性角度将其排除。

关键词： 无效行政行为　民事诉讼　公文书证　排除规则

引言

在民事诉讼中，我们经常会遇到大量的作为各类具体行政行为载体的公文书证：有相关行政机关确认各类物权的凭证，如房屋所有权证、国有土地使用权证、集体土地承包经营权证、抵押权登记的房屋他项权证等；有工商行政管理机关确定企业或者其他组织主体资格的证书，如依据《中华人民共和国个人独资企业法》《中华人民共和国合伙企业法》等核发的各类营业执照；有确认各类知识产权的权利证书，如专利证书、商标注册证等；有确认事故责任的各类责任认定书，如交通事故责任认定书、火灾责任认定书等；有劳动和社会保障部门所作的确认是否属于工伤的工伤认定决定书；有确认婚姻关系的结婚证、离婚证；有公安机关核发的证明公民个人身份情况的身份证以及其出具的证明公民死亡的死亡证明等以及其他各类非要式公文书证。若有当事人对其合法性提出异议，作为民事审判庭的法官，或许会觉得有稍许困惑：是告知异议人另行提起行政诉讼中止本案好，还是以公文书证的证明力一般较大为由采信该证据好，抑或直接否定其合法性予以排除好呢？但实际上，民事审判庭的法官们完全可以大有作为，以更加卓有成效的方法来解决上述问题，那就是运用无效行政行为理论，直接对相关行政行为进行无效审查，对其是否构成无效作出判断，进而认定作为该行政行为载体的公文书证是否具有合法性，是否予以排除。本文将在阐明无效行政行为一般原理的基础上，归纳出民事诉讼中公文书证合法性的排除规则，并通过分析典型案例对该规则的适用原则加以说明。

一、无效行政行为的一般原理及其民事可用性

无效行政行为理论是行政行为理论的重要组成部分，是大陆法系一个普遍且成熟的公法理论，被广泛应用于行政、民事和刑事诉讼中。无效行政行为理论在我国民事诉讼中不仅在理论上是可用的，甚至在民事诉讼的相关司法解释中早已实际运用，在个案裁判中亦被大量运用，只是在具体运用时，未将其理论依据明确归于无效行政行为理论而已。

（一）无效行政行为的一般原理

无效行政行为理论是建立在行政行为公定力理论基础之上的，欲说明无效行政行为理论的内容，必先解释行政行为公定力的概念。德国行政法之父奥托·迈耶认为："政府在其通常的管辖范围内的意志表达同时也表明了其行为有效的特定前提是满足的。这种自我证明以及由此而取得的行政行为的作用力只有更具有强力的管辖才能予以改变。"〔1〕可见行政行为的公定力是指行政行为一经作出，即使具有瑕疵，在未经法定国家机关按法定程序作出认定和宣告之前，也具有被视为合法行为并要求所有国家机关、社会组织和个人尊重的法律效力。〔2〕它是一种法律假设，而不是行政机关的自我确信，在未经证明以前，行政行为实际上是否合法是不清楚的。即使有人对该行政行为的合法性提出了质疑，甚至发生了纠纷，但在有权的国家机关按法定程序作出证明和宣告之前，该行政行为是否合法也仍然是不确定的，在这种情况下，法律暂且假定它是合法的，暂且把它视为合法的行为来对待。当有权机关按法定程序证明该行政行为违法，并作出宣告后，再使其丧失法律效力。这种假设，是对行政行为的一种法律保护。这种假设不仅仅是在行政机关和相对人之间展开的假设，而是对整个社会的假设。它要求所有国家机关、社会组织或个人，都把已作的行政行为看成是合法的。它所享受的是整个社会对行政行为的法律保护。法律之所以要对行政行为作上述假设或保护，是为了适应法律安定性的需要，即为了稳定已作的行政行为及行政行为所设定的权利义务关系，从而维护整个法律制度和法律秩序的稳定性。作适法推定对行政行为的保护，类似于无罪推定对犯罪嫌疑人的保护，具有正当性。它不是为

---

〔1〕 ［德］奥托·迈耶：《德国行政法》，刘飞译，商务印书馆 2002 年版，第 101 页。

〔2〕 参见叶必丰：《行政行为的效力研究》，中国人民大学出版社 2002 年版，第 76 页。

了保护政府的形象，而是为了维护权利义务关系和社会秩序的稳定。这种适法推定可为法定证明所推翻，而并非绝对和永恒。

行政行为具有公定力是一个一般原则，其存在是有界限的，无效行政行为理论就是行政行为公定力存在的界限。[1]也就是说无效行政行为是行政行为公定力的例外。奥托·迈耶认为："国家行为的作用力取决于其合法性。缺少合法性的行政行为是不能施行的行为，也不应当产生其所设定的法律后果，即其在法律上是不发生作用的。但这样的行为只有当行政行为具有非常明显的法律错误时——即行政行为无效的情况下——才能表现出来。当作出行政行为的机构不是行政机关，或某一事务根本上不在该机关的管辖范围之内时，这样作出的行为就是无效的。于是国家意志的力量从一开始就不存在于这个行政行为之中，这个行为不发生作用。当错误并非如此明显时——即不在行政行为明显不发生作用的情况下——这个行为首先是正当的，就像它是有效并发生作用的一样。只有当该行政行为受到有管辖权的机关审查时，审查机关才可以依据其审查管辖的范围宣布该行政行为不发生作用并予以撤销，或至少在行政行为作用范围内消除其影响，以恢复原状。因此行政行为不发生作用在此只意味着可撤销性。"[2]从其经典论述中可看出，其将行政行为从效力的层面分为三类，即合法生效的行政行为、具有公定力但可撤销的行政行为和不具有公定力的无效行政行为。日本学者杉村敏正也认为："行政处分[3]被承认具有公定力，乃是因为欲求其充分发挥功能，并冀能经由行政处分适时而不迟延公益之实现，避免行政法关系陷入纷乱；设若某行政处分有重大违反法规的瑕疵存在，且该瑕疵客观上又系明白，这时如果照样坚持其公定力之理论，恐有过分偏重行政权利益之讥。…那些有重大且为明白瑕疵的行政处分若仍被认为具有公定力，是即强调行政处分的公定力，且将个人的自由及权利之限制及侵害过分地要求个人来承担。据此吾人宁谓，凡有重大且明白的瑕疵之行政处分，即实体上无效之行政处分应不具有公定力。"我国台

---

〔1〕 行政行为公定力的界限在大陆法系行政法理论上有两种不同的学说，在实际中有两种不同的模式，在德、日等国，通说是有限公定力说；在法、奥，通说是完全公定力说。本文持有限公定力说。但事实上，两种模式都认可无效行政行为理论，只不过在行政行为无效的判断权上有所不同。

〔2〕 ［德］奥托·迈耶：《德国行政法》，刘飞译，商务印书馆 2002 年版，第 100 页。

〔3〕 日本和我国台湾地区所称"行政处分"亦即德国所称"行政行为"，法国所称"行政处理"，我国大陆地区所称"具体行政行为"，各概念的内涵基本相同。

湾地区学者许宗力将无效行政行为描述为："行政处分倘罹患特别重大、明显的瑕疵，一般理智、谨慎的市民依其一切足以斟酌的情况，在合理判断上均可辨别出瑕疵的存在，或诚如哈契克自己所说，罹患'在某种程度上犹如刻在额头上般'明显的瑕疵，则归于无效；反之罹患者倘系未达到重大、明显境地的瑕疵，则依然有效，只是得撤销。"[1]

　　根据大陆法系各国和地区的通行规则，由于无效行政行为具有重大且明显的瑕疵，不具有行政行为通常所具备的公定力。无效行政行为在后果上表现为自始无效、当然无效和确定无效，不具有强制执行力。行政相对人对于无效行政行为有权拒绝或不予执行。无效行政行为不受诉讼时效的限制，不因时效的逾越而免受攻击。也就是说，法律允许利害关系人就无效行政行为在任何时候申请复议、提起诉讼。同时，对无效行政行为的司法救济，也不只限于行政诉讼这一途径。如果在刑事诉讼和民事诉讼中涉及无效行政行为，法院仍有权认定其无效。该理论是大陆法系国家和地区行政法学上的通说。

　　（二）无效行政行为理论在我国民事诉讼中的可用性

　　鉴于我国与大陆法系国家和地区在法渊上的亲近性，通常认为我国也属于大陆法系国家。在理论上，尽管我们的无效行政行为理论不够成熟，但无效行政行为一般原理已为大多数行政法学者所接受；[2]在立法上，虽然我国尚未制定能够反映无效行政行为一般原理的行政程序法典，但我国的法律、法规、规章和其他规范性文件中，不乏关于行政行为"无效"的规定[3]；在制度构建上，涉及无效行政行为的各项制度在我国尚不完备，但根据《最高人民法院关于执行〈中华人民共和国行政诉讼法〉若干问题的解释》（法

---

〔1〕　参见许宗力："行政处分"，载翁岳生编：《行政法》（上册），中国法制出版社2002年版，第708页。

〔2〕　参见罗豪才主编：《行政法学》，北京大学出版社1996年版，第113、132~133页；姜明安主编：《行政法与行政诉讼法》，北京大学出版社、高等教育出版社1999年版，第159~160页；沈岿："法治和良知自由——行政行为无效理论及其实践之探索"，载《中外法学》2001年第4期；王锡锌："行政行为无效理论与相对人抵抗权问题探讨"，载《法学》2001年第10期；金伟峰："无效行政行为研究"，浙江大学2004年博士学位论文。

〔3〕　据统计，仅在全国人民代表大会及其常务委员会制定的法律中，明确规定行政行为"无效"的至少就有十几个相关条文，如《中华人民共和国行政处罚法》第3条、《中华人民共和国税收征收管理法》第33条、《中华人民共和国城市规划法》第39条和《中华人民共和国土地管理法》第78条等，当然以上众多的"无效"与无效行政行为之"无效"在含义上并不完全相同。

释〔2000〕8 号）第 57 条第 2 款、第 95 条的规定，我国已初步建立起无效行政行为制度。具体表现为，我国已经将无效行政行为与一般违法行为区别对待，对二者在行政诉讼中有不同的判决方式，而且已明确无效行政行为没有强制执行力，亦即间接地支持了行政相对人的抵抗权；在司法实践中，法院经常在涉及婚姻效力的民事诉讼以及以行政行为的合法性为要件的刑事诉讼中，否定某些行政行为的效力。事实上，确认行政行为无效的司法实践最早恰恰始于民事诉讼中，一个典型的例证是最高人民法院于 1994 年 3 月 30 日发布的《关于企业开办的其他企业被撤销或者歇业后民事责任承担问题的批复》（法复〔1994〕4 号），根据这一批复，人民法院在民事诉讼中，可以直接认定已领取《企业法人营业执照》的企业实际上自始不具备法人资格，从而间接确认其由工商部门核发的营业执照无效。

综上可知，在我国民事诉讼中运用无效行政行为理论，在法理上是有渊源有共识的，在立法上是有体现，在制度上是有基础的，在司法实践上是有操作性并有大量先例的。本文将重点讨论民事诉讼中基于无效行政行为理论的公文书证合法性排除规则。

二、公文书证合法性排除规则及"无效"之确认标准

公文书证大多是各行政机关所作出具体行政行为的载体，公文书证能否从合法性上排除，取决于其所载的具体行政行为是否构成无效行政行为，若构成，则排除，若不构成，则不得排除。在此意义上，公文书证合法性的排除规则实质上就是在区分具体行政行为是否构成无效的前提下，对其所作的不同处理方式；也就是将不具有公定力的无效行政行为与具有公定力的可撤销行政行为在民事诉讼中区别对待。据此，民事诉讼公文书证合法性的排除规则可表述为：（1）只要能够认定某一公文书证所载的具体行政行为属于无效行政行为，那么该行政行为就不具有公定力，该公文书证就不具有合法性，可以在民事诉讼中直接予以排除；（2）如果某一公文书证所载的具体行政行为不能被确认为无效行政行为，即使该行政行为具有瑕疵，仍具有公定力，即仍应被视为合法，若有当事人对其合法性有异议，也只能通过其他法定程序，由法定有权机关对其是否合法作出宣告，在法定有权机关作出宣告之前，作为该行政行为载体的公文书证不得在民事诉讼中直接予以排除。简言之，民事诉讼中公文书证合法性的审查原则应为无效审查原则，而不是行政诉讼

中具体行政行为合法性审查的全面审查原则。那么，如何判断一个具体行政行为是否构成无效行政行为呢？

由上文可知，无效行政行为之"无效"的确认标准是明显理论。该理论认为，行政机关作出的行为倘违法瑕疵达到无法指望任何人去承认其拘束力的明显程度，由于一般人面对此类的行政行为，理智上都不会认为其有拘束力，进而产生依赖，因此采实质正义优先立场，直接令其归于无效，较不会有法安定性的顾虑；反之，倘违法瑕疵未臻明显境地，一般人对其违法性的存在与否犹存怀疑，此时就有维护法安定性的必要，也就是不令该处分无效，在其被正式废弃前，仍要求各界对它的尊重。[1]明显理论固有其说服力，而针对瑕疵是否明显、重大，明显理论虽已指出其根据既不是案涉当事人主观的认识，也不是法学专家的专业判断，而是一般理性、谨慎市民的合理观察，但瑕疵明显与否的判断标准，仍嫌主观、抽象、不确定，导致个案认定瑕疵是否明显、重大时，仍倍感疑虑重重。有鉴于此，各国各地区均列举无效行政行为的具体情形，作为可操作的具体判断标准。

另德国法为降低法律适用的困难，除正面列举如前段所述般无效原因外，更进一步列出数种"不当然构成无效的原因：（1）依法应回避之公务员参与行政处分之作成者。但该公务员本身为当事人者，行政处分仍属无效；（2）依法应参与行政处分作成之行政机关未参与者；（3）依法应参与行政处分作成而召集之委员会未为作成行政处分所须之决议，或其决议不足法定人数者；（4）行政处分违背土地管辖之规定"。[2]

法国行政行为无效的理论，完全由行政法院的判例产生。根据行政法院的判例，行政行为无效的原因有四种；（1）行政机关没有权限；（2）行政行为严重地违反法定程序和形式；（3）行政机关滥用权力，行政行为的目的不符合法律的规定；（4）行政行为在内容上和理由上违反法律。行政处理具备上述任何一种违法情况时是无效的行政处理，认为自始没有存在，不产生符合行政处理内容的法律效果，不能对任何人赋予权利和规定义务。行政处理

---

〔1〕 参见许宗力："行政处分"，载翁岳生编：《行政法》（上册），中国法制出版社2002年版，第708、709页。

〔2〕 参见许宗力："行政处分"，载翁岳生编：《行政法》（上册），中国法制出版社2002年版，第709、710页。

经法院宣告无效以后，当事人的法律地位恢复到采取行政处理以前的状态。[1]

就我国而言，虽然我国尚未形成一般的、为大家普遍接受的无效行政行为理论和制度，但笔者认为明显理论所强调的瑕疵"重大且明显"也应当成为我国确认无效行政行为的一般标准。此处的"重大"是从行政行为瑕疵在实质上的严重性来区分的，以瑕疵的重大与否为标准，通俗易懂，理所当然；而"明显"是从行政行为瑕疵在外观上的可识别性来区分的，由于行政行为具有公定力是一般原理，只有在一般人的合理观察下即可发现的瑕疵，方可导致其丧失公定力。瑕疵的"重大"与"明显"是确认行政行为无效的两个必备要件，缺一不可。仅"重大"而不"明显"者或仅"明显"而不"重大"者，在被有权机关依法定程序撤销之前，均应被视为合法有效。在我国对无效行政行为的具体情形并无明确规定的情形下，"重大且明显"理论作为确认无效行政行为的一般标准，不仅具有重要的理论意义，而且具有巨大的实践意义。民事法官们完全可以将其作为确认无效行政行为的一般依据，而且司法实践的磨砺，将给我国日后制定无效行政行为的具体确认标准累积丰富的经验。

尽管我国没有明确的法律意义上的无效行政行为具体确认标准，但《最高人民法院关于执行〈中华人民共和国行政诉讼法〉若干问题的解释》（法释〔2000〕8号）第95条却提供了一个非常有价值的参照标准。根据该条规定，行政机关在申请人民法院强制执行其具体行政行为时，被申请执行的具体行政行为有下列情形之一的，人民法院应当裁定不准予执行：（1）明显缺乏事实根据的；（2）明显缺乏法律依据的；（3）其他明显违法并损害被执行人合法权益的。该条是人民法院否定被申请执行具体行政行为强制执行力的直接依据，而否定具体行政行为的强制执行力，即意味着行政相对人在特定的期限内不履行具体行政行为具有正当性，意味着支持了行政相对人的抵抗权，意味着否定了具体行政行为的公定力，也就意味着认定了被申请执行具体行政行为属于无效行政行为。故以上三种情形完全可以作为民事诉讼中确认相关公文书证所载具体行政行为是否属于无效行政行为的参照标准。

另外，行政法学专家学者们在借鉴大陆法系各国和地区行政程序法有关

---

〔1〕 参见王名扬：《法国行政法》，中国政法大学出版社 1988 年版，第 172 页。

规定的基础上，结合我国行政法治实践，亦提出了无效行政行为具体确认标准，该标准亦可以作为民事诉讼中确认相关公文书证所载具体行政行为是否属于无效行政行为的学理依据。学理上，具有重大且明显瑕疵的无效行政行为主要包括以下几类：[1]

（一）无（越）权行政行为

无权行政行为与行政超越职权行为系两种不同的行为。无权行政行为是主体不合格的行为，前提是行为主体根本不享有实施某一行政行为的职权，通常表现为明显超越公务管辖权（主管权）的行为，即行政主体行使了属于其他行政主体甚至其他国家机关的专有职权。如税务机关吊销经常偷漏税款个体户的工商营业执照的行政处罚行为即属于无权行政行为。而行政超越职权行为是内容不合法的行为，前提是行为主体依法享有实施某一行政行为的相应职权，有时还依法享有一定的自由裁量权，通常表现为行为的内容违反了法定的对同一行政体系内不同行政主体具体权限的划分。如下级行政主体行使上级行政主体的职权所作出的具体行政行为。只有无权行政行为才属于无效行政行为。

（二）违反一事不再理原则作出的行政行为

行政法学通说认为，行政行为具有确定力，即行政行为一旦作出，就视为其内容已最终确定，作出者不可任意变更，对于同一事件，作出者不得再理。即使有瑕疵的行政行为也具有实质确定力，为强调法安定性，即使纠正违法行为也必须正当并具有法律依据。在行政行为未经法定程序撤销或者变更的条件下，行政主体针对同一事件作出一个新的行政行为，应当视前行政行为有效，后行政行为无效。当然，如果前行政行为构成无效，则后行政行为可能有效。

（三）违反正当程序原则作出的行政行为

正当程序的理念和原则在英美法系享有崇高的地位，是宪法确立的基本原则。正当程序原则体现了最低程度的公正，是对行政主体最低限度的基本要求，是行政行为具有合法性的最低标准，它要求公民、法人和其他组织的权利义务将因行政行为而受到影响时，在决定前必须给予知情、申辩的机会和权利。对决定者而言，就是履行告知甚至听证的义务。如果行政主体作出

---

[1] 参见金伟峰："无效行政行为研究"，浙江大学 2004 年博士学位论文。

行政行为时违背了这一原则，完全可因此"重大"而"明显"的违法而将其确认为无效行政行为。对此，我国《中华人民共和国行政处罚法》（1996年）第41条已有明确规定。

（四）内容直接违反刑法（构成犯罪）的行政行为

内容直接违反刑法的行政行为不仅违法"重大"和"明显"，而且若行政相对人服从该行政行为，其行为必然构成犯罪，从而使相对人有遭受刑事处罚的危险，所以这样的行政行为当然无效，行政相对人有权利，也有义务拒绝执行。

（五）内容不可能的行政行为

行政行为的内容在客观上不可能得到执行的，当属无效。如对死者设定权利义务的行为。

（六）依法应当采用书面形式而未采用书面形式或者书面形式上欠缺重大要素的行政行为

如行政许可决定应采用书面形式的，行政机关却以口头形式作出，或者虽然作出书面决定，但未加盖行政机关印章的，应当构成无效。

三、公文书证合法性排除规则的具体运用方法

在民事诉讼中排除公文书证的合法性，要慎重，也要果敢。即不该排除时，要充分尊重行政行为的公定力，甚至只要能不排除，就不应排除；另一方面，如有充分的理由应该排除时，则应果敢地将其排除。

（一）慎重

公文书证大多是行政主体所作具体行政行为的载体，是行政主体代表国家行使行政权力的结果，是法律由抽象走向具体的基本手段，是法律秩序与社会秩序的基本保障。正是基于此，为了维护社会的基本秩序，实现法律的确定性价值与安定性价值，法律才通过赋予行政行为公定力，给予其特定的保护，即行政行为一经作出，即对任何人（包括其他行政机关和法院）都具有被推定为合法、有效而予以尊重的法律效力。公定力要求受其拘束的对象承担两项基本义务：一是先行服从义务；二是不容否定义务。行政行为公定力在整个行政行为效力体系中处于最重要的地位，是行政行为其他效力发生的前提。"行政行为的公定力不仅在行政法学，而且在整个法学上都是一个重要的理论范畴，支持或支配着一系列重要的法律规则。"〔1〕正是基于行政行为的公定力，民事诉讼中公文书证合法性排除规则的第一运用方法即为慎重，它要求适用者在排除公文书证的合法性时，要慎之又慎，严之又严，要有充足的认定所涉具体行政行为无效的理由时方可排除。要胸怀法治大局，要有长远的眼光，要时刻铭记我们每一名法官都是法治大厦的基石，法治的寸进有赖于每一份优秀判决的推动。切忌仅从民事权利义务角度出发，认为公文书证只要在合法性上有瑕疵，而且排除该有瑕疵的公文书证有利于保护当事人某一实体民事权利时，即予以排除。该种做法的实质是以违反行政行为公定力这一大的公法上的法律原则为代价，换取个别当事人某一实体权利的较早实现。从总体上来看此种做法是有损法治进程的，是极端强调实体正义而置程序正义于不顾，是以效率牺牲公正，是司法行政化的一种体现。下面以个案来解读这一运用方法。

该案〔2〕要情为：汪洋等 4 人与汪兴学为同胞兄弟姐妹，1988 年 12 月，汪兴学夫妇搬到其母兰桂香处同住。1992 年 3 月 12 日兰桂香病故，遗留房产一处。1994 年汪兴学将该房所有权人由兰桂香变更为汪兴学。2001 年 4 月，该房屋被拆迁，其中房屋拆迁补偿费为 30 240 元。2003 年，汪洋等 4 人以争议房屋拆迁补偿费被汪兴学占有为由，提起民事诉讼，要求依法继承。法院认为：现有证据足以证明被动迁房屋为兰桂香所有，在兰桂香去世后，该房产应属兰桂香所留财产，其子女均有权继承。汪兴学虽在兰桂香死亡后的 1994 年对该房屋进行了重新登记，但并没有证据证明汪兴学是因接受赠与或以其他合法形式取得该房屋所有权，因此，仅凭房屋所有权证，不能证明该房屋被动迁前的所有权为汪兴学所有，所得房屋拆迁补偿费应为兰桂香遗产，应进行分割。最终判决：汪兴学分别给付汪洋等 4 人每人人民币 6048 元。

本案中，汪兴学所持的房屋所有权证被排除，理由是"没有证据证明汪兴学是因接受赠与或以其他合法形式取得该房屋所有权，因此，仅凭房屋所有权证，不能证明该房屋被动迁前的所有权为汪兴学所有"。法院最终将房屋拆迁补偿费定性为兰桂香遗产，予以分割。笔者认为，本案的处理不论从民

---

〔1〕 翁岳生：《法治国家之行政法与司法》，月旦出版社股份有限公司 1994 年版，第 91 页。

〔2〕 张东波："房屋权属登记与实际不符产生纠纷的处理"，2006 年 12 月 4 日《人民法院报》第 6 版（案例指导），本案案号为［2006］沈民再字第 16 号。

事法律关系上讲，还是从行政行为效力上讲，以及从诉讼程序上讲，均存在不妥之处。首先，根据《中华人民共和国继承法》第 3 条，遗产是指公民死亡时遗留的个人合法财产，故兰桂香的遗产应为原房屋，汪洋等 4 人要求分割遗产只能要求分割原房屋，而不是要求分割房屋拆迁补偿费。房屋拆迁补偿费是在房屋拆迁过程中，基于汪兴学的房屋所有权证，由拆迁人与被拆迁人汪兴学达成安置补偿协议后，拆迁人向汪兴学支付时形成的。在兰桂香死亡时，客观上并不存在房屋拆迁补偿费，故房屋拆迁补偿费并不能被定性为遗产，而应被定性为汪兴学的房屋拆迁补偿费，即汪兴学的房屋所有权证在本案中即使从继承法上讲也不应被排除；其次，从行政法上讲，房屋管理部门进行房屋产权登记，确认物权，核发房屋所有权证的行为应具有公定力，非因重大而明显的瑕疵被认定为无效外，不得在民事诉讼中以不具有合法性为由被排除。本案中，确实"没有证据证明汪兴学是因接受'赠与'（此处应为遗嘱，因汪是法定继承人之一）或以其他合法形式取得该房屋所有权"，但本案的审查对象为，汪洋等 4 人是否有权要求分割房屋拆迁补偿费，而不是汪洋等 4 人与汪兴学对其母所留房产如何分割，故证明汪兴学基于何种原因取得该房屋所有权的证据与本案并无直接的关联，对此汪兴学也无须在本案中承担举证责任，法院不应强行要求其举出与本案无关联性的证据。故在本案中，"没有证据证明汪兴学是因接受赠与或以其他合法形式取得该房屋所有权"并不能构成排除汪兴学所持房屋所有权证合法性的充分理由，假使房产管理部门颁发此证的行为有瑕疵，其瑕疵在本案中也不属于"明显"，那么该行为就不属于无效行政行为，就具有公定力，未经法定程序就不得排除；最后，汪洋等 4 人若认为汪兴学所得的房屋拆迁补偿费不应归其一人所有，则首先应针对其母所遗留的房产要求人民法院分割，在分割遗产的民事诉讼中，若汪兴学没有证据证明其是遗嘱继承人或以其他合法形式取得该房屋所有权，而仅以房屋所有权证主张其房屋所有权，则人民法院应不予支持，而应以遗产归各法定继承人共同共有为依据，判决分割房产。因为本案的诉讼标的是遗产分割，而汪兴学的房屋所有权证应是遗产分割后的结果，不能作为遗产分割的依据，就像房屋所有权证不能用来证明颁证前双方签订的房屋买卖合同有效一样，结果行为的存在不能证明原因行为合法有效，[1]此处对房屋所

---

〔1〕 参见杨永清："论不动产物权变动的区分原则"，载《人民司法·应用》2007 年第 7 期。

有权证的排除是因其不具有关联性，而不是否定其合法性，故无须考虑其是否无效。汪洋等 4 人可持人民法院的分割判决，或直接向房产管理部门申请要求其注销汪兴学所领房屋所有权证，或提起行政诉讼要求人民法院撤销汪兴学所领房屋所有权证，然后方可要求分割汪兴学所得的房屋拆迁补偿费。

此处需要对公安机关作出的交通事故责任认定书在民事诉讼中如何排除作一特别说明。交通事故责任认定书从形式上来看当然属于公文书证，从行政法学原理来说，交通事故责任认定与火灾责任认定同样属于行政确认行为，是具体行政行为的一种，理应享有法律的保护，即具有公定力，在民事诉讼中对其从合法性上予以排除，亦应适用上述公文书证合法性排除规则。但此一问题在我国具有相当的复杂性、特殊性。原因是最高人民法院与公安部联合发出《关于处理道路交通事故案件有关问题的通知》，该通知第 4 条规定，当事人仅就公安机关作出的道路交通事故责任认定和伤残评定不服，向人民法院提起行政诉讼的，人民法院不予受理。当事人就损害赔偿问题提起民事诉讼的，人民法院经审查认为公安机关所作出的责任认定确属不妥，则不予采信，以人民法院审理认定的案件事实作为定案的依据。据此，公安机关作出的道路交通事故责任认定在行政诉讼上是不可诉的，这就意味着该通知否定了道路交通事故责任认定作为具体行政行为的属性，也就意味着该行为不享有法律对行政行为的保护，即不具有公定力。那么对公安机关作出的道路交通事故责任认定在民事诉讼中的排除也就无须适用上述公文书证合法性排除规则，该通知也正是这样规定的。在当事人就损害赔偿问题提起的民事诉讼中，对交通事故责任认定合法性的审查无须以无效审查为限，而应当贯彻行政诉讼中对具体行政行为合法性审查的全面审查原则，即要从事实认定是否准确（如交通违法行为与损害后果之间的因果关系是否存在）、法律适用是否正确（如当事人的行为是否违反交通安全法律法规的规定）、责任认定程序是否合法、责任认定机关是否具有法定职权、是否滥用职权等方面去全面审查交通事故责任认定是否合法。若发现有违法之处，即可予以排除。具体案例方面，（2005）拱民一初字第 543 号民事判决和（2006）杭民一终字第 749 号民事判决，即在排除交警部门作出的交通事故责任认定方面，很好地贯彻了全面审查原则。其中第 543 号民事判决是从交通违法行为与损害后果之间的因果关系是否存在方面来排除的，而第 749 号民事判决是从当事人的行为是否违反交通安全法律法规方面来排除的。

（二）果敢

虽然为了维护社会的基本秩序和法律的确定性，我们必须强调行政行为的公定力，但从法治行政和维护行政相对人合法权益的角度看，再考虑到我国行政权力的运行状况和行政执法水平的现状，若不论行政行为的违法性有多么严重，行政相对人及其他有一定利害关系者只要不申请行政复议或提起行政诉讼，便无法对抗行政行为这种事实上的效力，无疑是极不合理的。此时，作为一种补救方法的无效行政行为理论即可发挥其巨大威力，当行政行为的违法性重大且明显时，即丧失公定力，在民事诉讼中可直接排除。这样做，对于权利的及时救济、司法资源的高效利用、行政法治水平的提高以及司法权威的树立均大有裨益。尤其重要的是，在民事诉讼中运用无效行政行为理论，排除公文书证的合法性，否定其证明力，可以使案件所涉的各类社会纠纷在一次诉讼中得到彻底高效的解决，真正做到案结事了，是司法解决社会纠纷的高效武器。故在民事诉讼中要敢于、善于运用公文书证合法性排除规则，该出手时就出手。下面亦以个案来解读这一运用方法。

根据杭州市中级人民法院（2006）杭民二初字第 224 号民事判决、杭州市中级人民法院（2006）杭行初字第 20 号行政判决和浙江省高级人民法院（2007）浙行终字第 1 号行政判决，案情归纳如下：

2003 年 11 月，李迅在天和证券经纪有限公司（以下简称天和证券）体育场路营业部开立资金账户，2005 年下半年，天和证券体育场路营业部原经理张宁违规经营问题暴露，造成巨额损失，为化解社会风险，杭州市人民政府和中国证券监督管理委员会浙江监管局（以下简称浙江证监局）督促天和证券先行支付个人债权，因当时张宁违规经营事实尚未被全面掌握，张宁应承担的责任难以认定，天和证券决定以为张宁垫付款的形式先行支付个人债权，遂于 2006 年 1 月 23 日开设了处置个人债权专用账户，筹措了部分自有资金，划至各债权人账户以了结天和证券与个人债权人间的债权债务。李迅出具承诺一份，同意剔除已收利息，归还其资金 63.8221 万元，由此了结其与张宁的债权债务。该 63.8221 万元于 2006 年 1 月 27 日从天和证券处置个人债权专用账户转入李迅资金账户，李迅于同日支取了上述款项。2006 年 7 月 27 日，李迅以要求天和证券返还未归还的投资款及国债为由，向杭州市中级人民法院提起民事诉讼。同年 9 月 14 日，杭州市人民政府下设的企业上市工作领导小组办公室（以下简称杭州市人民政府上市办）和浙江证监局共同出具了《关于天和证券偿付个人债权的情况说明》（以下简称《说明》），该《说明》的主要内容为：天和证券以为张宁垫付款的形式先行支付个人债权，在与债权人的相关资金操作中均以张宁名义进行，但实质是公司行为，使用的是公司资金，并记入公司财务账。因此，两机关认为债权人承诺结清债权债务关系的主体是天和证券公司。该《说明》由天和证券作为民事案件的证据提交法院。

该案中，杭州市人民政府上市办和浙江证监局共同出具的《说明》应如何定性，是否可提起行政诉讼，出现了多种意见，[1]最终两级法院认定该《说明》不属于具体行政行为，不可诉。该《说明》在民事判决中亦被采信。笔者认为，首先，该《说明》在证据种类上，可将其归为非要式的公文书证。因为该《说明》的作出主体显然是两个国家机关，其在诉讼中显然具有书证的形式与功能；其次，该《说明》属于具体行政行为，具有可诉性。因其作出主体具有企业上市和证券监管的相应行政职权，其所作《说明》认定"债权人承诺结清债权债务关系的主体是天和证券公司"，有明确的意思表示，确认了相应的权利义务关系，对李迅产生了相应的法律后果；最后，该《说明》是一个无（越）权行政行为，属于无效行政行为，具有"明显且重大"的瑕疵。因为《说明》的作出主体是两个行政机关，其行使的也只能是行政权，行政权的本质是根据法律的授权对社会事务进行监管并提供公共服务的权力（义务）。而本案中，两行政机关在《说明》中认定的"债权人承诺结清债权债务关系的主体是天和证券公司"，是对民事债权债务纠纷中实体民事权利义务的判断，根据宪法对国家权力的划分，该判断在实质上应属于行使国家审判权，应专属于人民法院，故两行政机关作出《说明》的行为在实质上并不是行使行政权，而是行使了专属于人民法院的国家审判权，构成无（越）权行政行为，自始无效，当然无效，确定无效，不具有公定力，在本案民事诉讼中应直接予以排除，然后根据其他有效证据，查明事实，认定本案债权人承诺结清债权债务关系的主体究竟是天和证券公司，还是张宁。

结束语

无效行政行为的理论与制度，"实际上是在法律上赋予人们根据自己对法

---

[1] 参见王丽园、王银江："行政证明不属于行政诉讼受案范围"，载《人民司法·案例》2007年第8期。

律的认识和判断，公开无视和抵抗国家行政管理的权利”〔1〕。该理论与制度是以宪法上的公民抵抗权理论、一般法上的正当防卫理论和行政法上的法治行政理论为根基的。〔2〕中国经历了数千年的封建专制制度，长期实行高度集权的政治模式，支撑无效行政行为理论与制度的理念和思想，在传统的政治法律文化里几乎没有任何存在的可能。但是，走向现代的中国，走向法治的中国，需要公民意识，需要权利意识，需要法治意识，所以，我们需要无效行政行为的理论及其实践，在实践中，我们将从传统走向现代，从迷惘走向觉醒。另外，从化解社会纠纷的角度来看，解决纠纷的最高境界是不战而胜，是无为而治，是消弭纠纷于未发，而良好的民主与完善的法治，即不战而胜之“战”和无为而治之“为”。

---

〔1〕 于安编著：《德国行政法》，清华大学出版社 1999 年版，第 127 页。

〔2〕 参见金伟峰：“无效行政行为研究”，浙江大学 2004 年博士学位论文。

第二篇

案例篇

攻击网名能否构成诽谤*

——杨*群诉**公安局公共信息网络安全监察分局治安不予处罚案

吴宇龙　魏航

【裁判要旨】 攻击虚拟网名的行为通常被定性为网络不文明行为，一般不对其进行法律评价。但当被攻击的网名具有现实性，其攻击在主观和客观上均直接指向现实生活中特定的某人，又在攻击中捏造事实，足以损害被攻击者的人格和名誉时，该行为就应以诽谤论处。

■**案号** 一审：（2008）上行初字第6号

【案情】

原告：杨*群。

被告：**公安局公共信息网络安全监察分局（以下简称网监分局）。

第三人：沈**。

2006年底，杭州网论坛（http://bbs. hangzhou. com. cn）的"杭网民声"版块中，朱**律师实名发帖，对因帮助外来务工人员而被评为"2006年杭州十大平民英雄"之一的杨*群提出质疑，引起极大争议，形成所谓"朱杨之争"。由于一个网名为"素怀"的人支持朱**，在其影响下，支持朱**的网民一度在"朱杨之争"中占据优势。争执中，双方均出现了不文明的人身攻击。杭州网论坛某版主是同情杨*英的，私下找第三人沈**帮忙，希望其能发帖攻击朱**和"素怀"，并将其早年在杭州网论坛注册的网名"压寨夫

---

* 该文发表于《人民司法·案例》2009年第6期。

人"及密码告诉了第三人。

2007年7月6日22时39分，第三人以"压寨夫人"的网名在杭州网论坛的"杭网民声"版块上，发表了一篇题为"医院误切子宫，患者获赔十万，院方称色情陷阱，进一步上诉"的帖子。该帖系第三人在百度网上以"医院误切子宫"为关键字搜索到中华网一篇题为"医院误切子宫，患者获赔十万"的文章后，将里面的"山西省"改为"浙江省"，"太原市杏花岭区人民法院"改为"杭州市下城区人民法院"，《山西晚报》改为《都市快报》，"女患者"确定为"素怀"，"患者家属"确定为"朱某"等，在文章首部增加"杭州网7月6日　记者：倪巴巴（实习）"的文字，使其以新闻报道的形式出现，并在文章最后虚构了"医院称：该女子生活极不检点，下身肛门多处溃烂。且在接受医师检查时勾引主治医师，导致医师误诊，医生遂向浙江省高级人民法院上诉。此案正在进一步审理中，敬请关注本站后续报道"一段，题目亦做了相应修改。至7月7日0时53分，该文章被论坛版主删除，在网上存在了2个多小时，引发了一些网民对"素怀"的人身攻击，跟帖人数约20人。7月9日，原告杨＊群就此帖向被告网监分局报案，举证证明"素怀"是其在杭州网论坛的网名，要求依法查处。被告立案调查后，根据《中华人民共和国治安管理处罚法》第95条第2项之规定，决定不予处罚。原告不服，向杭州市公安局申请行政复议，复议机关维持了该决定。原告仍不服，向杭州市上城区人民法院提起行政诉讼。

原告诉称，对于"杭网民声"的许多网友来说，"素怀"这一"网名"并不是一个在互联网上的"虚拟身份"，而就是原告本人。第三人在杭网论坛发布的针对原告网名"素怀"的攻击性文章，其内容与自身经历大致相似，如切除器官、医疗事故、损害赔偿等，但其他方面都是在公然捏造事实，侮辱诽谤，给原告精神上造成了极大的伤害。被告作出不予处罚决定，认定事实和适用法律均错误，请求撤销。

被告辩称，第三人与原告在现实生活中并不认识，也不知道对方的真实身份，第三人以"压寨夫人"的ID发帖攻击的是"素怀"此网名的虚拟身份，并非我国法律所指的自然人，也并不针对现实生活中的某人，第三人的行为并未构成法律上所指的公然侮辱、诽谤他人的违反治安管理行为。我局作出的不予处罚决定是正确的，请求维持。

法院另查明，2003年2月，35岁的原告在建德市第二人民医院的一次手术中发生医疗事故，导致其仅存的右侧卵巢亦被切除，只能靠服用激素来维持女性的生理特征。原告提起诉讼，向医院索赔。诉讼中，医院提出司法鉴定，原告在等待过程中，于 2005 年 3 月 30 日以"素怀"的网名在杭州网论坛的"杭网民声"版块发表了一篇题为《医疗严重过失，医患官司何日还我公正?》的文章，详细介绍了她和医院之间的医疗纠纷及维权的经过，引起较大反响，结识了部分网友，并获得帮助（如找工作）。杭州网还专门组织了部分网民召开见面会，并为其捐（借）款（共 1 万多元）。鉴定意见出具后，在当地妇联和法院的主持下，双方达成和解，原告获赔 12 万元，并将捐助款项返还或公益转赠。杭州网为庆祝其维权成功，还特意举办了一次聚餐。此后，原告开办《素怀维权网》，凭借自己在诉讼中学到的医学知识和法律知识，助人维权，并有成功案例。其维权经历及助人维权的事迹分别被中央电视台、东方卫视、《中国妇女》、《钱江晚报》、《杭州日报》、《都市快报》、浙江在线等媒体报道或转载，并当选《钱江晚报》2006 年 8 位最具人格魅力的浙江女性之一。在报道中，杨 * 群或杨女士与"素怀"基本是同时出现的，有的报道侧重使用杨 * 群，有的报道侧重使用"素怀"。

【审判】

浙江省杭州市上城区人民法院经审理认为：

第一，网监分局是根据公安部第 33 号令《计算机信息网络国际联网安全保护管理办法》第 15 条的规定，设立的负责国际联网的安全保护管理工作的机构，应将其定性为杭州市公安局的内设机构。根据《中华人民共和国治安管理处罚法》第 95 条第 2 项的规定，治安案件调查结束后，公安机关认为依法不予处罚的，或者违法事实不能成立的，作出不予处罚决定。据此，作出不予处罚决定的有权机关为公安机关。网监分局作为杭州市公安局的内设机构，无权作出不予处罚的决定。

第二，第三人的发帖行为已经构成了诽谤他人的违法行为。理由如下：

1. "素怀"这一网名具有双重属性，既具有现实性，也具有虚拟性。在杭州网论坛这一特定空间内，"素怀"这一网名，已经与原告在现实生活中的部分经历紧密地联系在一起。"素怀"这一网名不仅在网络（杭州网论坛）上被长期使用、广为人知，在网络之外，亦被广为宣传，具有较为广泛的知名度和社会美誉度。

2. 第三人在发攻击帖之前对使用"素怀"这一网名的人在现实生活中的经历是了解的。第三人自认，网友告诉他："素怀被割了子宫，上诉过，获得过赔偿，自学法律到处帮人维权。"第三人所掌握的"素怀"信息，已足以使其现实化、特定化，即指向现实生活中的原告，第三人是否知道"素怀"在现实生活中的姓名为杨杨＊群，已不对其行为的性质产生决定性的影响。第三人攻击帖的内容具有相当的针对性，"女患者素怀""子宫及左附件切除手术""医疗事故""赔偿患者 10 万元"等字眼直指现实中的原告，而且其以新闻报道的形式出现，具有极强的迷惑性。在杭州网论坛这一特定环境中，那些了解"素怀"现实经历的网民据其帖所描述的事件特征，可以毫不费力地将其所称的"素怀"指向现实生活中的原告。

3. 第三人虚构了"医院称：该女子生活极不检点，下身肛门多处溃烂。……勾引主治医师，导致医师误诊，……"一段，然后将其帖在杭州网论坛的"杭网民声"版块上发表，构成了捏造事实并散布虚假事实的行为，属于利用互联网捏造事实诽谤他人的行为。这些捏造的事实足以败坏原告的人格和名誉。第三人明知"素怀"这一网名具有现实性和特定性，也明知自己散布的是足以损害他人名誉的虚假事实，明知自己的行为会发生损害他人名誉的危害结果，并且积极追求这种结果发生，实属故意。第三人具有完全责任能力，符合诽谤行为的一般主体要件。

综上所述，网监分局于 2007 年 8 月 10 日作出的不予处罚决定，认定事实的主要证据不足，适用法律、法规错误，超越职权，依法应予以撤销。因在本案审理过程中，（经协调）被告撤销了本案被诉具体行政行为，而原告又不同意撤诉。故依照《中华人民共和国行政诉讼法》第 54 条第 2 项第 1、2、4 目、《最高人民法院关于执行〈中华人民共和国行政诉讼法〉若干问题的解释》第 50 条第 3 款的规定，判决确认被告网监分局于 2007 年 8 月 10 日作出的杭公（信安）行不字［2007］第 001 号不予处罚决定书违法。

宣判后，当事人均未提起上诉，一审判决已发生法律效力。

【评析】

一、"素怀"这一网名应如何定性

"素怀"与"压寨夫人"同为网名，但"压寨夫人"是纯粹的网名，其体现的是网络空间匿名通讯、匿名交流的特性，只代表网络世界中的一个 ID，以符号的形式存在于虚拟的网络世界之中，除该符号之外，其他网名对其使用者的现实生活一无所知；而"素怀"这一网名比较特殊，既具有现实性，也具有虚拟性，还具有一定的公共性。

首先，在杭州网论坛这一特定空间内，"素怀"已具有相当的现实性。杭州网论坛上的很多网友都已经了解：使用"素怀"这一网名的人在现实生活中发生过女性器官（卵巢）被误切的医疗事故，后向医院索赔，最终维权成功，得到赔偿；此后，以其自学的法律和医学知识助人维权。有的网友甚至已经知道其现实姓名叫杨 * 群，还有的网友事实上已成为其现实中的朋友，如几位出庭作证的证人。被告的随机调查也证明了这一事实，在 4 名随机调查者中，一人知道"素怀"叫杨 * 群，是 2005 年原告到其单位为捐款一事商量时，知道她身份的；一人不知道"素怀"的真实身份，但知道其经常在论坛上发言，还知道曾经有报纸上登过"素怀"维权的事。由此可知，杭州网论坛中的"素怀"与现实生活中的原告已不能够被截然分开，二者的某些部分完全重叠在一起，形成一种交叉关系。对于那些经由网络与"素怀"发生交往，并进而成为朋友的人来说，"素怀"就是原告现实生活的一部分。此时的网络已不再虚拟，反而成为他们交流的工具、互动的平台。在此意义上，原本存在于网络中的"素怀"已经不再仅是一个由一串冰冷字符组成的 ID，而是演变为一个有血肉、有经历、活生生的人，这个人的法定姓名叫杨 * 群。

其次，"素怀"仍具有虚拟性。不可否认，即使在杭州网论坛上，对"素怀"所代表的现实生活一无所知的网民仍大量存在。在他们看来，"素怀"仍然只是一个网名，一个网络上的 ID，一个符号，一个虚拟的存在，不具有现实性。此时的网络只是大家共同进入的虚拟世界，与各自的现实生活均可隔离；另外，杭州网论坛上使用"素怀"这一网名的人并不是唯一的，原告亦承认有几位朋友知道其 ID 密码，此亦体现了"素怀"的虚拟性。在此意义上，"素怀"的现实性只具有相对意义，对不同的人其含义有所不同。"素怀"的现实性与虚拟性是同时存在的，二者并不互相排斥。当对一个特定的"素怀"定性时，应该结合其每次使用时的具体情况具体分析，不可一概而论。

最后，"素怀"又具有一定的公共性。其不仅在网络（杭州网论坛）上被长期使用、广为人知，在网络之外，亦被广为宣传，具有较为广泛的知名度和社会美誉度。在电台、报纸、杂志中，"素怀"与原告的姓名、"素怀"与原告的事迹、"素怀"与原告的视频影像是同时出现的，"素怀"已不仅是一个网名，其实际已成为原告这一自然人在现实生活中的另一公开指称，当人们在电台、报纸和杂志中使用"素怀"这一指称时，其直接指向的对象就是现实生活中姓名为杨＊群的人，此时，"素怀"与原告完全重合，"素怀"已经成为原告现实生活中的第二个名字，甚至是一个知名度更高的名字，很多人知道原告叫"素怀"，但不知道原告叫"杨＊群"。一个证人当庭作证时，多次将其误称为"杨素怀"，由此可见一斑。

二、第三人所攻击的"素怀"属何种性质

第三人发帖攻击的"素怀"是现实的、有针对性的、特定的"素怀"，而不是一个虚拟的网名。

首先，虽然没有证据证明第三人知道"素怀"叫杨＊群，但第三人自认："网友告诉他'素怀'被割了子宫，起诉过，获得过赔偿，自学法律到处帮人维权"，在"朱杨之争"中，"素怀跟朱＊＊律师是一伙的""是医院事故割错了，所以要维权，她索赔成功了，就到处帮人维权"。上述事实充分证明第三人在发攻击帖前，已经对原告通过网络公开的真实经历及其后续事迹完全了解，只是将卵巢误认为子宫，这属于信息传播中出现的细节偏差，而且卵巢与子宫同为女性生殖器官，具有同质性，该偏差不会从整体上影响到信息的准确性，也不会影响第三人对事件性质的整体把握。所以，在发攻击帖之前，对第三人来说，"素怀"是现实的，而不是虚拟的。

其次，第三人攻击帖的内容具有相当的针对性。"女患者素怀""子宫及左附件切除手术""医疗事故""赔偿患者10万元"等字眼直指现实中的原告，再加上其以新闻报道的形式出现，具有极强的迷惑性。这些内容从反面证明了第三人在发帖之前是了解"素怀"的现实生活的，如果其对原告的现实生活一无所知，其攻击的方式只能是盲目的辱骂、谩骂等，而不可能具有如此明确的针对性。事实上，第三人正是以原告的某一细节特征为关键词在网络上进行搜索，然后将搜索到的文章改头换面，虚构篡改后以新闻报道的形式发了出去。

最后，被告一直强调第三人不知道"素怀"的真实姓名叫杨＊群，据此就否认"素怀"在本案中的现实性。该观点过分强调了姓名对人的标识作用，姓名确实是一个常用的、重要的、使人特定化的因素，但认为凡是不知道他人姓名，就一定不认识他人的观点，是将姓名的功能绝对化和扩大化，不符合客观实际。日常生活中，一个人的特殊经历、工作单位及特定职务、准确的家庭住址均可使该人在特定范围内特定化，姓名并不是使人特定化的必要条件。本案中，第三人所掌握的"素怀"信息，已足以使其现实化、特定化，即指向现实生活中的原告，第三人是否知道"素怀"在现实生活中的姓名为杨＊群已不对其行为的定性产生决定性的影响。

三、第三人攻击网名的行为应如何定性

法律是适用于现实世界的，尤其法律所保护的名誉权指自然人（公民）、法人的名誉权，在完全虚拟的匿名网络世界里，网名的现实意义只是一串字符，不具备适用名誉权法律保护的客体要件。在网络上攻击虚拟网名的行为，一般应将其定性为网络不文明行为，应从道德上予以谴责，在网络日常管理中加强监管，以净化网络环境，但一般不宜对其作出法律评价。对于被攻击的虚拟网名来说，其使用者在离网或更换网名后，该攻击就几乎没有实际意义，不会形成法律意义上的侵害。但本案中，第三人攻击网名的行为已经构成了诽谤他人的违法行为。

首先，在客体上，第三人的行为是针对现实生活中特定人进行的，足以损害原告的人格和名誉。第三人所了解的"素怀"即为现实中的原告，其攻击帖中使用了"女患者素怀""浙江省""都市快报""子宫及左附件切除手术""医疗事故""赔偿患者 10 万元"等词，在杭州网论坛这一特定环境中，那些了解"素怀"现实经历的网民可以毫不费力地将其所称的"素怀"指向现实生活中的原告，其攻击对象是现实的、特定的、明确的。原告本是一个医疗事故的受害者，一个乐于助人的正义者，具有较为广泛的知名度和社会美誉度。然而，在第三人的攻击帖中，其被描述成一个私生活不检点者、勾引主治医师的品行低下者、造成医疗事故的过错者，这些捏造的事实足以败坏原告的人格和名誉。

其次，在客观方面，第三人实施了捏造事实诽谤他人的行为。第三人虚构了"医院称：该女子生活极不检点，下身肛门多处溃烂。且在接受医师检查时勾引主治医师，导致医师误诊，医院遂向浙江省高级人民法院上诉。此案正在进一步审理中，敬请关注本站后续报道"一段，然后将其帖在杭州网

论坛的"杭网民声"版块上发表，这就构成了捏造事实并散布虚假事实的行为，该行为属于利用互联网捏造事实诽谤他人的行为。

再其次，在主观方面，第三人表现为直接故意。第三人事先经人授意，在明知"素怀"这一网名具有的现实性，明知自己散布的是足以损害他人名誉的虚假事实，明知自己的行为会发生损害他人名誉的危害结果的情况下，仍然积极追求这种结果的发生，实属故意。第三人的目的在于帮助网友攻击"素怀"，支持"朱杨之争"中的杨＊英。

最后，第三人具有完全责任能力，符合诽谤行为的一般主体要件。

房屋交付后调换锁芯的行为应如何定性*

——李*诉**公安局治安行政处罚案

吴宇龙　　魏航

【裁判要旨】房屋交付后，办理转移登记前，卖方单方悔约并私自调换房门锁芯的行为不具有正当性，其开拆房门原锁芯的行为构成了故意损毁财物的违反治安管理行为，安装新锁芯的行为则构成了民事上非法侵占不动产的行为，而非法进入他人合法占有房屋的行为并不构成非法侵入他人住宅的违反治安管理行为。

■案号　一审：（2007）上行初字第 65 号　二审：（2008）杭行终字第 49 号

【案情】

原告：李*

被告：**公安局

第三人：吕*

2007 年 7 月，原告与第三人吕*夫妇签订合同，将其**房屋转让给第三人夫妇。双方在合同中约定，第三人夫妇首付房款 26 万元整，其余按揭贷款，原告收到首付房款后 3 日内交付房屋。第三人在支付首付款后，取得了房屋的钥匙，并将房门调换，开始装修。在合同履行期间（尚未办理房产过户手续），原告因故反悔，不愿转让该房屋，并愿意返还首付款及支付违约

---

* 该文发表于《人民司法·案例》2008 年第 20 期。并入选最高人民法院中国应用法学研究所编《人民法院案例选》2009 年第 2 期。

金，要求第三人停止装修。第三人未予理睬。2007 年 8 月 8 日，原告委托杭州 ∗∗ 开锁有限公司（以下简称开锁公司）将房门打开，并将门锁芯调换（原锁芯未损坏，被开锁的工人带走后遗失）。第三人发现后，向派出所报案，要求公安机关处理。∗∗ 分局认为违法事实不能成立，对原告作出不予处罚决定。第三人不服，向被告申请行政复议。2007 年 9 月 28 日，被告作出杭公复（2007）第 109 号行政复议决定书，认为原告的行为已构成故意损毁财物的违反治安管理行为，决定撤销 ∗∗ 分局下公行不字［2007］第 18 号不予处罚决定，并责令其在法定的期限内重新作出具体行政行为。

原告对此行政复议决定不服，向杭州市上城区人民法院提起行政诉讼，诉称：（1）原告与第三人间的纠纷是在履行房屋买卖合同中发生的纠纷，是民事纠纷，而非侵犯财产权利的纠纷。原告终止合同的效力以及为防止损失扩大而采取换锁芯的行为是恰当的，是依据合同为维护自身权益而采取的适当的自力救济措施，即便原告的措施是不当的，应承担的法律后果也是依据买卖合同承担不交付房屋的违约责任，而非行政处罚；（2）原告调换锁芯的目的在于阻止第三人继续装修，防止损失扩大，主观上并没有要损毁他人财物的故意，不构成故意损坏财物的违法行为；（3）在双方民事诉讼仍在进行，双方当事人之间的纠纷有待法院裁定的情况下，被告作为公安机关介入经济纠纷并过早定性是不恰当的。请求撤销行政复议决定。

被告辩称，民事活动中出现的行为只要是涉嫌违法犯罪的，公安机关就应当介入，并依法予以处理，这是公安机关的职责所在。涉案房屋的房门及门锁为第三人所有，原告与第三人因买卖房屋合同履行发生纠纷后，擅自将该房屋的门锁芯予以调换，使原有的门锁丧失了使用价值，造成第三人合法所有财产的损失。故原告调换门锁芯的行为已经构成故意损毁财物的违反治安管理行为。

【审判】

浙江省杭州市上城区人民法院经审理认为，第三人已依据其与原告签订的房屋转让合同取得了 ∗∗ 房屋的钥匙，并重新购买、安装了房门。原告委托专业开锁公司调换门锁芯，使第三人无法再使用该门，原告实施这一行为的主观故意明显，客观上也已使该门丧失了原来的使用价值，故被告认定原告的行为已构成故意损毁财物的违反治安管理行为，并无不当。根据《中华人民共和国治安管理处罚法》的规定，对因民间纠纷引起的毁坏他人财物等违反治安管理行为，公安机关应当处理。原告与第三人通过司法途径解决其民事纠纷，与本案的处理并无矛盾，原告认为公安机关介入当事人之间民事纠纷的理由不能成立。综上，被告作出的杭公复（2007）第 109 号行政复议决定，事实清楚，适用法律正确，程序合法，法院依照《中华人民共和国行政诉讼法》第 54 条第 1 款第 1 项之规定，判决：维持杭州市公安局杭公复（2007）第 109 号行政复议决定。

宣判后，原告不服一审判决，向杭州市中级人民法院提起上诉。二审法院判决驳回上诉，维持原判。

【评析】

一、调换锁芯的行为是否具有正当性

原告认为其在终止合同的效力后，为防止损失扩大而采取换锁芯的行为是恰当的，是依据合同为维护自身权益而采取的适当的自力救济措施。该理由不能成立，理由如下：

第一，本案中，原告与第三人夫妇签订购房合同后，在第三人已履行其主要义务（付款）的前提下，原告应积极履行其合同义务，协助第三人办理房产过户登记手续。但原告却企图单方毁约，希望在返还首付款及支付违约金的条件下，不再转让该房产。根据《中华人民共和国合同法》（以下简称《合同法》）第 93、94、96 条的规定，当事人协商一致，可以解除合同；当事人一方明确表示或者以自己的行为表明不履行主要债务的，另一方可以解除合同；当事人一方主张解除合同的，应当通知对方，合同自通知到达对方时解除。据此，当原告明确表示不履行主要合同义务时，第三人享有合同单方解除权，但第三人并不同意解除涉案合同，故在第三人已经履行合同主要义务的前提下，原告并不享有合同单方解除权，也无权单方宣布终止合同的效力。本案购房合同应继续有效，原告应当继续履行其合同义务，协助第三人办理房产过户登记手续，而不是在对方不同意解除合同后，私自调换锁芯，夺回房屋，其行为不具有正当性。

第二，原告交付房屋后，第三人夫妇已实际占有该房，基于对原告全面履行合同的合理信赖，对其合法占有的房屋进行装修，属正当行为，不构成

对原告合法权益的侵犯，原告当然无救济之必要，其自力救济措施不具有正当性；退一步讲，即使第三人存在侵权行为，在并非紧急、迫切需要的情况下，原告也只能通过法定程序，寻求公力救济，现代法律均以禁止私力救济为原则，以法定私力救济为例外。本案中，原告私自采取的自力救济措施并非迫切需要，也没有法律依据，不具有正当性，其所称为防止损失扩大而采取自力救济措施，不能成立。

二、调换锁芯的行为是否属于违约行为

原告称即便其调换锁芯的行为是不当的，应承担的法律后果也是依据买卖合同承担不交付房屋的违约责任，而非行政处罚。笔者认为，该主张同样不能成立，理由如下：

本案中，在第三人支付首付款后，原告已根据合同的约定，将房屋钥匙交付第三人，也就是将房屋的实际占有向第三人转移，第三人夫妇已成为涉案房屋的合法占有人。故在房屋交付问题上，原告并没有违约。尽管根据《中华人民共和国物权法》（以下简称《物权法》）第9、14、15、17条的规定，房屋产权的转让未经登记不发生物权效力，在房屋权属转移登记未完成的情况下，原告仍然是涉案房屋法律上的所有权人，但在其签订房屋转让合同，收受首付款，并将实际占有转移后，其负有的义务是协助第三人办理房产过户登记手续，其房屋所有权的权能已不再完整，其占有、使用房屋的权能已在其意志支配下向第三人转移。此时，第三人夫妇已经成为合法占有人，原告虽然仍为权利人，但其已无权向第三人请求返还原物。然而原告在转移占有后，又通过调换锁芯的手段，重新占有涉案房屋。根据《物权法》第34、241、245条的规定，基于合同关系产生的占有是有权占有，是受法律保护的一种事实状态，占有的不动产被侵占的，占有人在一年内有权请求返还原物。原告通过调换锁芯重新占有涉案房屋的行为，使第三人受法律保护的占有在事实上已不复存在，该行为已经构成了对第三人合法占有不动产的侵占。此时，原告虽是涉案房屋的所有权人，但其调换锁芯后对该房屋的实际占有却为无权占有，而第三人夫妇虽不是该房屋的所有权人，也不是实际占有人，但其却是该房屋法律上的合法占有人，有权请求返还原物。故从民事法律关系的角度考察，原告调换锁芯的行为并不属于违约行为，而属于侵占不动产的行为。

三、调换锁芯的行为是否构成故意损毁财物的违反治安管理行为

由上文可知，原告调换锁芯是为了其重新占有涉案房屋，也就是说，调换锁芯是手段，重新占有是目的。而调换锁芯的行为实际上是一个组合行为，在法律上又可以区分为两个相互独立而又密切相关的行为，其一是开拆原锁芯的行为，其二是安装新锁芯的行为。为了安装新的锁芯，原告才打开并拆除了原锁芯，而安装新的锁芯对于原告来说，也就意味着重新占有了房屋，意味着实现了预期的目的。故此二行为中，开拆原锁芯的行为属于手段行为，安装新锁芯（占有）的行为属于目的行为，二者均基于重新占有房屋这一目的而实施。其中，目的行为（占有）的定性已在上文阐释，而手段行为，也就是开拆原锁芯的行为构成了故意损毁财物的违反治安管理行为。理由如下：

（一）原告的行为侵犯了第三人对房门的所有权

原告行为侵犯的客体是第三人对房门的所有权，其侵犯的对象在本案中具有特殊性，既不是房屋，也不是锁芯，而是房门。

本案的一个重要情节是，第三人在取得房屋钥匙但未完成房屋权属转移登记时，为维护其对房屋的合法占有，将房门整体予以调换，而不是仅将锁芯调换。在此情况下，出现了一种特殊的物之所有权关系，即房屋归原告所有，而房门归第三人夫妇所有。根据《物权法》一般原理，一物一权，一个物上只能设定一个所有权，所有权的客体必须是独立物，物的一部分一般不能成为所有权的客体。而房门在成为房屋的一部分后，其通常不能独立成为所有权的客体。但本案中，原告在签订房屋转让合同，收受首付款，并将实际占有转移后，尽管其房屋权属转移登记尚未完成，但其房屋所有权的权能已不再完整，其占有、使用房屋的权能已在其意志支配下向第三人夫妇转移。第三人又在占有房屋后，将房门整体予以调换。此时，房门在客观上虽是原告所属房屋的一部分，但其具有了自身独立的使用价值，即房门成为第三人夫妇对抗包括所有权人在内的一切世人，维护其合法占有状态的唯一物质屏障，是第三人夫妇合法占有的物质载体。在此特定条件下，获得了独立使用价值的房门，相对于房屋具有了相对独立性，能够成为所有权的客体。此时，房屋归原告所有，房门归第三人夫妇所有，在法律上不仅不矛盾，反而相得益彰，相辅相成。二者统一于产权人的依约交付，统一于买受人的合法占有，是房屋权属流转过程中出现的一种暂时、动态的现象。当原告依约履行合同、

协助第三人办理房产转移登记后，房门的所有权统一于房屋的所有权，这一现象立即消失。产生此种现象的根源在于不动产物权的公示手段为登记，而不是占有。

本案中，在房屋权属转移登记未完成的情况下，原告仍然是涉案房屋法律上的所有权人，原告进入的房屋是在法律上属于自己的房屋，他既没有也不可能侵犯自己房屋的所有权，其故意损毁财物行为的侵犯对象当然也不会是房屋。另外，第三人是将整个房门调换，锁芯只是所换房门的一个组成部分，锁芯的功能附着于房门的功能，二者的使用价值具有一致性和不可分离性，因此，锁芯在本案中不具有《物权法》上物之独立性特征，不能成为所有权的客体，也就不能成为原告故意损毁财物行为侵犯的对象。当然，如果第三人调换的不是房门，而仅是锁芯，则锁芯具有与本案中房门同等的法律属性。

综上，第三夫妇人对房门享有所有权，原告开拆原锁芯的行为侵犯了该权利。

（二）原告采取不正当的手段损毁了第三人的房门

原告的行为在客观方面表现为故意隐瞒真相，使开锁公司在不知房产正在交易，房产实际占有已转移的情况下，打开并拆除了第三人所调房门的锁芯，使第三人的房门彻底丧失了使用价值。由常识可知，锁芯对于房门具有十分重要的意义，相当于心脏之于人，开拆了锁芯，门的存在也就变得毫无意义，形同虚设。第三人正是通过该门来实现并保障其对房屋的占有，锁芯被开拆，任何人都可以畅通无阻地进入，也就意味着该门的这一使用价值彻底丧失，彻底被损毁。另外，由于房门被损毁，房屋本身应具备的私密性和安全性已荡然无存，第三人放置于房屋内的个人财物也处于危险状态。故原告私自开拆锁芯的行为具有极大的社会危害性。另外，原告是通过欺骗的手段，使开锁公司帮助其开拆了第三人房门的锁芯，其手段亦具有社会危害性。

（三）原告具有损毁第三人房门的直接故意

原告的行为在主观方面表现为直接故意。原告的直接目的是再次占有房屋，但第三人正是通过其房门来实现并保障其对房屋的占有的，原告只有损毁了第三人的房门，才能实现其再次占有房屋的目的。正是基于这一现实，原告才通过欺骗的方式，让开锁公司为其开拆锁芯，其损毁第三人房门的主观愿望是非常强烈的。原告明知其房屋的占有已实际转移，明知该房的门已被第三人调换，其已无权并且无法自行进入该房。为了实现再次占有房屋的目的，原告积极采取措施，利用自己手中的房屋所有权证，骗取开锁公司的信任，终于开拆了第三人房门的锁芯，损毁了第三人的房门。该结果是原告积极追求，并不惜采取欺骗手段才实现的，在主观上具有直接故意。

（四）损毁第三人房门的直接责任人是原告

虽然房门的锁芯是由开锁公司直接开拆的，房门是由开锁公司直接损毁的，但该行为是在原告故意隐瞒真相的前提下实施的，是受骗的结果。开锁公司已审核了原告的房屋所有权证，已尽到了合理的注意义务，其在主观上并无过错，在客观上也并未违反其行业的行为准则，故其行为并无不当。该行为的法律责任应当由该行为的委托方也就是原告承担，因为其是该行为的积极追求者、事先谋划者和事后受益者，开锁公司不过是其利用的工具而已，故该行为的主体应当认定为原告。

四、调换锁芯的行为是否构成非法侵入他人住宅的违反治安管理行为

在该案审理过程中，还提出了一个极具启发性的问题，即原告的行为是否构成非法侵入他人住宅的违反治安管理行为？持肯定性意见者认为，原告具有侵入他人住宅的直接故意，未经第三人夫妇同意而又没有法律根据，实施了强行进入他人住宅的行为，并实际侵入了第三人夫妇享有合法居住权的房屋，侵犯了他人的居住安全权利，其行为构成非法侵入他人住宅的违反治安管理行为。笔者认为，该观点注意到了原告非法进入他人合法占有房屋的事实，有一定合理性，但其对原告行为的描述与本案实际情形有诸多不符：

第一，从该行为的客观方面来看，原告非法进入他人合法占有房屋时，并不属于强行进入，其进入方法是通过隐瞒房屋转让真相，欺骗开锁公司，利用其技术开拆了原锁芯，而且原告进入时，第三人夫妇均不在现场，故其进入行为虽未经合法占有权人同意，但其进入时也不存在不顾反对、劝告或阻拦，强行进入的情形，将其行为认定为强行进入实属勉强。另外，原告开拆原锁芯进入涉案房屋后，几乎又同时安装了新锁芯，实现了其重新占有的目的。也就是说，非法进入行为在瞬间就变成了非法侵占行为，非法进入行为的危害结果还没来得及体现，就已经消失了。据此，原告的行为在客观方面并不符合非法侵占他人住宅行为的客观要件和结果要件。

第二，从该行为侵犯的客体来看，原告调换锁芯的行为，并没有侵犯第

三人夫妇在人身自由方面的居住安全权利，仅是侵犯了第三人夫妇对房门的所有权和对不动产的合法占有。由案情可知，原告非法进入时，涉案房屋正处于装修期间，不具备实际居住条件。房屋的法定用途为住宅，并不等于其已经成为实际的住宅，在入住之前，其只是作为财产意义上的房屋存在，即使称其为住宅，也仅指其用途。故涉案房屋只是潜在的住宅，而不是现实的住宅，第三人夫妇也并不住在其中。据此，原告的行为只是非法进入他人房屋，而不是非法侵入他人住宅，其侵犯的客体也只能是第三人夫妇财产方面的权利，而不可能是人身自由方面的权利。故原告行为侵犯的客体也不符合非法侵占他人住宅行为的客体要件。

第三，从该行为的主观方面来看，原告是单方悔约不成后，积极采取措施，调换锁芯，重新占有房屋。原告主观上确实存在非法进入的故意，但其积极追求的目的是占有，而不仅是进入，进入只是其打开门锁后的一个自然结果，所谓开门而入。事实上，门锁开拆后，该房屋对任何人来说，都是畅通无阻的，但这并不是原告追求的结果，反而与其占有目的相悖，进入只是其重新占有的一个中间环节，进入附属于占有，进入的故意可以被占有目的吸收。所以，尽管原告存在未经合法占有权人同意，私自进入他人占有房屋的行为，但其主观上只存在一个占有目的，而不存在一个独立的进入目的，故原告的行为在主观方面亦不符合非法侵入他人住宅行为的主观要件。

综上所述，根据《中华人民共和国刑法》和《中华人民共和国治安管理处罚法》的相关规定，非法侵入他人住宅的行为具有特定含义，具有法定的构成要件。原告故意损毁财物开拆原锁芯后的行为，只需认定为一个非法侵占行为即可，不必要也不能够再认定一个非法侵入他人住宅的行为。其非法进入他人合法占有房屋的行为无法形成一个《中华人民共和国刑法》或《中华人民共和国治安管理处罚法》上完整的法定构成要件，不属于法律行为，应认定为一个事实行为。在法律评价上，该行为应被其目的行为，即非法侵占行为吸收。此种情形类似于对入户盗窃行为的定性，该行为中同样存在进入的故意，也存在未经许可进入他人住宅的行为，但仍将其定性为盗窃行为，因为其是秘密进入，以非法占有他人财物为目的，而不是强行进入，也未侵犯他人居住安全权利，对其非法进入他人住宅行为的法律评价，也只是将其作为盗窃的一个情节来考虑，而并不将其定性为独立的非法侵入他人住宅行为。

规划部门认定违法建设行为具有独立可诉性[*]

——宋 ** 、王 ** 诉 ** 市规划局规划行政确认一案

吴宇龙　蔡维专

【裁判要旨】规划行政主管部门对违法建筑的认定，系规划部门根据城乡规划法实施的职权行为。在相对集中行使行政处罚权机制中，规划部门根据城市管理行政执法部门的需要对违法建设所作的认定行为，是城管部门作出处罚的事实根据，对行政相对人的权利义务具有实际影响，因而具有独立的可诉性。

■**案号**　一审：（2011）杭下行初字第 44 号　二审：（2012）浙杭行终字第 110 号

【案情】

原告：宋 ** 、王 **

被告：** 市规划局。

2009 年 8 月 5 日，** 区城市管理行政执法局（以下简称区城管局）巡查时发现宋 ** 存在搭建行为，后进行立案调查，认为其建设行为涉嫌违法，遂于 2009 年 11 月 23 日向 ** 市规划局发出《征求意见联系函》，就该建筑是否为违法建筑、是否同意当事人补办手续征求市规划局意见，要求予以审核。市规划局于 2009 年 11 月 26 日向区城管局出具反馈意见，内容为："经查，在规划局档案中未查找到相关审批资料，建议由当事人出具合法有效的权属证明材料，若不能出具，建议按违法或违章建筑进行处理。由于该建筑已鉴

---

　*　该文发表于《人民司法·案例》2013 年第 6 期、《浙江审判》2013 年第 2 期。

定为'整幢危房'，建议予以拆除。"后区城管局作出责令限期拆除决定，并于 2010 年 12 月底以宋 ** 自搭建筑物系违法建筑为由对该建筑进行了强行拆除。后宋 **、王 ** 以市规划局认定该建筑物系违法建筑违法，进而致使区城管局作出行政处罚决定并最终实施强制拆除为由，向该区人民法院提起行政诉讼，要求确认被告市规划局的认定行为违法。

【审判结论】

一审法院经审理认为：根据《中华人民共和国城乡规划法》第 11 条第 2 款的规定，县级以上地方人民政府城乡规划主管部门负责本行政区域内的城乡规划管理工作，被告市规划局是规划管理工作的职能机构。根据《某省城市管理相对集中行政处罚权条例》第 6 条第 2 项的规定，由城市管理行政执法部门依照城乡规划管理方面法律、法规、规章的规定，对违反规划管理规定的部分行为实施行政处罚。另据该条例第 20 条的规定，执法部门查处违法行为，需要有关行政管理部门认定或者需要技术鉴定的，有关行政管理部门或者技术鉴定机构应当及时认定、鉴定。据此，虽然违章建筑的处罚权归于城市管理行政执法部门，但对于违章建筑的认定，其前提系判定是否违反规划管理规定，仍可由市规划局予以认定。市规划局应在其职权范围内就涉案自搭建筑物是否违反规划管理规定以及是否同意当事人补办手续作出明确答复。市规划局在反馈意见中表述："经查，在规划局档案中未查找到相关审批资料，建议由当事人出具合法有效的权属证明材料，若不能出具，建议按违法或违章建筑进行处理"，虽然措辞使用的是"建议"，其实质是对涉案自搭建筑物的性质进行认定，对宋 **、王 ** 的权利义务产生实际影响。市规划局辩称该反馈意见不具有可诉性的答辩意见，不予采纳。同时，一审法院还认为，市规划局作出本案认定行为主要证据不足，无事实依据，应予以撤销，并应重新作出具体行政行为。依照《中华人民共和国行政诉讼法》第 54 条第 2 项之规定，判决撤销市规划局于 2009 年 11 月 26 日向区城管局就宋 **、王 ** 作出的反馈意见；市规划局在判决生效之日起 10 日内重新就宋 **、王 ** 作出反馈意见。

宣判后，市规划局不服，提起上诉。二审法院经审理后，判决驳回上诉，维持原判。

【评析意见】

本案中，被诉规划认定行为是否可诉是争议焦点，笔者对此分析如下：

一、规划部门违法建设认定行为具有相对独立性

根据行政处罚的一般原理，完整的行政处罚权可以分解为：事实调查权、违法行为认定权和处罚决定权。通常情况下，事实调查权、违法行为认定权和处罚决定权统一于行政处罚权，三种权力的行使分别属于一个行政处罚行为的不同阶段，并不具有独立性。规划处罚权作为行政处罚权的一种，自然也可以分解为上述三种权力。规划管理部门作出处罚决定的情况下，事实调查权、违法行为认定权和处罚决定权同样不具有独立性。然而，根据相对集中行政处罚权工作的制度设计，全市范围内的规划处罚权已由城市管理行政执法部门集中行使，规划管理部门依制度设计不再单独行使行政处罚权。但我们也不能就此推定规划行政处罚权所包含的事实调查权、违法行为认定权、处罚决定权已全部由城市管理行政执法部门集中行使。对于那些涉及复杂专业技术知识的行政管理领域，事实认定与法律适用的准确性应该得到更多的强调，若将此类管理领域行政处罚权中的事实调查权、违法行为认定权、处罚决定权一律集中由城市管理行政执法部门行使，难以保证处罚决定的质量。据此，《某省城市管理相对集中行政处罚权条例》第 20 条第 2 款规定："执法部门查处违法行为，需要有关行政管理部门认定或者需要技术鉴定的，有关行政管理部门或者技术鉴定机构应当及时认定、鉴定。"可见，在规划管理领域，为了保证事实认定与法律适用的准确性，法律赋予城市管理行政执法部门集中行使的行政处罚权，并不是完整的行政处罚权，违法行为认定权仍由规划管理部门保留。但这种保留又不是绝对的，只是在"需要"的情况下才会启动独立的违法行为认定程序，当事实认定与法律适用极为明确时，城市管理行政执法部门亦可自行作出认定。换言之，在城市管理行政处罚权相对集中的背景下，（规划）违法行为认定权根据"需要"在城管局与规划局之间进行配置，此项职权由谁行使由城管局根据"需要"判断决定，而一旦根据"需要"决定了由规划局行使此项权力，则规划局即应根据《某省城市管理相对集中行政处罚权条例》第 20 条第 2 款的规定作出认定决定。规划管理部门在此情况下行使的规划违法行为认定权具有独立的法律效果。

二、规划部门违法建设认定行为的法律效果

根据《中华人民共和国城乡规划法》和《某市规划管理条例》的规定，本案被告市规划局是该市城市规划行政主管部门。在城市管理行政处罚权相对集中的背景下，法律赋予城市管理行政执法部门集中行使规划行政处罚权中的事实调查权和处罚决定权，但有条件地保留了规划管理部门的规划违法行为认定权。既然市规划局出具的意见是其依法行使规划违法行为认定权的结果，那么，其所作出的违法建设认定行为就属于公法上的职权行为，虽措辞上为"建议"，实质上就是具有法律效力的认定，依法具有羁束力，区城管局后续的处罚行为须以此为依据，并不具有对其进行审查甚至撤销的权力。市规划局认为"仅仅是不具有强制力的行政指导行为，它可以采纳也可以不采纳"于法不合。

正因为市规划局拥有规划违法行为认定权，才积极"建议"区城管局将"已鉴定为'整幢危房'的建筑"予以拆除。在该意见出具之前，尽管区城管局已立案调查，但宋**、王**的建设行为是否属于违法建设，在法律上是没有定论的，区城管局基于其专业所限，也只是认为该搭建行为涉嫌违法，并无确切的法律认定；而在市规划局出具意见后，宋**、王**的建设行为在法律上已明确被认定为违法行为，这直接否定了宋**、王**对涉案建筑物拥有的权利，对当事人的权利产生了直接影响。至于区城管局之后作出的行政处罚决定对当事人设定新的义务，则是另一具体行政行为，行政处罚与规划认定行为对当事人权利义务的影响是不同的。

三、规划部门违法建设认定行为排除司法审查理由的否定

1. 规划部门违法建设认定行为不属于内部行为。规划违法行为的认定是法律赋予规划行政管理部门应当履行的法定职责，是规划部门对外行使行政管理职责的行为。案涉规划认定行为系市规划局应区城管局的要求出具的意见，对于市规划局来说，区城管局已经属于外部单位，且该行为对区城管局具有羁束力，也就是说，该行为已经发生法律效力。另外，根据《中华人民共和国行政处罚法》第31条的规定，区城管局在作出行政处罚决定之前，应当告知宋**、王**作出行政处罚决定的事实、理由及依据。而市规划局出具的意见，是区城管局作出行政处罚决定的主要依据，属于应当告知的内容。故在告知程序中，宋**、王**亦应知晓该意见，该行为对宋**、王**已

经产生法律效果；当然，即使城市管理行政执法部门未能依法将该意见告知宋**、王**，亦并不能否认规划认定行为的外部性，因为对于市规划局来说，其意见已经成熟完整，构成了对外发生法律效力的城管行政处罚决定的直接的事实根据。

2. 规划部门违法建设认定行为并非行政指导行为。本案上诉人上诉的主要观点是认为反馈意见系不可诉的行政指导行为。所谓行政指导，系指行政主体为实现一定的行政目的，依法在其职权范围内，以建议、劝告、引导、指示、鼓励等非强制手段，获得相对人的同意或协助，指导相对人作出或不作出某种行为的行政活动。其根本的特征在于无法律强制力，即相对人可以遵从亦可不遵从。而在本案中，市规划局的认定行为系基于职权，规划部门的认定行为是城市管理行政执法机构进一步作出处罚的必备依据，不管是对区城管局还是对宋**、王**都具有法律效果。市规划局辩称其认定行为是执法协作行为，"建议"没有强制约束力不能成立。相反，市规划局以建议的方式行使刚性的职权，恰恰说明其没有正确行使自己的职权。

四、规划部门违法建设认定行为可诉性的合理性考量

规划部门违法建设认定行为构成城市管理行政执法部门所作处罚决定的前置行为。在行政处罚诉讼案件中，城市管理执法部门均将规划管理部门的认定意见作为证明其处罚决定合法的主要证据，因司法审查的对象是城市管理执法部门作出的处罚决定，规划管理部门不是案件当事人，城市管理执法部门亦无需提交证明认定意见合法的证据，故在行政处罚诉讼案件中，人民法院实际上无法对规划部门出具的认定意见进行合法性审查。而且由于该认定意见属于公法上的职权行为，人民法院通常只能认可其效力。如果规划认定行为不具有可诉性，相当于从根本上剥夺了被处罚人的司法救济权。据此，即便从合理性角度出发，亦应当将规划认定行为确定为独立可诉，只有这样才能确保行政相对人的司法救济渠道畅通；也只有这样，才能将司法审查的监督功能落到实处。

行政判决可以直接变更行政协议*

——王**、陈**诉**街道办事处征迁行政协议案

危辉星　张波　吴宇龙

【裁判要旨】　行政协议相对人或其他利害关系人起诉要求变更协议部分内容的行政协议争议，属于行政诉讼受案范围。行政协议确定的内容明显违反法律法规等相关规定，又不符合当事人的真实意思表示，且产生显失公正后果，原告要求变更的，人民法院可以直接判决变更。

■案号　一审：（2015）杭余行初字第 160 号　二审：（2016）浙 01 行终 367 号

【案情】

原告：王**、陈**

被告：××街道办事处

2015 年 5 月 25 日，浙江省人民政府作出浙土字 A（2015）-0080 号《浙江省建设用地审批意见书》，**街道办事处（以下简称"**街道"）杜甫村相关土地的征收集体土地补偿安置方案公告于 2015 年 7 月 8 日发布。2015 年 6 月 25 日，杜甫村 16 组王**户（乙方）与**街道（甲方）签订了《集体所有土地、房屋征迁补偿安置协议书》，协议第 6 条约定：经初步审核乙方安置人口 6 人，该户可享受安置建筑面积 480 平方米。该协议附乙方拆迁时符合安置政策人员名单：王**、妻子费**、女儿王月*、孙女陈*、孙子

*　该文发表于《人民法院报》2017 年 1 月 5 日、浙江省高级人民法院《案例指导》2017 年第 1 期。

陈王＊、母亲徐＊＊。协议签订后，王＊＊作为户主已领取该协议项下的拆迁补偿款。陈＊＊系现役军人，现身份证户籍地址浙江省杭州市拱墅区长乐路。陈＊＊与王月＊于 2006 年 11 月 7 日登记结婚，陈＊、陈王＊系二人子女。涉案房屋补偿安置协商过程中，王＊＊多次要求将陈＊＊作为安置人口，均遭＊＊街道拒绝。现陈＊＊、王＊＊以陈＊＊符合安置条件未享受安置为由于 2015 年 10 月 26 日诉至法院，请求增加陈＊＊为安置补偿协议的安置人口，即将协议中确定的安置人口 6 人变更为 7 人，同时增加安置面积 80 平方米。＊＊街道辩称，王＊＊户内在册人员共 6 人，并无陈＊＊，故按区委办［2008］62 号文件规定的人均高层安置为 80 平方米，共拟安置面积 480 平方米。对此事实双方早已确认无误，并在平等自愿、协商一致的基础上签订《房屋征迁补偿安置协议书》，现已依法完成补偿及搬迁工作。陈＊＊依规定并不属于被征迁安置人口，不符合安置条件，依法无法享有安置面积。部队现役军人户籍必须在原征迁区块范围内才可以安置，陈＊＊并不符合该条件，故不予安置。

【裁判】

一审法院经审理认为，征用集体所有土地房屋拆迁安置补偿协议系拆迁当事人就该集体所有土地上房屋拆迁安置补偿事宜协商一致达成的协议，＊＊街道作为拆迁人，王＊＊作为被拆迁房屋的户主，经协商，双方签订《集体所有土地、房屋征迁补偿安置协议书》对安置事项作了约定，系双方的真实意思表示，该协议合法有效。协议约定的内容对双方均具有约束力。陈＊＊非属王＊＊户内人员，且其户籍不在辖区范围内，自然也非属该集体所有土地上房屋拆迁安置对象。王＊＊户内已安置 480 平方米房屋，也已足额获取了《杭州市征收集体所有土地房屋补偿条例》第 18 条第 1 款第 4 项所规定的安置标准的房屋。遂判决驳回陈＊＊、王＊＊的诉讼请求。

宣判后，陈＊＊不服，提起上诉。

二审法院经审理认为，王＊＊户房屋因所占集体土地被征收而需要补偿安置，应适用《杭州市征收集体所有土地房屋补偿条例》的相关规定。陈＊＊与王月＊于 2006 年 11 月 7 日登记结婚，陈＊＊系现役军人，其在杭州市＊＊区无常住户口，但涉案房屋因征地需要补偿安置时，其属于王＊＊户内王月＊结婚三年以上的配偶，依据该条例第 20 条第 2 款第 1 项规定可以计入安置人口。＊＊街道在与王＊＊户签订《集体所有土地、房屋征迁补偿安置协议书》时，拒绝将陈**列入安置人口，不符合上述规定，也造成了显失公平的后果，依法应予纠正。**街道与王**户签订的《集体所有土地、房屋征迁补偿安置协议书》并非民事合同，而是行政协议，该协议绝大多数内容由法律法规和补偿安置方案直接确定。协议中未确定陈**为安置人口并非其真实意思表示，不能据此认为其已选择放弃了陈**的补偿安置权利，其在签约后再要求变更协议违法部分的诉求具有正当性，应得到法律的保护。陈**作为此次征收补偿安置人口，应享有与其他安置人员同等的每人80平方米安置面积的权利。故依照《中华人民共和国行政诉讼法》第89条第1款第2项、第77条第1款，《中华人民共和国合同法》第54条的规定，判决撤销一审判决，将**街道与王**户于2015年6月25日签订的《集体所有土地、房屋征迁补偿安置协议书》第6条第1项中确定的安置人口6人变更为7人，安置面积480平方米相应变更为560平方米。

【评析】

行政协议案件系《中华人民共和国行政诉讼法》（以下简称《行政诉讼法》）2014年修订后新增的行政诉讼案件类型，法律争议颇多，尚未形成成熟的裁判规则。而本案涉及的集体土地征迁协议，之前一直作为民事案件审理，转为行政案件后，在审理思路及法律适用上亦存在很多困难。本案中，能否直接判决变更成为案件审理的重点和难点。

一、利害关系人是否可以针对行政协议提出变更之诉

一种观点认为，行政协议案件的受案范围应严格限定于《行政诉讼法》第12条第1款第11项规定的"认为行政机关不依法履行、未按照约定履行或者违法变更、解除政府特许经营协议、土地房屋征收补偿协议等协议的"，直接起诉要求变更协议，超出了法定受案范围。笔者认为，对该条不应做如此狭窄的理解。2014年《行政诉讼法》将行政协议争议从民事诉讼调整到行政诉讼，其目的是更有效监督行政机关依法行使职权，更有利于保护公民、法人和其他组织的合法权益，更实质性地解决行政争议。所以行政诉讼对行政协议争议的当事人，其救济功能不应低于民事诉讼的救济功能。故将行政协议争议的受案范围局限于该条列举的几种情形，利害关系人在很多情况下将无法寻求救济，不符合2014年《行政诉讼法》的立法本意。《最高人民法

院关于适用〈中华人民共和国行政诉讼法〉若干问题的解释》（法释〔2015〕9号，已废止）第15条第2款已经规定"原告请求解除协议或者确认协议无效"属于行政协议案件受案范围，这是完全符合立法本意的。既然解除、无效属于行政协议案件受案范围，那么变更、撤销当然也属于行政协议案件受案范围，否则就无法构建完整的行政协议救济体系。

还有一种观点认为，行政协议是一个整体，利害关系人若有异议，只能请求撤销整个协议，而不能只请求变更协议的一部分。笔者认为，行政协议的整体性不能一概而论，在特定情形下，协议的部分内容具有相对独立性。就本案而言，原告只对协议确定的安置人口和安置面积有异议，对协议的其他部分均无异议，并已实际履行（已经领取补偿费并腾空房屋），甚至对已经确定的安置人口与安置面积也无异议，只是认为遗漏了一个安置人口及相应安置面积。此时，原告对协议有异议的部分就具有相对独立性，仅仅变更协议的该部分并不会与协议的其他内容产生冲突。若强制性地要求原告只能提出撤销整个协议的诉请，既不符合原告的本意，人为制造和扩大了矛盾，也给法院审理案件无谓增加了难度，不可取。事实上，原告也绝不会提出对自身如此不利的诉讼请求，否则其宁可之前就拒绝签订协议；若强制要求其只能提出撤销整个协议的诉请，实际上是阻断了其寻求司法救济的可能途径，不利于实质性解决行政争议。且在民事诉讼的合同纠纷中，原告仅提起要求变更之诉，法院不能直接判决撤销合同。前已论述，行政诉讼对行政协议争议的当事人，其救济功能不应低于民事诉讼的救济功能。

二、户主签订协议的行为能否成为判决变更的障碍

就民事合同的一般原理而言，民事主体对其实体权利具有处分权，协议达成一致就意味着双方的意思表示一致，协议约定的内容对双方均具有约束力，非经法定事由和程序，任何一方都不得单方变更、解除。但本案中，王 ** 户与 ** 街道签订的《集体所有土地、房屋征迁补偿安置协议书》并不是平等民事主体之间基于意思自治原则而订立的民事合同，而是当地政府为征收集体土地在其职责范围内与集体土地使用权人（房屋所有权人）协商订立的具有行政法上权利义务内容的协议，即行政协议。该协议在意思自治程度和范围上与民事合同存在显著差异，该协议中虽然也存在双方协商一致的内容，如安置方式（货币安置或调产安置），但一般而言，该协商只能在法律

法规和补偿安置方案所允许的范围内进行；该协议绝大多数内容是由法律法规和补偿安置方案直接确定的，如安置人口的确定，《杭州市征收集体所有土地房屋补偿条例》第 20 条第 1 款、第 2 款第 1 项规定，安置人口按照被补偿人家庭常住户口人数确定。被补偿人家庭成员在本市市区虽无常住户口，但属下列情形之一的人员，可以计入安置人口：结婚三年以上的配偶；……。按照该规定，陈 ** 应该被计入安置人口，但 ** 街道坚持执行余杭当地政策，对王 ** 户提出的正当要求一直予以拒绝。行政协议双方当事人并不是平等的民事主体，行政机关一方天然强势，而行政相对人一方天然弱势。在这种情形下，王 ** 户在 ** 街道违法拒绝将陈 ** 作为安置人口后，并没有一味对抗拒签协议，而是为了最大限度保护自身权益，采取了一种先合作签约后寻求救济的策略。由此引发的行政协议诉讼中，如果行政机关不能证明当事人充分知晓《杭州市征收集体所有土地房屋补偿条例》对其有利的安置人口规定，并自愿放弃该待遇，则法院可以认定协议中未确定陈 ** 为安置人口并不是其真实意思表示，不能据此认为其已选择放弃了陈 ** 的补偿安置权利，其在签约后再要求变更协议违法部分的诉求具有正当性，应该得到法律的保护。

三、判决变更的法理基础

行政协议案件是行政案件，《行政诉讼法》本身已经规定了变更判决的判决方式，即第 77 条第 1 款规定的"行政处罚明显不当，或者其他行政行为涉及对款额的确定、认定确有错误的，人民法院可以判决变更"。但该规定中的变更判决并不是专门针对行政协议案件的，而是针对所有种类行政行为的，甚至主要是针对行政处罚、行政确认等单方行为的，故其所规定的变更判决适用情形并不能与行政协议案件形成很好的呼应。但是，毕竟行政协议案件是新类型案件，不能苛求立法者在没有任何经验积累时就能够对行政协议的判决方式作出完美规定，行政协议的变更判决需要司法实践的不断探索，待有成熟经验后方可上升为立法。笔者认为，行政协议变更判决的适用情形可以参照《中华人民共和国合同法》第 54 条规定的立法精神。行政协议虽然是一种行政行为，但是一种双方行政行为，其同时也是一种特殊的合同。与民事合同具有法理上的共通性。《最高人民法院关于适用〈中华人民共和国行政诉讼法〉若干问题的解释》（法释〔2015〕9 号）第 14 条也明确规定，人民法院在审理行政协议案件中"在适用行政法律规范的同时，可以适用不违反行政法与行政诉讼法强制性规定的民事法律规范"。因此在行政诉讼法没有对行政协议变更判决作出明确规定的情形下，合同法上变更判决的适用情形对于行政协议的变更判决具有重要参考价值。《中华人民共和国合同法》第54条第1、2款规定，下列合同，当事人一方有权请求人民法院或者仲裁机构变更或者撤销：①因重大误解订立的；②在订立合同时显失公平的。一方以欺诈、胁迫的手段或者乘人之危，使对方在违背真实意思的情况下订立的合同，受损害方有权请求人民法院或者仲裁机构变更或者撤销。该立法是以平等主体之间的民事合同为对象的，其中的"重大误解""欺诈""胁迫""乘人之危"等情形并不能简单套用到行政协议中，但是，根据该立法可以抽象出直接变更合同的两个法定考量因素，一个是意思表示的真实性，一个是订立合同的公平性。此两个因素再加上协议内容的合法性，就可以成为行政协议变更判决的主要考量因素。本案中，协议未将陈**列为安置人口，明显不符合法律规定，显然也并不是王**户真实意思表示，体现的只是**街道的单方意志；而且未将陈**列为安置人口，对于王**户显然是显失公平的，是对该户合法权益的损害。所以，本案具备适用变更判决的法理基础。鉴于本案毕竟属于行政案件，故在作出变更判决援引法律时，笔者认为目前还是将《行政诉讼法》第77条和《中华人民共和国合同法》第54条一并援引为好，待行政诉讼相关立法较为完备时，即可单独援引行政诉讼相关规定。

无效行政协议的认定与裁判[*]

——葛 ** 诉 ** 镇人民政府征地安置协议案

林沛　吴宇龙　刘斌

【裁判要旨】行政协议是以契约形式出现的行政行为，契约只是一种灵活的变通手段，其目的仍在于更好地服务于行政，行政性仍为行政协议的本质属性。行政协议无效的认定应以无效行政行为理论为主导，必要时可参照《中华人民共和国合同法》相关规定。当行政机关违法的程度达到"重大且明显"时，合法性原则应高于诚实信用原则，行政协议应确认无效。人民法院可以依职权在判决主文中确认行政协议无效，不受原告诉讼请求的约束。

■案号　一审：（2017）浙 0109 行初 2 号　二审：（2017）浙 01 行终 944 号

【案情】

原告（上诉人）：葛 **

被告（被上诉人）：** 镇人民政府（以下简称 ** 镇政府）

第三人（被上诉人）：** 镇 ** 村村民委员会（以下简称 ** 村委会）

葛 ** 系 ** 镇 ** 村村民。2011 年，该村部分集体土地（均为承包地，不含宅基地）被列入征收，葛 ** 户的部分承包责任田位于该次征地范围内。为尽快推进征地工作，2012 年 6 月 13 日，** 村委会（甲方）与葛 **（乙方）签订《征地农户住房安置协议》（以下简称《安置协议》），内容：因天乐项目工程需要，甲方征租乙方宝山坂人口田 0.779 亩，考虑乙方住房实际困难，

---

* 该文完成于 2018 年，未公开发表。

甲方同意乙方在宝山坂多层安置房中购买安置房一套，面积为 150 平方米左右，价格以天乐村村民安置房为准（1500 元/平方米），** 镇政府协助办理房产证和土地证。** 镇政府作为见证单位在协议落款处盖章确认。征地完成后，葛 ** 户另行从杭州 ** 股份经济联合社收到了相应的土地补偿费和青苗补偿费，并获得征地农转非养老保险安置指标两个。

　　涉案征地项目涉及 ** 村农户共 90 余户，其中，早期签约的 60 户正常享受土地补偿安置待遇，后期签约的约 30 户在正常享受土地补偿安置待遇之外还签订了与葛 ** 户类似的《安置协议》。其后，因协议未实际履行，该 30 户多次信访。2016 年 10 月 13 日，** 镇政府作出书面《答复意见》，内容：平阳经联社（或村委会）与农户签署的《安置协议》，虽名为"安置"，但实质上系农田征用时，出于农户住房困难考虑，给予照顾，不属于拆迁安置用房；协议若违反《中华人民共和国土地管理法》等强制性规定应属无效。葛 ** 认为 ** 镇政府未履行《安置协议》，于 2016 年 12 月提起行政诉讼，要求赔偿因无法获得安置房购买资格造成的可得利益损失 150 000 元（安置房目前市场价格扣除安置房购房成本计算所得金额）。

【审判】

　　一审法院经审理后认为，《安置协议》应当认定系由 ** 镇政府签订，在葛 ** 已获征地补偿安置后，再允许其以安置房价格购买安置房将严重损害国家利益和公共利益，违反了《中华人民共和国合同法》等法律法规的强制性规定，应属无效。葛 ** 起诉要求赔偿可得利益损失 150 000 元，实质系要求 ** 镇政府承担未履行上述无效协议的违约责任，该诉讼请求缺乏法律依据，不予支持。依照《中华人民共和国行政诉讼法》（以下简称《行政诉讼法》）第 69 条的规定，判决驳回葛 ** 的诉讼请求。案件受理费 3300 元，由葛 ** 负担。

　　葛 ** 不服，提起上诉。

　　二审法院认为，案涉协议明显超出了《中华人民共和国土地管理法》（以下简称《土地管理法》）、《中华人民共和国物权法》规定的土地征收补偿范围，严重违反法律规定，且导致明显不公，应认定为无效协议。人民法院确认行政协议无效，应在判决主文中予以载明。涉案协议无效对葛 ** 的合法权益并不产生任何损害，故原审法院判决驳回其诉讼请求并无不当。因涉案协议系属无效，本案不需参照民事诉讼标准缴纳诉讼费用，而且行政协议无效是行政机关明显重大违法导致，本案应属政府败诉案件，应由 ∗∗ 镇政府承担诉讼费。依照《行政诉讼法》第 75 条、第 89 条第 1 款第 1 项之规定，判决：（1）确认 ∗∗ 镇政府于 2012 年 6 月 13 日与葛 ∗∗ 签订的《征地农户住房安置协议》无效；（2）驳回上诉，维持原判。一审、二审案件受理费各 50 元，均由 ∗∗ 镇政府负担。

【评析】

一、涉案协议是否有效

涉案协议因土地征收而签订，其核心内容是关于购买安置房，协议的甲方名为 ∗∗ 村委会，事实上却是 ∗∗ 镇政府主导了协议的签订与履行，故该协议应定性为行政协议，而不是民事合同。葛 ∗∗ 的诉讼请求系要求 ∗∗ 镇政府赔偿损失，其请求的逻辑基础：（1）双方签订了低价购买安置房的协议；（2）该协议是有效的，∗∗ 镇政府应保障其购房资格；（3）∗∗ 镇政府未履行协议，构成违约；（4）因无法购买安置房，其丧失了可预期的增值利益；（5）要求赔偿该可预期的利益损失。协议的签订，双方均无异议，故判断涉案协议是否有效势必成为本案诉讼请求能否成立的关键判断。

行政协议效力的判断是目前行政审判中的一个难点，其原因有两点：（1）行政协议在中国还是一个新生事物，2014 年《行政诉讼法》修订之前，行政协议并不是一个法定概念，亦不被普遍接受，司法实践更是一片空白，修法仅是迈出了从无到有的第一步，其相关理论和制度的架构才刚刚开始，审判实务亦处于艰难的摸索阶段。（2）行政协议具有行政和契约双重属性，行政协议的效力判断势必会受到这两种属性的影响，而行政行为的无效和民事合同的无效，是两种截然不同的、在各自领域内均已趋于成熟的理论。行政行为的无效是以"重大且明显的违法"来判断，其关注的重点在于行政机关违法的严重性；而民事合同的无效，关注的重点却是当事人意思表示的真实性。两种理论如何整合、取舍，显非易事。就本案而言，从契约的角度看，涉案《安置协议》双方自愿，意思表示真实，形式合法，不损害公共利益，亦很难说违反了强制性规定，总体上看并无太大不妥；但从行政的角度来看，该协议存在"重大且明显的违法"。笔者认为，行政协议是以契约形式出现的行政行为，契约只是一种灵活的变通手段，其目的仍在于更好地服务于行政，行政性仍为行政协议的本质属性。行政协议无效的认定应以无效行政行为理论为主导，必要时亦可参照《中华人民共和国物权法》（以下简称《物权法》）相关规定。据此，涉案协议应认定为无效，具体理由如下：

（一）涉案协议明显违反了征地补偿安置制度

本案中，被征土地均为承包地，不涉及宅基地，也就是说不存在房屋拆迁的问题，葛＊＊户的房屋居住至今，不因本次征地受到任何影响。根据《土地管理法》第47条、第48条、《物权法》第42条的规定，征收集体土地的，按照被征收土地的原用途给予补偿。征收耕地的补偿费用包括土地补偿费、安置补助费以及地上附着物和青苗等的补偿费，安排被征地农民的社会保障费用，保障被征地农民的生活，维护被征地农民的合法权益。征地补偿安置方案确定后，有关地方人民政府应当公告，并听取被征地的农村集体经济组织和农民的意见。据此，承包地的征地补偿方式、补偿范围法律均已明确规定，征地补偿安置方案是确定被征收土地的土地补偿费、安置补助费、地上附着物和青苗的补偿标准和支付方式、农业人员的具体安置途径以及其他有关征地补偿安置具体措施的直接依据。本案中，葛＊＊户已经获得了补偿安置方案所确定的各项权益，房屋安置依法只能是针对房屋拆迁的一种补偿方式，＊＊镇政府是行政机关，履行法定职责既是其权力又是其义务，不同于民事主体，其对于征收补偿安置事项并没有完全的处分权，一举一动都应当在法律法规和补偿安置方案所限定的范围内，其与葛＊＊户签订《安置协议》，以房屋安置的方式对承包地进行补偿，显然没有任何的法律依据。而且涉案征地项目的补偿安置方案在当地亦已公告，当地群众对本次和历次征地的补偿方式和补偿标准均心知肚明，所以，涉案《安置协议》的违法性对当地普通群众来说，更加是一目了然的。

（二）涉案协议的危害后果严重

首先，该协议导致了严重的不公。涉案征地共涉及农户90余户，早期签约的60户只享受了正常的土地补偿安置待遇，而后期签约的约30户还额外签订了与本案类似的《安置协议》，这是明显的差别性、歧视性对待。若认可了该协议的效力，其余60户农户如何处置？其他的广大被征地农户如何处置？

其次，该协议将助长更多的不合理要求。该协议的签订背景，是少数人对本次征地不满提出了额外要求，当地政府为了息事宁人尽快推进征地工作，便突破法律底线，签订了协议。所谓的"住房实际困难"纯属借口，萧山当地农民基本都是三四百平方米的独幢住宅，何来住房困难？基层政府虽然出发点也是为了工作，却完全违背了法治、损害了公平正义，纵容"会哭的孩子有奶吃"，实质上是饮鸩止渴，助长不正之风，鼓励人们在征地中提出更多的不合理要求。

最后，该协议严重损害了法律的严肃性，扰乱了征地补偿制度的法律秩序。《土地管理法》等法律法规确立的征地补偿安置制度在我国实施多年，确立了稳定的法律预期，在城市化快速推进的同时也充分保障了失地农民的基本权益。但涉案协议根本性地破坏了这一稳定秩序，若通过司法程序正式认可了该协议的效力，征地补偿安置制度将岌岌可危。

（三）镇政府的行为应如何惩戒

本案审理过程中，有一种观点认为，**镇政府先签订协议允诺好处让葛**户顺利交出土地，然后以协议无效为由拒不履约，法院若确认协议无效，就是对欺骗行为的纵容，政府必须讲诚信，所以本案应当认定涉案协议有效，判决**镇政府承担违约责任。该意见强调了政府诚信的重要性，具有一定的合理性，但混淆了违法责任与违约责任，以违约责任代替违法责任，结论有失偏颇。**镇政府确实应该为其不法行为承担责任，但不应以牺牲法治为代价。涉案协议明显重大违法，若以司法判决认可其效力，意味着司法对严重违法行为的纵容，是更为严重的违法，为维护政府信用而严重损害法律秩序和司法权威，实属因小失大。所以，在行政协议效力判断的问题上，当行政机关违法的程度达到"重大且明显"时，合法性原则应高于诚实信用原则，确认行政协议无效；当行政机关的违法程度尚未达到"重大且明显"的，只是可撤销违法、轻微违法甚至是瑕疵时，诚实信用原则应高于合法性原则，此类较轻的违法并不能直接导致行政协议无效。

镇政府行为的失当性，不诚信只是表象，其实质在于失职和滥权。当部分被征地人无正当理由拒不交地时，依照《中华人民共和国土地管理法实施条例》第45条的规定，应由县级以上人民政府土地行政主管部门责令交出土地；拒不交出土地的，申请人民法院强制执行。本案中，当地政府未依法实施强制手段，此为失职。镇政府迁就部分人的无理要求，任意突破法定征地补偿安置政策，此为滥权。涉案协议虽被司法确认无效，未产生严重后果，但相关行政机关的严重违法行为客观存在，应由其上级机关或监察机关追究相关责任人的党纪政纪责任。

二、确认协议无效应否在判决主文中表述

本案审理中，涉案协议被确认无效应如何在判决书中表述，又出现两种不同观点：一种认为，确认协议无效在"本院认为"部分表述即可，这也是本案一审判决的做法；另一种认为，确认协议无效应在判决主文中表述，也就是本案二审判决的做法。笔者同意后一种观点，理由如下：

首先，行政诉讼的立法宗旨之一为监督行政机关依法行使职权，实现该宗旨的一种主要手段就是判决行政机关败诉，即通过撤销判决、确认判决、履行判决、变更判决等判决方式，对行政机关的违法行为予以纠正或宣告。涉案协议达到明显重大违法的程度，是极其严重的违法行为，是司法审查监督的重中之重，若在本案判决主文中只表述驳回原告的诉讼请求而不表述确认协议无效，那意味着本案仅是原告败诉，行政机关并没有败诉，这样做不仅是放弃了监督之责，甚至对行政机关的严重违法行为有纵容之嫌。只有在判决主文中表述确认涉案协议无效，才能明确宣告本案被告存在严重违法，本案是一个行政机关败诉的案件，相关部门启动问责机制才有据可依，监督依法行政之责才能落到实处。

其次，行政案件的判决方式选择与民事案件存在重大差异，并不受原告诉讼请求的严格约束。原告请求撤销行政行为，法院可以依职权判决确认违法；原告请求确认违法，法院也可以直接判决撤销。也就是说，在判决方式的选择上，行政诉讼更多体现了客观诉讼的特点，主要取决于被诉行政行为合法性审查的结果，而不完全是对原告诉讼请求的回应。行政协议案件亦属于行政案件，其判决方式的选择亦应体现行政诉讼的特点。就本案而言，原告诉讼请求的核心是要求赔偿损失，该请求是以涉案协议有效为前提的，故原告没有、也不可能提出确认协议无效的诉讼请求，故在本案中，因原告没有请求确认协议无效就认为不应该在判决主文中出现确认协议无效，是对民事案件判决方式的照搬，既不符合行政诉讼的特点，也不符合本案的实际情况。

最后，确认涉案协议无效是本案的一个关键判断，是司法机关对涉案协议效力的正式态度，仅将该判断在"本院认为"部分表述而不在判决主文中表述，有失庄重。

三、原告应否获得赔偿

原告的诉讼请求是以涉案协议有效为前提的，其主张的赔偿属于违约责任的一种。因涉案协议被确认无效，故不可能存在违约责任，原告的诉讼请求不予支持，应属自然。但涉案协议被确认无效是因 ** 镇政府重大且明显的违法而致，故其虽然不需要承担违约责任，但需要承担《中华人民共和国民法总则》第 157 条规定的无效过错责任。若葛 ** 户因涉案协议无效而造成损失，应在本案中一并予以赔偿。但其因承包地被征收而应得的合法权益已被充分保障，** 镇政府的过错对其合法权益并未造成任何损害，故本案无需判决赔偿。

四、本案诉讼费应如何负担

本案葛 ** 的诉讼请求系要求 ** 镇政府赔偿损失，该赔偿请求实质上是主张违约赔偿，而不是认为行政机关存在违法行为侵犯其合法权益进而要求赔偿，故应将本案定性为《行政诉讼法》所规定的行政协议案件的一种类型，而不是《中华人民共和国国家赔偿法》所规定的行政赔偿案件，故本案应当收取诉讼费。根据《最高人民法院关于适用〈中华人民共和国行政诉讼法〉若干问题的解释》（2015 年）第 16 条的规定，行政协议案件诉讼费收取有两个标准，对行政机关不依法履行、未按照约定履行协议提起诉讼的，诉讼费用准用民事案件交纳标准；对行政机关单方变更、解除协议等行为提起诉讼的，诉讼费用适用行政案件交纳标准。《诉讼费用交纳办法》第 29 条规定，诉讼费用由败诉方负担，胜诉方自愿承担的除外。据此，本案诉讼费的负担应考虑两个因素：（1）谁胜谁败，（2）是民事还是行政。

本案一审将本案理解为原告败诉被告胜诉，且应按民事案件标准交纳，故判决案件受理费 3300 元，由葛 ** 负担。笔者认为，该认识存在偏差。理由如下：

第一，本案原告的诉讼请求被驳回，显然原告不能算胜诉，但原告败诉并不必然意味被告胜诉。涉案协议因被告的严重违法而被确认无效，在行政诉讼判决方式体系里，确认无效判决无疑是针对行政机关最为严厉的败诉判决方式，行政机关的行为都被确认无效了，还认为其是本案的胜诉方，这一结论显然有悖常识。本案可以认为原告、被告均为败诉，在一般的行政案件中，该情形几乎是不可能出现的，但在行政协议案件中，具有了可能性。既然双方败诉，那么本案诉讼费是否应由双方共同负担呢？笔者认为，本案诉讼费由被告负担较为适宜，因为原告虽然提出了不合理要求，但在行政协议签订过程中，行政机关是主导方，其意愿直接决定涉案协议能否签订，其本应依法拒绝而没有拒绝，应承担协议被确认无效的主要责任，本案诉讼费由其负担可体现一定的惩戒效果，亦是对其败诉责任的一种强调。

　　第二，本案原告的诉讼请求虽系要求违约赔偿，但本案的审理实质上是围绕涉案协议是否有效而展开，最终亦作出确认无效的判决，所谓的违约赔偿自然就无从谈起，故本案属于确认无效案件，应适用行政案件交纳标准确定诉讼费金额，故二审改判一审、二审案件受理费各 50 元，均由 ** 镇政府负担。

冒用他人身份的职工因工作遭受事故伤害的
应当认定为工伤并有权享受工伤保险待遇[*]
—— ＊＊公司诉＊＊市人力资源和社会保障局工伤行政确认案

吴宇龙　　唐莹祺

【裁判要旨】 劳动者冒用他人身份进入用人单位工作，双方建立事实劳动关系。冒用身份的劳动者因工作遭受事故伤害的，应当认定为工伤；用人单位按照劳动者提供的虚假身份信息为其缴纳工伤保险的，劳动者有权享受工伤保险待遇。

■**案号**　一审：（2012）杭富行初字第 15 号　二审：（2013）浙杭行终字第 16 号

【案情】

上诉人（原审原告）：＊＊公司。

被上诉人（原审被告）：＊＊市人力资源和社会保障局（以下简称＊＊市社保局）。

被上诉人（原审第三人）：周＊＊。

周＊＊的妻子韦＊＊于 2011 年 10 月份进入＊＊公司工作，2012 年 2 月 20 日韦＊＊以"韦秀娟"的名义与＊＊公司签订了劳动合同，＊＊公司为"韦秀娟"缴纳了工伤保险。2012 年 4 月 22 日 7 时 30 分，韦＊＊在骑电动自行车上班途中，发生交通事故，经抢救无效死亡。该事故经＊＊市公安局交通警察大队认定，韦＊＊不负事故责任。2012 年 5 月 23 日，周＊＊向＊＊市社保局申请

　＊　中国法院 2014 年度案例，入选浙江省高级人民法院《案例指导》2014 年第 2 期。

工伤认定，＊＊市社保局于 2012 年 5 月 23 日向＊＊公司发出举证通知书，要求其于 2012 年 6 月 1 日前提供有关证据，逾期或拒不举证的，将根据受害方提供的证据依法作出工伤认定结论。＊＊公司接到通知后于 2012 年 5 月 27 日向＊＊市社保局提供了一份其自行打印的认为公司无韦＊＊此人，上班的是韦秀娟的材料，以及韦秀娟的身份证、与韦秀娟签订的劳动合同。＊＊市社保局经调查后于 2012 年 6 月 26 日作出《富人社伤认字〔2012〕2084 号工伤认定决定书》（以下简称 2084 号工伤认定决定），认定＊＊公司职工韦＊＊为工伤。

＊＊公司不服该工伤认定，向原审法院提起诉讼。

【审判】

一审法院审理认为：韦＊＊虽以韦秀娟的名义与＊＊公司签订劳动合同，但事实上提供劳动的是韦＊＊，韦＊＊与＊＊公司建立了事实劳动关系。韦＊＊在上班途中发生交通事故致亡，且其本人不负交通事故责任，符合《工伤保险条例》第 14 条第 6 项应当认定为工伤的规定，＊＊市社保局收到周＊＊的申请后，通过调查作出韦＊＊为工伤的工伤认定决定书，事实清楚，证据确实，程序合法，适用法律正确，应予维持。＊＊公司提出韦＊＊发生交通事故时不是在上班途中的诉讼理由，＊＊市社保局对韦＊＊发生交通事故是否在上班途中的事实已进行了调查，根据调查结果，可以认定韦＊＊系在上班途中发生交通事故，且＊＊市社保局在工伤认定时，已根据《工伤保险条例》的相关规定向＊＊公司发出举证通知书，但＊＊公司未在举证通知规定的期限内提供韦＊＊并非在上班途中发生交通事故的证据，因此＊＊市社保局根据申请人提供的证据及通过调查作出认定，符合法律规定，＊＊公司的该主张不予采纳。据此，＊＊市人民法院依照《中华人民共和国行政诉讼法》（以下简称《行政诉讼法》）第 54 条第 1 项的规定，判决维持＊＊市社保局于 2012 年 6 月 26 日作出的 2084 号工伤认定决定。

＊＊公司不服原审判决提出上诉称，韦＊＊发生交通事故死亡不应认定为工伤，主要理由是韦＊＊进入上诉人公司上班，提供的身份证及劳动合同与工资表上的署名用的都是"韦秀娟"，认为韦＊＊冒用"韦秀娟"身份，存在严重欺诈行为，其与上诉人的劳动合同关系不能得到确认。故请求撤销（2012）杭富行初字第 15 号行政判决；撤销 2084 号工伤认定决定。

二审法院审理查明：韦＊＊冒用其妹韦秀娟的身份与＊＊公司签订劳动合同并实际履行，＊＊公司为"韦秀娟"缴纳了工伤保险。＊＊市社保局对上述事实进行了调查认定，并作出了认定工伤的决定。但是在 ** 公司为韦 ** 申请工伤保险待遇时， ** 市社保中心认为工伤职工韦 ** 与缴纳工伤保险的职工韦秀娟二者身份不能对应，拒绝从工伤保险基金支付补助金。

二审法院认为：本案讼争对象虽系 ** 市社保局作出的 2084 号工伤认定决定，引发诉讼的实质争议焦点却是韦 ** 能否享受工伤保险待遇以及由谁支付工伤保险待遇。工伤认定与工伤保险待遇核定虽为两个独立的具体行政行为，但构成了前后衔接相互关联的行政过程。 ** 市社保局在工伤认定阶段查明了冒用身份的事实，而 ** 市社保中心却以身份不能对应为由拒绝支付工伤保险待遇。社保部门在行政过程的两个阶段，对同一事实作出了不同的法律判断，是导致本案诉讼发生的根本原因。鉴于本案的特殊情况，杭州市中级人民法院组织用人单位、社保部门进行协调，在厘清案件事实、阐明法律关系的基础上，社保部门最终为韦 ** 落实了工伤保险待遇， ** 公司也向法院申请撤回了上诉。

【评析】

工伤认定案件本身的法律适用一般比较简单，有时涉及的利益关系却十分复杂。在司法实践中要达到切实化解矛盾纠纷的效果，需要考虑多层次的法律关系。本案所涉情况就需要解决三方面的问题：双方的劳动关系如何确定；劳动者发生工伤事故受到伤害的，冒用身份的事实是否影响工伤认定结论及其享受工伤保险待遇的权利。

一、冒用身份的劳动者与用人单位间建立事实劳动关系

根据《中华人民共和国劳动合同法》第 26 条第 1 款第 1 项的规定，以欺诈、胁迫的手段或者乘人之危，使对方在违背真实意思的情况下订立或者变更劳动合同的，劳动合同无效。因此，劳动合同的订立，应当建立在双方平等自愿、诚实信用的基础上，用人单位有权了解劳动者的基本身份信息、劳动技能等与订立合同直接相关的情况，劳动者如果故意提供虚假信息，就会因存在欺诈行为而导致劳动合同无效。但是，劳动合同无效与是否存在劳动关系是两个不同的概念。根据《中华人民共和国劳动合同法》第 7 条的规定，用人单位自用工之日起即与劳动者建立劳动关系。也就是说，用人单位对劳动者是否存在实际用工的事实，是确定双方是否存在劳动关系的唯一标准。

因此，即使劳动者假冒他人身份的欺诈行为导致劳动合同无效，但只要该劳动者为用人单位实际提供了劳动，双方就建立了事实劳动关系。本案中，韦＊＊冒用韦秀娟的身份与＊＊公司签订劳动合同，该劳动合同虽然无效，但并不影响双方已建立事实劳动关系的认定。

二、冒用身份的职工因工作原因遭受事故伤害的应当认定为工伤

与原来的《企业职工工伤保险试行办法》相比，《工伤保险条例》扩大了认定工伤的范围，立法精神在于更好地保护劳动者的合法权益。

1. 《工伤保险条例》与《工伤认定办法》扩大了工伤保险对象的覆盖范围。前者规定"中华人民共和国境内的企业、事业单位、社会团体、民办非企业单位、基金会、律师事务所、会计师事务所等组织的职工和个体工商户的雇工，均有依照本条例的规定享受工伤保险待遇的权利"；后者则规定与用人单位存在劳动关系的证明材料包括事实劳动关系的证明材料。也就是说，工伤保险法律规定中的职工是指与用人单位存在劳动关系（包括事实劳动关系）的各种劳动者。本案中，韦＊＊虽然冒用他人身份，但与＊＊公司之间建立了事实劳动关系，属于《工伤保险条例》规定的法律意义上的职工。

2. 《工伤保险条例》放宽了认定工伤的具体条件，限缩了不认定工伤的法定情形。根据《工伤保险条例》第16条的规定，只有职工故意犯罪、醉酒或者吸毒、自残或者自杀的，才不得认定为工伤或视同工伤。职工在工作中的其他过错，不影响对伤害事实及其与从事工作之间因果关系的认定，也不能作为否定工伤的正当理由。本案中，韦＊＊在上班途中发生交通事故，符合《工伤保险条例》第14条第6项规定的认定工伤的情形。虽然韦＊＊冒用他人身份存在过错，但这种过错属于民事欺诈行为，不影响对其工伤的认定。

三、冒用身份的职工发生工伤的有权享受工伤保险待遇

实践中，对于冒用身份的职工发生工伤后是否可以享受工伤保险待遇，存在较大争议。一种观点认为，职工未提供本人真实身份信息，导致公司不能以其本人名义缴纳工伤保险费的，过错责任在于职工本人，由此造成无工伤保险记录并且不能享受工伤保险待遇的法律后果应由职工自己承担。第二种观点认为，职工冒用他人身份与用人单位签订劳动合同存在过错，但用人单位未尽到必要的审查义务亦存在过错，由此造成的法律后果应由双方根据过错比例分担。第三种观点认为，我国劳动立法承认并保护事实劳动关系，

事实劳动关系中的职工与用人单位均受《工伤保险条例》的保护。在用人单位参加工伤保险的情况下，职工被认定为工伤后应当依法享受工伤保险待遇。

笔者同意第三种观点。理由如下：

首先，冒用他人名义的职工确实存在过错，但该过错在认定劳动关系和认定工伤的环节中均予以免责，却在享受工伤保险待遇的环节中得到强调，没有法律依据。劳动关系和工伤一旦确定，劳动者依法就应当享受工伤保险待遇，这是劳动者的基本权利，没有法律的明确规定，不能用任何理由非法剥夺。

其次，根据《工伤保险条例》规定，用人单位应当为本单位职工缴纳工伤保险费。对于非本单位职工的，用人单位没有缴费义务。因此，用人单位根据职工提供的虚假身份信息，错误地以他人名义为该职工缴纳工伤保险费的，其真实意思表示的投保对象仍为该职工，而非被冒用身份的人，即冒用身份的职工与社保部门之间在事实上成立了工伤保险关系。在事实劳动关系及事实工伤保险关系存在的情况下，社保部门拒绝支付工伤保险待遇明显缺乏依据。

最后，工伤保险的目的是保障工伤职工获得医疗救治和经济补助，分散用人单位的工伤风险。因此，用人单位依法履行为职工缴纳工伤保险费的义务后，在职工发生工伤时就不应再承担应由工伤保险基金支付的相关费用。尽管用人单位在招录职工时，对应聘者提供的信息应当进行必要的审查，但用人单位并非具有法定职权的国家机关，其辨别能力有限，其审慎的注意义务亦有限，不能对其苛以过高的义务。如果仅因用人单位在参保时错误使用了职工提供的虚假身份信息，而否认其为该职工缴纳工伤保险费的事实，不仅无法保障工伤职工及时得到救助，对用人单位来说也不公平。

强制拆违中财产损失的举证责任应如何分配[*]

——崔**诉**街道办事处房屋行政赔偿案

吴宇龙　雷子君

【裁判要旨】强制拆违过程中，行政机关未清点财物、未制作财产清单、未妥善保管财物，在赔偿申请人能够提供初步证据证明有合法财产损坏灭失但又无法充分证明毁损财物的数额和价值的情况下，行政机关应当对其强制拆违没有造成合法财产损失的主张承担举证责任，并承担举证不能的后果。

■案号　一审：（2012）杭余行赔初字第 1 号　二审：（2012）浙杭行赔终字第 3 号

【案情】

上诉人（原审原告）：崔**。

被上诉人（原审被告）：**街道办事处（以下简称**街道办）。

崔**于 2008 年 9 月份起承租杭州市**区**街道胜稼村 58 号肖伟兴（户）的农用地进行种菜。后因日常生产生活需要，在田地边缘搭建临时简易棚，但未办理有关用地审批手续，也未经规划主管部门批准。2011 年 8 月 8 日，**街道办对胜稼村 110 户临时简易棚居民发布要求限期自行拆除的通告；同年 9 月 2 日决定对崔**立案查处；9 月 4 日去该临时简易棚现场勘查；9 月 9 日及 9 月 20 日发出责令期限改正违法行为通知书，责令自行拆除。但崔**仍未自行拆除。**街道办遂于 9 月 29 日经公证机关现场见证，将该临时简易棚强制拆除。2012 年 2 月 2 日，复议机关经崔**申请，以**街道办

---

* 入选中国法院 2014 年度案例。

作出强制拆除行为前未依法告知依法享有的权利为由，确认 ** 街道办拆除崔 ** 搭建的临时简易棚的行为违法，双方均未提起行政诉讼。** 街道办在强制拆除过程中，现场工作人员从临时简易棚内找到 800 元现金及三部手机，交还崔 **；崔 ** 亦进入临时简易棚内寻找财物，并自述找到现金 19 000 余元。

2012 年 2 月 14 日，崔 ** 向 ** 街道办提出国家赔偿申请，要求赔偿因违法拆除其搭建的临时简易棚所造成的损失共计 39 921 元，其中包括丢失现金 22 600 元、丢失纯金首饰两件价值 3200 元、家电维修费 500 元、临时简易棚价值 4000 元、交通费 196 元、误工费 7425 元以及崔 ** 被赔偿义务机关违法拘留造成的精神损害 2000 元。同年 3 月 2 日，** 街道办作出《赔偿申请答复书》，决定不予赔偿。

二审法院另查明，2011 年 9 月 29 日，** 街道办强制拆除崔 ** 的临时简易棚时下雨，临时简易棚被拆除后，建筑材料及其中的物品被堆放于露天。强制拆除过程中，** 街道办未清点财物并制作财产清单。

【审判】

一审法院经审理认为，根据《中华人民共和国国家赔偿法》相关规定，国家机关和国家机关工作人员行使职权，有本法规定的侵犯公民、法人和其他组织合法权益的情形，造成损害的，受害人有依照本法取得国家赔偿的权利。本案中，** 街道办拆除崔 ** 搭建的临时简易棚的行为被杭州市 ** 区人民政府确认违法，崔 ** 据此提出国家赔偿申请，要求赔偿各项损失共计 39 921 元。根据相关法律规定，在行政赔偿诉讼中，原告应当对行政机关及其工作人员行使行政职权的行为造成损害的事实承担举证责任。本案中，** 街道办对崔 ** 搭建的临时简易棚实施强制拆除行为，但崔 ** 未能就该行为造成其损害的事实提供确实充分的证据加以证明。一是对诉称的丢失现金 22 600 元及纯金首饰两件价值 3200 元，但其无法举证证明强制拆除时临时简易棚内存放上述财产。二是对诉称的家电维修费 500 元，其维修单据在形式上不符正规要求，且也未能进一步举证证明电器受损与 ** 街道办强制拆除行为的因果关系。三是对诉称的临时简易棚价值 4000 元，包括工价和材料费，但其未能提供任何证据。且在强制拆除后，临时简易棚材料仍留在原地，** 街道办未径行处理；该临时简易棚系违法建筑，崔 ** 要求赔偿搭建工价也于法无据。四是对诉称的交通费 196 元、误工费 7425 元，崔 ＊＊ 陈述是基于维权所形成，并非因强制拆除行为所直接造成，崔 ＊＊ 也缺乏证据证明上述费用的产生。五是对诉称的被赔偿义务机关违法拘留造成的精神损害 2000 元，现有证据无法证实 ＊＊ 街道办对崔 ＊＊ 实施违法拘留并导致崔 ＊＊ 受到精神损害。综上，崔 ＊＊ 在行政赔偿诉讼中对自己的主张承担举证责任，而其在本案中所举的证据不能证明 ＊＊ 街道办强制拆除行为造成其上述损害的事实，应承担举证不能的法律后果，故崔 ＊＊ 的诉讼理由不能成立，其诉讼请求不予支持。依照《最高人民法院关于审理行政赔偿案件若干问题的规定》第 33 条之规定，判决驳回崔 ＊＊ 的赔偿请求。

原告崔 ＊＊ 不服一审判决，提起上诉。

二审法院经审理认为，一是崔 ＊＊ 搭建的临时简易棚用于生产和生活，但未依法取得用地及规划审批，故其要求 ＊＊ 街道办赔偿该临时简易棚的搭建工价，没有法律依据。二是崔 ＊＊ 对其主张的维修费损失，提供了维修费的收款收据予以证明，收款收据中列明的家电包括洗衣机、冰箱、电脑、电视，根据照片、录像资料以及 ＊＊ 街道办在原审中的陈述表明，临时简易棚内存在上述家电；录像还显示强制拆除当日下雨，临时简易棚被拆除后，其中的物品被堆放于露天。因电器具有遇水易损坏的特殊性质，崔 ＊＊ 主张上述四类家电因强制拆除行为损坏，具有事实依据，＊＊ 街道办应当承担赔偿责任。三是对现金损失 22 600 元及黄金饰品损失 3200 元，其提供的证据不足以证明上述财物存在于临时简易棚内并在强制拆除过程中遗失的事实。四是对于临时简易棚建筑材料费损失，崔 ＊＊ 亦没有提供证据予以证明。

＊＊ 街道办未清点财物并制作财产清单，强制拆除后又将临时简易棚的建筑材料及其内物品堆放于露天，其强制拆除行为的程序违法，亦是崔 ＊＊ 对损害事实举证困难的原因之一，故崔 ＊＊ 的举证不能，并不免除被 ＊＊ 街道办相应的赔偿责任。基于公平原则，根据强拆现场照片、录像资料反映的具体情况、崔 ＊＊ 提供的财产损失清单等，酌情认定 ＊＊ 街道办强制拆除行为的财物损失为 10 000 元。崔 ＊＊ 主张的其因维权而产生的误工费损失、交通费损失，不属于《中华人民共和国国家赔偿法》第 36 条规定的直接损失，依法不予支持。崔 ＊＊ 主张的精神损害赔偿金 2000 元，未提供证据证明 ＊＊ 街道办对其实施违法拘留并导致《中华人民共和国国家赔偿法》第 35 条规定的致人精神损害，造成严重后果的情形，对其主张依法不予支持。综上，原判认定事实不

清，依法应予改判。根据《中华人民共和国行政诉讼法》第 61 条第 3 项、《中华人民共和国国家赔偿法》第 32 条之规定，判决：（1）撤销杭州市 ** 区人民法院（2012）杭余行赔初字第 1 号行政赔偿判决；（2）撤销 ** 街道办于 2012 年 3 月 2 日作出的《赔偿申请答复书》；（3）** 街道办在本判决生效之日起 20 日内向崔 ** 支付赔偿金人民币 10 500 元。

【评析】

行政赔偿诉讼中举证责任的分配是一个难点，既要坚持法定的"谁主张、谁举证"基本原则，又要考虑到赔偿请求人举证能力较弱、行政机关举证能力较强的现实，适当扩大行政机关的举证责任，但又不能完全适用行政诉讼的被告举证原则，以避免相对人滥施赔偿请求。可见，行政赔偿诉讼中举证责任的分配，在很大程度上需要依赖法官的自由裁量权，依赖法官对公平原则的敏感度。正因为如此，行政赔偿诉讼中举证责任如何分配，也将直接影响到各方当事人对司法裁判是否公平的判断，应慎而又慎。本案是强制拆除违章建筑过程中因程序违法而引发的行政赔偿纠纷，需要解决的核心问题就是举证责任的分配问题。

一、背景：厘清强制拆违程序的违法性

本案中，** 街道办对违章搭建的临时简易棚进行强制拆违，这本身符合政府治理和管理的宗旨。但在强制拆违过程中，** 街道办简单粗暴执法，存在多处程序违法行为：一是在作出强制拆除行为前，未依法告知崔 ** 依法享有的权利，违反了《中华人民共和国行政处罚法》相关规定，因此该强制拆除临时简易棚的行为违法。二是在强制拆除过程中，未清点财物并制作财产清单，其程序违法，事实上这也是崔 ** 对损毁事实举证困难的原因之一。三是在作出强制拆除行为后，未尽基本的妥善保管义务，将临时简易棚的建筑材料及其内物品堆放于露天，尤其是部分家电在雨中容易受损，是财物损失的直接原因之一。

二、本案中举证责任应当如何分配

"谁主张，谁举证"是诉讼的一般原则。在行政赔偿诉讼中，不管是对具体行政行为，还是对相关事实行为，也应当由原告对造成损害的事实承担举证责任。即在一般情况下，行政赔偿请求人均应提供证据证明自己的

主张，否则将承担败诉的不利后果。《中华人民共和国国家赔偿法》（以下简称《国家赔偿法》）第15条明确了行政赔偿请求人对损害事实承担举证责任，同时也规定了唯一的例外情形，即在赔偿义务机关采取行政拘留或者限制人身自由的强制措施情形下，举证责任倒置。因此，本案在一审和二审时产生了两种截然相反的观点。

第一种观点认为，根据《国家赔偿法》《最高人民法院关于行政诉讼证据若干问题的规定》《最高人民法院关于审理行政赔偿案件若干问题的规定》等相关法律规定，赔偿请求人应当对自己的损害事实承担举证责任。本案中，崔＊＊对于诉称的丢失现金和纯金首饰问题，无法举证在强拆时存放上述财产；对临时简易棚的价值，也未能提供证据；对家电维修费也未能提供合法有效的证据形式等。崔＊＊的举证不能，根据该举证规则，则产生对其不利的后果。而本案也不属于被限制人身自由的情形，不适用法定的举证责任倒置。因此，虽然在强拆过程中有违法情形的存在，但因举证不能而导致行政机关没有赔偿义务。

第二种观点认为，崔＊＊对因强拆所致物品损失的"举证不能"，其是＊＊街道办实施强制拆除时，不依法履行职责，严重违反法定程序所致。本案中强制拆除时下雨，临时简易棚被拆除后，建筑材料及其中的物品被堆放于露天，且＊＊街道办亦未清点财物、制作财产清单，明显未履行基本的妥善保管义务。虽然崔＊＊没有直接证据证明家电损坏系强制拆除所为，但根据相关的照片、录像资料及庭审中的陈述等，可以确认临时简易棚内存有家电、现金等相关物品，且拆除当日下雨，临时简易棚内的物品被堆放于露天，因电器具有遇水易损坏的特殊性质，因此家电被强制拆除行为损坏，具有事实依据，因此＊＊街道办对维修费用应当承担赔偿责任。＊＊街道办实施强制拆除行为的程序违法，是崔＊＊对损害事实举证困难的原因之一，故其举证不能，并不免除＊＊街道办拒绝赔偿的举证责任。

笔者认为，在强制拆除过程中，行政机关违反法律规定进行强制性的拆除，一方面赔偿请求人在此过程中处于弱势，收集证据的能力必然有所下降；另一方面举证能力下降系行政机关的违法行为所致，在能够提供初步证据证明有财产损坏灭失的情况下，应当发生举证责任转移，由行政机关对没有造成财产损失承担一定的举证责任，并承担相应的不利后果。

三、举证责任转移的基础

依照《国家赔偿法》和国家赔偿相关理论，赔偿申请人应当对其遭受损害的事实、损失大小以及损害后果与赔偿义务机关行为之间的因果关系负举证责任，但如因赔偿义务机关的过错致使申请人对其损失后果、损失具体数额无法举证的，举证责任应转移给赔偿义务机关；遇有事实真伪不明的情形，赔偿义务机关承担败诉的风险。

一方面，过错原则是举证责任转移的理论基础。根据《中华人民共和国民法通则》第121条之规定，国家机关或者国家机关工作人员在执行职务中，侵犯公民、法人的合法权益造成损害的，应当承担民事责任。行政赔偿虽然被纳入了行政诉讼范畴，但因其国家侵权的实质，从本质意义上来讲仍应属于侵权之诉，《国家赔偿法》及《中华人民共和国行政诉讼法》（以下简称《行政诉讼法》）的相关规定不过是民事侵权责任法的特别法，故当行政赔偿诉讼中相关问题在《国家赔偿法》及《行政诉讼法》中没有明确规定时，应当考虑适用一般法，即民事侵权责任法的相关原理。《中华人民共和国侵权责任法》第1165条规定，行为人因过错侵害他人民事权益造成损害的，应当承担侵权责任。《最高人民法院关于民事诉讼证据的若干规定》第7条规定："在法律没有具体规定，依本规定及其他司法解释无法确定举证责任承担时，人民法院可以根据公平原则和诚实信用原则，综合当事人举证能力等因素确定举证责任的承担。"本案中，行政机关在强制拆违过程中明显的程序违法即构成了主观上的过错，而且恰恰是这一过错导致了赔偿申请人的举证不能，如果举证不能的后果完全由申请人承担，明显对其不公，而且有放纵行政机关违法之嫌。故在举证责任分配时，应基于过错原则，使举证责任发生转移，从而实现程序和实体的双重正义，进而使公权与私益的界线得以明确界定。

另一方面，程序违法是举证责任转移的事实基础。本案因行政机关在强拆过程中多个环节违法，导致原告在举证能力方面有所限制和下降，对所遭受的财产损失无法提供确凿的证据予以证明。在拆违过程中，因强拆的特殊性质，原告无法保护其财产，也无法收集和保存其被拆工棚内物品的相关证据；而且被告未对其财产进行清点和制作财产清单，导致原告对其损失能举出的最直接证据因行政机关的原因丧失。并且在拆违过程中遭遇下雨天气，被告对原告的财物也未尽到注意及妥善保管的义务，使原告的损失进一步扩大但又无法证明。在这种情形下，原告已尽一切可能的证明义务，但确因被告的行为致使原告对自己遭受的损害事实及损失数额无法提供具体证据，就应由被告承担证明原告财产未受损害的责任。而被告亦因没有清点财产、没有制作财产清单，无法举证证明原告方没有遭受财产损失。在损失具体数额无法准确判定的情况下，应由被告承担不利后果，推定原告的合理损失数额成立，以此实现原告、被告举证责任的合理负担。

第三篇

裁判篇

一、寿＊＊诉＊＊区劳动和社会保障局 社会保障行政确认案

【裁判要旨】

1. 确定退休工龄与审定退休人员基本养老保险待遇是不同行政主体作出的各自独立的行政行为，人民法院应该回应当事人的核心诉求，实质性化解行政争议。

2. 浙劳险〔1995〕221 号具有历史性，是国有企业劳动制度由计划体制向市场体制转变过程中出现的过渡性政策，并不适用于劳动制度改革前的辞职行为。

3. 知识青年辞职返城的工龄计算问题应适用知识青年返城相关政策规定。

【裁判文书】（一）

浙江省杭州市中级人民法院
行 政 裁 定 书

（2010）浙杭行终字第 130 号

上诉人（原审被告）＊＊市＊＊区劳动和社会保障局。

被上诉人（原审原告）寿＊＊。

上诉人＊＊市＊＊区劳动和社会保障局为与被上诉人寿＊＊劳动和社会保障行政确认一案，不服＊＊市＊＊区人民法院（2009）杭＊行初字第 35 号行政判决，向本院提起上诉。本院于 2010 年 5 月 17 日受理后，依法组成合议庭，并

于 2010 年 6 月 8 日公开开庭审理了本案。本案现已审理终结。

原审原告寿 ** 起诉称：寿 ** 是 ** 市拱墅区知青，于 1970 年 3 月 5 日去黑龙江宝清县支边。为照顾母亲，经双方单位领导同意，于 1982 年辞职回杭州阀门厂工作，2008 年 7 月退休。** 市 ** 区劳动和社会保障局根据原浙江省劳动厅浙劳险〔1995〕221 号《关于企业部分职工连续工龄与缴费年限计算问题的通知》第 3 条第 2 款的规定认定，在 *** 人民政府浙政〔1988〕53 号文件下达之日（1988 年 11 月 11 日）前辞职的职工视同缴费年限（包括知青下乡农村劳动期间）不能计算。寿 ** 不服，认为浙政〔1988〕53 号文件和浙劳险〔1995〕221 号文件并无这一规定，** 市 ** 区劳动和社会保障局滥用职权，混淆企业职工与知青同样计算工龄，造成知识青年退休后不公平的结果；全国各省知青辞职回原籍后工龄都可合并计算。依据原内务部〔63〕内人工字第 13 号《关于工作人员自动离职后又参加工作其连续工龄的计算问题的复函》、原劳动人事部劳人培〔1985〕23 号《关于解决原下乡知识青年插队期间工龄计算问题的通知》、浙江省劳动和社会保障厅浙劳社厅字〔2004〕269 号《关于知识青年下乡插队期间连续工龄计算问题的批复》的规定，寿 ** 在黑龙江支边和佳木斯铁路施工队工作年限应累计计算连续工龄，纳入职工基本养老保险统筹范围。** 市 ** 区劳动和社会保障局拒绝把寿 ** 在黑龙江支边和佳木斯铁路施工队的工作年限累计计算连续工龄纳入职工基本养老保险统筹范围，违背上述文件的规定，属于违法行政。请求法院撤销 ** 市 ** 区劳动和社会保障局作出的退休养老保险的错误行为，寿 ** 在黑龙江支边和佳木斯铁路施工队的工作年限应累计计算工龄，纳入职工基本养老保险统筹范围。

原审法院认定事实如下：寿 ** 于 1970 年 3 月 5 日经 ** 市拱墅区动员去黑龙江宝清县支边，1976 年 12 月被佳木斯铁路施工队招工录用。1982 年 8 月寿 ** 以照顾母亲为由要求调回杭州工作未果，1982 年 9 月辞职回杭州，同年 12 月进入杭州阀门厂工作，2008 年 7 月经 ** 市 ** 区劳动和社会保障局批准按特殊工种提前退休。2008 年 8 月 21 日经 ** 市 ** 区劳动和社会保障局所属 ** 市 ** 区社会保险办公室核定寿 ** 退休享受基本养老金待遇每月按 1215.1 元，从 2008 年 8 月起计发。寿 ** 认为 ** 市 ** 区劳动和社会保障局在作出养老金审批核定行为时，未将其 1982 年 9 月前工作年限累计进行计算，导致其作出的养老金审批核定行为错误，故诉请法院依法撤销 ** 市 ** 区劳动和社会保障局作出的退休养老金审批核定行为。

原审法院认为，根据《浙江省职工基本养老保险条例》第6条规定，县级以上劳动保障部门所属的社会保险经办机构负责办理职工基本养老保险具体事务。本案中**市**区劳动和社会保障局下属**区社会保险办公室负责办理本辖区内职工基本养老保险具体事务，其接受**市**区劳动和社会保障局的管理，寿**起诉**市**区劳动和社会保障局符合法律规定，**市**区劳动和社会保障局提出主体不适格的理由不成立，不予支持。本案中**市**区劳动和社会保障局提供的***人民政府浙政〔1988〕53号《省政府关于搞活企业固定工制度的通知》、浙江省劳动厅浙劳险〔1995〕221号《关于企业部分职工连续工龄与缴费年限计算问题的通知》的规定，不能证明寿**1982年9月辞职后的工作年限是否能连续计算。同时，本案中**市**区劳动和社会保障局仅提供确定原告工龄的相关证据，但未在法定期限内提供如何作出退休养老金审批核定的证据及依据，显属提供证据及依据不足。综上，根据《中华人民共和国行政诉讼法》第54条第2项第1目之规定，判决撤销**市**区劳动和社会保障局于2008年8月21日作出的退休养老审批核定行为。案件受理费50元，由**市**区劳动和社会保障局负担。

宣判后，**市**区劳动和社会保障局不服，向本院上诉称：（1）一审判决认定被告有误。根据《中华人民共和国行政诉讼法》第25条第4款、《浙江省职工基本养老保险条例》第6条的规定，结合**市**区社会保险办公室机构代码证和余政办〔2001〕249号《关于**市**区社会保险办公室组织机构和人员编制方案》，**市**区社会保险办公室的法定职责之一就是办理养老保险业务，具有被告资格。（2）一审判决混淆了工龄认定与退休养老待遇核定两种行政行为。职工工龄认定的法定职权部门是**市**区劳动和社会保障局，退休养老待遇核定的法定职权部门是**市**区社会保险办公室。**市**区社会保险办公室对寿**的退休待遇核定是有事实和法律依据的。（3）一审判决在对原浙江省劳动厅浙劳险〔1995〕221号《关于企业部分职工连续工龄与缴费年限计算问题的通知》进行法律解释时，适用了扩大解释，与文件的真实含义不符。请求二审法院撤销一审判决。

被上诉人寿**答辩称：（1）上诉人负责管理社会保险等有关事项，对此案推卸责任，一审起诉**市**区劳动和社会保障局是准确的，因为该局与**市**区社会保险办公室法定代表人同为马金德，二者是上下级隶属关系，我们只能诉法定代表人的代表部门，不可能诉某个经办部门或者个人。上诉人提出的行政主体有误，是在故意推卸责任。（2）本案起诉焦点就是要求工龄合法认定，将黑龙江支边的 12 年 8 个月纳入退休养老保险待遇中。但是上诉人答复"依照省浙劳险〔1995〕221 号文件的精神，在 1988 年 11 月 11 日前辞职的职工不能计算"，被上诉人去北京人力资源和社会保障部上访时，他们也觉得太不公平了，给被上诉人开了告知单，并给被上诉人新编工龄、休假、退休政策问答的文件。但是上诉人还是不采纳。（3）上诉人违反有关政策，制造错案，对被上诉人支边工龄不给计算是错误的，要求赔偿此案上访上诉造成的精神经济损失。综上，原审判决是正确的，体现了法律的公正，维护了公民的合法权益，请求二审法院公正审理本案。

庭审中，各方以原判确定的被告是否适格、原审被告是否在法定期限内提交了作出退休养老金审批核定的证据及依据、原判适用法律是否正确为争议焦点展开了质证与辩论，质证辩论意见与上述意见相同。

本院认为，寿 ** 在一审起诉状中写明的诉讼请求为：请求撤销 ** 市 ** 区劳动和社会保障局作出的退休养老保险待遇行为，据此，原审法院将被诉行为确定为：** 市 ** 区社会保险办公室于 2008 年 8 月 21 日核定，寿 ** 基本养老金每月 1215.1 元，从 2008 年 8 月起计发。但寿 ** 在起诉状的事实和理由部分所针对的诉讼对象却是：** 市 ** 区劳动和社会保障局拒绝将寿 ** 在黑龙江支边和佳木斯铁路施工队工作年限累计计算为连续工龄并纳入职工基本养老保险统筹范围的行为。可见，其诉讼请求针对的对象与事实理由的内容存在不一致。据寿 ** 在二审庭审中的陈述，其诉讼请求是应一审法院立案庭工作人员的要求进行了修改，其原始诉讼请求：请求撤销 ** 市 ** 区劳动和社会保障局作出的退休养老保险错误行为，纠正为寿 ** 在黑龙江支边和佳木斯铁路施工队工作年限 12 年 8 个月纳入职工基本养老保险统筹范围连续计算工龄。寿 ** 在二审庭审中亦强调，其起诉主要是为了解决工龄问题，其 1982 年之前的工作时间 12 年 8 个月也应该要认定到退休养老保险待遇中去；其二审答辩状中亦称，寿 ** 起诉焦点就是要求工龄合法认定，将黑龙江支边的 12 年 8 个月工龄纳入退休养老保险待遇中。综上所述，寿 ** 是认为劳动保障部门对其退休工龄计算错误（退休工龄包括实际缴费年限和视同缴费年限两部分，寿 ** 对实际缴费年限无异议）而提起本案起诉的，故本案被诉行为应确定为：劳动保障部门将寿 ** 在退休时的视同缴费年限确定为 10 年 1

个月，而拒绝将寿＊＊在黑龙江支边及佳木斯铁路施工队的工作年限（12 年 8 个月）累计计算为连续工龄的行为。确定退休工龄与审定退休人员基本养老保险待遇是两个有关联的行为，前者是后者的前提，但二者却分别由不同的行为主体作出，前者由劳动保障行政部门作出，后者由社会保险经办机构作出，故两个行为均具有了独立性，均构成了行政诉讼法意义上的具体行政行为。原审法院将审定退休人员基本养老保险待遇的行为作为本案被诉具体行政行为，偏离了寿＊＊的核心诉求。依照《中华人民共和国行政诉讼法》第 61 条第 3 项之规定，裁定如下：

一、撤销＊＊市＊＊区人民法院（2009）杭＊行初字第 35 号行政判决。

二、发回＊＊市＊＊区人民法院重审。

审　判　长　　王丽园

审　判　员　　李　洵

代理审判员　　吴宇龙（主审）

二〇一〇年七月十六日

本件与原本核对无异

书　记　员　　汪金枝

附本判决适用的法律依据：

《中华人民共和国行政诉讼法》

第六十一条　人民法院审理上诉案件，按照下列情形，分别处理：

（一）原判决认定事实清楚，适用法律、法规正确的，判决驳回上诉，维持原判；

（二）原判决认定事实清楚，但适用法律、法规错误的，依法改判；

（三）原判决认定事实不清，证据不足，或者由于违反法定程序可能影响案件正确判决的，裁定撤销原判，发回原审人民法院重审，也可以查清事实后改判。当事人对重审案件的判决、裁定，可以上诉。

【裁判文书】（二）

浙江省杭州市中级人民法院
行 政 判 决 书

（2011）浙杭行终字第 5 号

上诉人（原审被告）** 市 ** 区劳动和社会保障局。

被上诉人（原审原告）寿 **。

上诉人 ** 市 ** 区劳动和社会保障局为与被上诉人寿 ** 劳动和社会保障行政确认一案，不服 ** 市 ** 区人民法院（2009）杭 * 行初字第 35 号行政判决，向本院提起上诉，本院作出（2010）浙杭行终字第 130 号行政裁定，撤销原判，发回重审，后 ** 市 ** 区人民法院作出（2010）杭余行重字第 1 号行政判决，** 市 ** 区劳动和社会保障局仍不服，又向本院提起上诉。本院于 2010 年 12 月 27 日受理后，依法组成合议庭，并于 2011 年 1 月 10 日公开开庭审理了本案。本案现已审理终结。

原审原告寿 ** 起诉称：寿 ** 于 1970 年 3 月 5 日去黑龙江支边，为照顾母亲，经双方单位领导同意，于 1982 年辞职回杭州阀门厂工作，2008 年 7 月退休。** 市 ** 区劳动和社会保障局根据原浙江省劳动厅浙劳险〔1995〕221 号《关于企业部分职工连续工龄与缴费年限计算问题的通知》第 3 条第 2 款的规定认定，在 *** 人民政府浙政〔1988〕53 号文件下达之日（1988 年 11 月 11 日）前辞职的职工视同缴费年限（包括知青下乡农村劳动期间）不能计算。寿 ** 不服，认为浙政〔1988〕53 号文件和浙劳险〔1995〕221 号文件并无这一规定，** 市 ** 区劳动和社会保障局滥用职权，混淆企业职工与知青同样计算工龄，造成知识青年退休后不公平的结果，全国各省知青辞职回原籍后工龄都可合并计算。依据原内务部〔63〕内人工字第 13 号《关于工作人员自动离职后又参加工作其连续工龄的计算问题的复函》、原劳动人事部劳人培〔1985〕23 号《关于解决原下乡知识青年插队期间工龄计算问题的通知》、浙江省劳动和社会保障厅浙劳社厅字〔2004〕269 号《关于知识青年下乡插队期间连续工龄计算问题的批复》的规定，寿 ** 在黑龙江支边和佳木斯铁路施工队工作年限应累计计算连续工龄，纳入职工基本养老保险统筹范围。**

市**区劳动和社会保障局拒绝把寿**在黑龙江支边和佳木斯铁路施工队的工作年限累计计算连续工龄纳入职工基本养老保险统筹范围，违背上述文件的规定，属于违法行政。2001年10月，杭州阀门厂与寿**提前解除劳动合同时，计算经济补偿金是按1970年3月至2001年10月计算的，共31年8个月，证明杭州阀门厂是认可寿**在黑龙江支边工龄的。综上，请求法院撤销**市**区劳动和社会保障局将寿**退休时的视同缴费年限确定为10年1个月的具体行政行为，将寿**在黑龙江支边和佳木斯铁路施工队的工作年限连续计算工龄，纳入职工基本养老保险统筹范围。

原审法院认定事实如下：寿**于1970年3月5日经**市拱墅区动员去黑龙江省宝清县支边，系下乡知识青年。1976年12月31日，寿**被佳木斯铁路施工队录用为力工。1982年8月，寿**以照顾母亲为由要求调回杭州工作未果。1982年9月，寿**自愿辞职回杭州，同年12月14日顶职进入杭州阀门厂工作。2008年7月经**市**区劳动和社会保障局批准，寿**按特殊工种提前退休。根据**市**区劳动和社会保障局下属的**市**区社会保险办公室于2008年8月21日作出的寿**基本养老金审批核定表，**市**区劳动和社会保障局将寿**在退休时的视同缴费年限确定为10年1个月，而未将寿**在黑龙江支边及佳木斯铁路施工队的工作年限（12年8个月）合并计算连续工龄。寿**对此提出异议，**市**区劳动和社会保障局根据浙劳险〔1995〕221号《关于企业部分职工连续工龄与缴费年限计算问题的通知》第3条第2款之规定，以寿**在1988年11月11日之前辞职为由，拒绝将12年8个月计入视同缴费年限。此后，寿**多次向相关部门反映未果，故诉至法院。

原审法院认为，首先，本案中，寿**的核心诉求即要求**市**区劳动和社会保障局对其退休工龄进行合法认定，将其在黑龙江支边及佳木斯铁路施工队工作的12年8个月纳入退休养老保险待遇中。故本案被诉具体行政行为应确定为**市**区劳动和社会保障局对寿**退休工龄（具体指视同缴费年限）进行行政确认的行为。**市**区劳动和社会保障局认为寿**的诉讼请求针对两个具体行政行为应分别诉讼的抗辩，理由不能成立。其次，根据《浙江省职工基本养老保险条例》第6条第1款"县级以上劳动保障行政部门主管本行政区域内职工基本养老保险工作"及杭劳险〔1994〕60号《关于固定职工的连续工龄视作缴费年限的通知》第1条之规定，对职工的退休工龄进行审核认定，是劳动保障行政部门的法定职权。寿**起诉**市**区劳动和社会保障局符合法律规定，**市**区劳动和社会保障局提出主体不适格的抗辩亦不成立。再次，**市**区劳动和社会保障局认为，寿**于1976年12月31日被佳木斯铁路施工队招工录用后，其身份不再是知识青年，而是企业职工；进而，根据浙劳险〔1995〕221号《关于企业部分职工连续工龄与缴费年限计算问题的通知》第3条第2款之规定，认为寿**辞职时间在浙政〔1988〕53号文件下发之前，其辞职前的视同缴费年限不能合并计算。根据本案中的证据，寿**于1970年3月5日经**市拱墅区动员去黑龙江宝清县支边，系下乡知识青年的身份明确。根据劳人培〔1985〕23号《劳动人事部关于解决原下乡知识青年插队期间工龄计算问题的通知》，凡在"文革"期间由国家统一组织下乡插队的知识青年，在到城镇参加工作以后，其在农村参加劳动的时间，可以与参加工作后的时间合并计算为连续工龄。同时，浙劳社厅字〔2004〕269号《浙江省劳动和社会保障厅关于知识青年下乡插队期间连续工龄计算问题的批复》亦认为，下乡插队的知识青年回城后，经劳动部门批准办理招工手续的，其下乡插队的时间可以计算为连续工龄。而**市**区劳动和社会保障局提供的浙政〔1988〕53号文件是针对企业职工连续工龄与缴费年限计算问题而作出。**市**区劳动和社会保障局据此审定寿**在退休时的视同缴费年限为10年1个月，显属证据、依据不足。最后，**市**区劳动和社会保障局认为寿**并未正式提出退休工龄重新认定的书面申请，也未作出影响其实际权利的行政决定，本案起诉的前提不存在。但根据寿**基本养老金审批核定表，**市**区劳动和社会保障局已依职权对寿**的退休工龄进行确认；寿**认为该退休工龄计算错误曾多次向**市**区劳动和社会保障局及有关部门反映，提出将12年8个月合并计算连续工龄的要求；**市**区劳动和社会保障局也多次向寿**作出答复，认定上述工龄不能计算。故**市**区劳动和社会保障局的这一答辩主张，与事实不符，不予支持。综上，根据《中华人民共和国行政诉讼法》第54条第2项第1目，《最高人民法院关于执行〈中华人民共和国行政诉讼法〉若干问题的解释》第60条第1款之规定，判决：（1）撤销**市**区劳动和社会保障局将寿**在退休时的视同缴费年限确定为10年1个月的具体行政行为。（2）**市**区劳动和社会保障局在一个月内对寿**在退休时的视同缴费年限重新作出认定。案件受理费50元，由**市**区劳动和社会保障局负担。

宣判后，**市**区劳动和社会保障局不服，向本院上诉称：（1）一审法院程序违法。本案杭州市中级人民法院于2010年7月16日作出（2010）浙杭行终字第130号行政裁定，而一审法院于2010年12月25日才作出重审判决，已经超过审判期限。变更、增加诉讼请求必须在举证期限届满前提出，而被上诉人在一审期间并未提出过变更诉讼请求，重审时提出显然不符合法律规定。本案重审的对象是原诉讼中寿**不服我局退休养老保险待遇核定的行为，与一审法院确定的工龄认定系两个完全不同的诉讼请求，应另案起诉。（2）一审判决适用法律错误。一审法院支持被上诉人请求的核心理由是寿**系知青身份，不适用浙劳险〔1995〕221号文件。上诉人认为一审法院这一认定缺乏法律依据，对这一问题应以浙劳险〔1995〕221号文件的制定部门的解释为准。况且，浙江省劳动和社会保障厅已于2010年7月19日对浙劳险〔1995〕221号文件的适用问题作出了进一步解释，明确规定寿**的工龄不能连续计算。请求二审法院撤销（2010）杭余行重字第1号行政判决。

被上诉人寿**答辩称：（1）被上诉人起诉焦点就是要求**市**区劳动和社会保障局把寿**去黑龙江支边的12年8个月工龄依法纳入退休职工养老保险待遇中连续计算工龄。如果2008年8月**市**区劳动和社会保障局把寿**支边的工龄纳入退休养老保险待遇中，那么社会保险经办人员绝对没有权力计算出1215.1元这个不公平的错误数字。故不存在两个诉讼的问题。（2）被上诉人去黑龙江支边12年8个月，把青春献给了北大荒，现年老后应该有权享受工龄的合法权益，而且党中央和各级政府对下乡知识青年早已落实政策，全国各省知青回原籍辞职前工龄都可合并计算，但上诉人却违反有关政策规定，压制知青支边工龄的合法权益。2008年7月被上诉人退休时，上诉人根据浙劳险〔1995〕221号文件第3条第2款规定，在1988年11月11日前辞职的职工视同缴费年限（包括知青下乡农村劳动期间）不能计算，被上诉人不服，因为这个文件并无这一规定。（3）被上诉人相信一审法院审理此案是公正的，判决是准确的，体现了法律的无私和公正，捍卫了党的政策，维护了公民的合法权益。综上，请求二审依法公正审理，依法判决。

庭审中，各方以原审判决适用法律是否正确、审判程序是否合法为争议焦点展开质证和辩论。质证辩论意见与上述意见相同。

经审查，上诉人原审中提交的证据 1（2008 年退休人员信息表）和证据 18（寿 ** 退休待遇计算明细）均与本案被诉行为无直接关联，应不予采信；上诉人原审中提交的证据（依据）14~17、19~23 均属于规范性文件，无需作为证据采信。原审法院对其他证据的采信符合法律规定，根据予以采信的证据，可以确认原审法院认定的事实存在。

本院认为，第一，关于本案的法律适用问题。1995 年 11 月 22 日，浙江省劳动厅下发浙劳险〔1995〕221 号《关于企业部分职工连续工龄与缴费年限计算问题的通知》，其中第 3 条第 2 款规定，企业职工在省政府浙政〔1988〕53 号文下达之日后，经企业批准辞职并持有《辞职证明书》的，其辞职前和再次参加工作后的连续工龄可合并计算，其实际缴费年限也可合并计算。该规定的出台是以中发〔1986〕9 号《关于认真执行改革劳动制度几个规定的通知》、国发〔1986〕77 号《关于发布改革劳动制度四个规定的通知》（《国营企业实行劳动合同制暂行规定》《国营企业招用工人暂行规定》《国营企业辞退违纪职工暂行规定》和《国营企业职工待业保险暂行规定》）、浙政〔1988〕53 号《关于搞活企业固定工制度的通知》、国务院令第 111 号发布《国有企业富余职工安置规定》、劳办发〔1994〕340 号《关于贯彻执行〈国有企业富余职工安置规定〉中有关职工辞职后的工龄计算问题的批复》等规范性文件为背景的，是在国家于 1986 年开始推行国有企业劳动制度改革的大背景下，为配合推行劳动合同制、搞活国有企业固定工制度而出台的一项政策，是在国有企业劳动制度由计划体制向市场体制转变过程中出现的过渡性政策。而本案中，寿 ** 的辞职发生在 1982 年的黑龙江省，当时国有企业劳动制度改革尚未推行，浙政〔1988〕53 号《关于搞活企业固定工制度的通知》中关于《辞职证明书》的规定尚不存在；寿 ** 辞职前所在的佳木斯铁路施工队属集体所有制企业，其辞职后顶母亲职进入的杭州阀门厂属 ** 市机械系统国有企业，其辞职前的身份并不是国有企业富余职工，其辞职后的身份仍为全民固定工，其辞职的原因也不是因推行劳动制度改革安置企业富余职工的需要，而是因照顾生病母亲的需要，故寿 ** 的辞职是发生在完全计划体制内劳动制度下的行为，浙劳险〔1995〕221 号文中的上述规定显然并不具备适用于本案的前提，** 市 ** 区劳动和社会保障局依据该规定认定寿 ** 退休时的连续工龄，属于适用法律错误。

事实上，寿**在辞职前虽已被佳木斯铁路施工队招工，但其在当时历史条件下更突显的一个身份却仍是**市拱墅区去黑龙江支边的知识青年，其于1982年辞职返杭进杭州阀门厂工作，实质上是知识青年返城的一种特殊方式，故认定寿**退休时的连续工龄，必须考虑其知识青年的身份，适用与知识青年相关的规定。1985年6月28日，劳动人事部下发劳人培〔1985〕23号《关于解决原下乡知识青年插队期间工龄计算问题的通知》，规定："'文革'期间下乡的原插队知识青年的工龄计算问题，是在特定历史条件下遗留下来的，需要从实际出发，给予妥善解决。经请示国务院原则同意，现将具体意见通知如下：（一）凡在'文革'期间由国家统一组织下乡插队的知识青年，在他们到城镇参加工作以后，其在农村参加劳动的时间，可以与参加工作后的时间合并计算为连续工龄……（四）解决原下乡知识青年插队期间的工龄计算问题是一项比较复杂、细致的工作。请各省、自治区、直辖市政府根据上述原则规定，结合实际情况，制定具体办法后组织实施。"同时，浙江省劳动和社会保障厅于2004年11月11日作出浙劳社厅字〔2004〕269号《关于知识青年下乡插队期间连续工龄计算问题的批复》亦规定，下乡插队人员回城后，经劳动部门批准办理招工手续的，其下乡插队时间可以计算为连续工龄。根据上述规定及其精神，寿**属于响应国家号召下乡插队的知识青年，其在黑龙江支边及佳木斯铁路施工队工作期间的工龄应计算为连续工龄。

第二，关于一审法院的程序问题。上诉人所称重审判决于2010年12月25日作出，没有事实依据，经查一审案卷，重审判决于2010年11月25日宣判，上诉人代理人在宣判笔录上签名并注明了日期，据此，重审判决并未超出法定审理期限；关于本案诉讼请求及被诉行为的确定，本院作出的（2010）浙杭行终字第130号行政裁定已经予以明确界定，一审法院对相关问题的表述存在不当，予以指正。

综上所述，上诉人的上诉理由均不能成立，上诉请求不予支持。原审判决认定事实清楚，但原审判决根据《中华人民共和国行政诉讼法》第54条第2项第1目的规定判决撤销被诉具体行政行为，存在不当，依法应适用《行政诉讼法》第54条第2项第2目，特此指正；原审判决在判决主文第二项责令重作部分遗漏"本判决生效之日起"，属适用法律错误，应予纠正。依照《中华人民共和国行政诉讼法》第61条第2项、《最高人民法院关于执行〈中华人民共和国行政诉讼法〉若干问题的解释》第60条第1款之规定，判决如下：

一、维持**市**区人民法院（2010）杭余行重字第1号行政判决第一项内容。

二、变更**市**区人民法院（2010）杭余行重字第1号行政判决第二项内容为"责令**市**区劳动和社会保障局在本判决生效之日起1个月内重新作出具体行政行为"。

一审、二审案件受理费人民币各50元，均由上诉人**市**区劳动和社会保障局负担。

本判决为终审判决。

审　判　长　　秦　方

审　判　员　　徐　斐

审　判　员　　吴宇龙（主审）

二〇一一年一月二十六日

本件与原本核对无异

书　记　员　　叶　嘉

附本判决适用的法律依据：

《中华人民共和国行政诉讼法》

第六十一条　人民法院审理上诉案件，按照下列情形，分别处理：

（一）原判决认定事实清楚，适用法律、法规正确的，判决驳回上诉，维持原判；

（二）原判决认定事实清楚，但适用法律、法规错误的，依法改判；

（三）原判决认定事实不清，证据不足，或者由于违反法定程序可能影响案件正确判决的，裁定撤销原判，发回原审人民法院重审，也可以查清事实后改判。当事人对重审案件的判决、裁定，可以上诉。

《最高人民法院关于执行〈中华人民共和国行政诉讼法〉若干问题的解释》

第六十条　人民法院判决被告重新作出具体行政行为，如不及时重新作出具体行政行为，将会给国家利益、公共利益或者当事人利益造成损失的，可以限定重新作出具体行政行为的期限。

人民法院判决被告履行法定职责，应当指定履行的期限，因情况特殊难于确定期限的除外。

二、孙 ** 诉 ** 区人民政府履职行政复议案

【裁判要旨】

统一政务咨询投诉举报平台是新生事物，当事人向该平台投诉（构成履职申请）的行为，应视为其向平台内所有行政主体均提出了申请。申请事项属于平台内哪一个行政主体的法定职责，当事人不再负有主要判断义务，由平台内部按责转办。统一政务咨询投诉举报平台打破了传统履职之诉的构成要件，当事人向该平台投诉（构成履职申请）后，无须再直接向特定行政主体提出履职申请。

【裁判文书】

浙江省杭州市中级人民法院
行 政 判 决 书

（2019）浙 01 行初 523 号

原告孙 **。

被告 ** 区人民政府。

原告孙 ** 不服被告 ** 区人民政府作出的杭 * 复字〔2019〕第 95 号行政复议决定书，于 2019 年 8 月 17 日向本院提起行政诉讼。本院于 8 月 21 日立案后，于次日向被告发送起诉状副本及应诉通知书。本院依法组成合议庭，于 2019 年 10 月 16 日公开开庭审理了本案。本案在审理过程中，受新型冠状病毒肺炎疫情防控影响，本院依法于 2020 年 1 月 23 日中止诉讼，于 2020 年

3月2日恢复诉讼，现已审理终结。

2019年8月1日，**区人民政府作出杭*复字〔2019〕第95号行政复议决定书，认为，根据《中华人民共和国行政复议法实施条例》第21条第1项规定，申请人孙**对行政机关不履行法定职责行为申请行政复议的，应当提供其在申请行政复议前已经向具有相应法定职权的行政机关提出申请，该行政机关未在法定期限内作出处理的证据材料。如果申请人不能提供证据材料证明已经向被申请人**市**区综合行政执法局（以下简称"**区执法局"）提出过申请，那么复议被申请人是不适格的，或者申请复议缺乏事实根据、理由明显不能成立的，复议申请均不符合《中华人民共和国行政复议法实施条例》第28条的法定受理条件。"82812345"作为投诉举报平台，实行一个号码对外，通过电话、网络、短信等渠道接收公众的咨询、投诉、举报等事项。本案中，本机关组织调查与听证，申请人皆无法提供其曾向被申请人提交要求其履行"**区**街道金家埭社区孙家埭7号房屋周边被倾倒大量垃圾以及日常出行道路被堵"的职责申请。申请人提供的群众来访登记凭单（*信来访〔2019〕164号）属于信访事宜，该证据与本案没有关联性。申请人请求确认被申请人不履行法定职责行为违法并责令要求履职的复议申请缺乏事实与法律依据。综上，被告依照《中华人民共和国行政复议法实施条例》第48条第1款第2项之规定，决定驳回申请人的行政复议申请。

原告孙**诉称，原告的房屋坐落于**区**街道金家埭社区孙家埭7号，原告房屋周边被倾倒大量垃圾以及日常出行道路被堵，从2018年9月起原告多次拨打城管部门电话的投诉电话，要求履行职责，对此事进行查处，但是没有任何人负责处理。2019年5月原告以**区执法局为被申请人提起行政复议，要求判令**区执法局履行法定职责，查处倾倒垃圾等违法事项，但是被告却作出了*复字〔2019〕第95号行政复议决定书，以不符合复议法受理条件为由驳回了原告的复议请求，原告认为，被告审查事实不清，认定事实错误，原告提供了能够认定要求城管部门履行法定职责的证据，被告不予认定明显是认定事实错误，其作出的复议决定严重违法，侵害了原告的合法权益，故依法诉至法院。请求：（1）撤销被告作出的杭*复字〔2019〕第95号行政复议决定书；（2）判决被告受理原告复议申请，重新在实体上作出复议决定。

原告向本院提供的证据有：

1. 杭*复字〔2019〕第95号行政复议决定书，证明被诉行为的存在。

2. 邮寄给被告的复议申请书及部分证据材料，证明原告向被告提出行政复议申请的事实。

3. 浙江政务服务网网页打印件：**市**区部门责任清单，证明原告所投诉的被垃圾堵门、污染环境违法事项属于被申请人（城管局）的查处职责，在区城管局责任清单当中的环保及城市市容环境卫生执法、监督管理城市市容和环境卫生工作等，即原告提出的查处申请属于**区城管局的履职范围。

4. 短信回复截图，系原告代理人于 2019 年 10 月 15 日 7 点 40 多分拨打"82799203"城管热线后的回复，可以证明该热线为**区城管热线，城管局以应当拨打"12345"来搪塞系错误，12345 是市民分不清履职主体拨打的热线，本案原告已经知道是属于城管管辖，城管局不应当再让原告再拨打"12345"，故被告认为原告没有向城管提出过履职申请属于认定事实不清。

以上证据均系复印件。

被告**区人民政府辩称：（1）根据《中华人民共和国行政复议法》第 12 条第 1 款规定，原告向被告提出行政复议申请，认为**区执法局不履行法定职责，被告具有受理该行政复议申请，作出行政复议决定的法定职权。（2）被告查明的事实如下：2019 年 3 月 8 日，原告使用号码为"136****1318"的手机，拨打"0571-82812345"区长公开电话，反映其是**街道金家埭社区 171 号居民，其房屋周边倾倒大量垃圾，一直无人处理。后又分别于同年 3 月 18 日、3 月 19 日、3 月 25 日、3 月 30 日和 4 月 3 日多次拨打"0571-82812345、057112345"等电话反映同样问题。期间，3 月 13 日，原告拨打"0571-82799203"号码，为数字城管电话，其告知该号码不接受投诉，由"12345"统一处理。同年 3 月 28 日，原告向信访部门反映上述同样情况。原告认为**区执法局不履行法定职责，向本机关申请行政复议。经查明，《**区人民政府办公室关于印发**市**区统一政务咨询投诉举报平台建设实施方案的通知》（萧政办发〔2016〕136 号）中明确，"12345"根据"统一接收、按责转办"等运行机制，按照"属地管理优先"和"谁主管谁负责"的原则，分类处置受理事项并按责转办。另查明，经被告向**市**区区长公开电话受理中心调查，原告所提供的 12345 电话录音的交办单位皆与**区综合行政执法局无关。（3）根据《中华人民共和国行政复议法实施条例》第 21 条第 1 项规定，原告对行政机关不履行法定职责行为申请行政复议的，应当提供其在申请行政复议前已经向具有相应法定职权的行政机关提出申请，该行政机关未在法定期限内作出处理的证据材料。如果不能提供证据材料证明已经向相应行政机关提出过申请，那么原告复议相应行政机关是不适格的，原告申请复议缺乏事实根据、理由明显不能成立的，不符合《中华人民共和国行政复议法实施条例》第 28 条的法定受理条件。"82812345"作为投诉举报平台，实行一个号码对外，通过电话、网络、短信等渠道接收公众的咨询、投诉、举报等事项。本案中，被告组织调查与听证，原告皆无法提供其曾向 ** 市 ** 区行政综合执法局提交要求其履行"** 区 ** 街道金家埭社区孙家埭 7 号房屋周边被倾倒大量垃圾以及日常出行道路被堵"的职责申请。原告在复议期间提供的群众来访登记凭单（* 信来访〔2019〕164 号）属于信访事项，该证据与本案没有关联性。被告认为，原告请求确认 ** 区执法局不履行法定职责行为违法并责令要求履职的复议申请缺乏事实与法律依据。综上，被告依照《中华人民共和国行政复议法实施条例》第 48 条第 1 款第 2 项之规定，作出了驳回原告行政复议申请的决定。（4）被告于 2019 年 5 月 12 日收到原告的行政复议申请材料，经补正，被告 5 月 14 日向原告发出补正通知书，5 月 21 日，被告收到原告的补正材料。5 月 28 日，被告向 ** 区执法局直接送达行政复议答复书。6 月 6 日，区综合行政执法局向被告提交行政复议答复书等材料。因案情复杂，7 月 17 日，被告作出延长审理期限 30 日的决定，并通过 EMS 寄送给原告和区综合行政执法局。同年 8 月 1 日，被告作出杭 * 复字〔2019〕第 95 号行政复议决定书，并同日通过 EMS 快递方式邮寄给原告和区综合行政执法局，程序合法。综上所述，被告的行政复议决定认定事实清楚，证据确凿，适用法律正确，程序合法，决定适当，请求法院依法驳回原告的诉讼请求。

被告在法定期限内向本院提供的证据有：

1. 行政复议决定书及送达情况，证明被告所作具体行政行为。

2. 行政复议申请书、孙 ** 身份证、群众来访登记凭单、房屋所有权证、录音文件、现场及邮寄情况，证明申请人的行政复议申请行为。

3. 行政复议补正通知书、答复通知书、案件调查通知书、行政复议答复书、听证通知书、听证笔录、延期通知书、区长公开电话交办单位详情及送达情况，证明被告所作行政复议决定程序合法，认定事实清楚，适用法律准确。

4. 原告提供的 8 个电话录音（根据原告提供的电话录音刻制成光盘），证明原告通过区长公开电话反映投诉举报事宜。

以上证据均系复印件。

经庭审，对被告提供的证据，原告质证如下：证据1真实性、关联性没有异议，合法性有异议。证据2~4没有异议。

对原告提供的证据，被告质证如下：证据1和2三性均没有异议。证据3合法性、真实性没有异议，但是该组证据无法证明其已经向＊＊区城管局提出过履职申请，故缺乏关联性。证据4与本案不具有关联性。

本院对上述证据认证如下：被告提供的证据2~4和原告提供的证据1、证据2，各方均无异议，符合证据三性，予以采信。被告提供的证据1能够证明被诉复议决定的内容及送达情况，予以采信。原告提供的证据3能够证明＊＊区城管部门的职责分工情况，予以采信；证据4系代理人个人行为，与本案无关，不予采信。

经审理查明，2019年3月8日，孙＊＊以手机号"136＊＊＊＊1318"拨打"0571-82812345"区长公开电话，反映其房屋周围被建筑垃圾堵住了，进出困难，信访反映多次，一直无人处理。后又分别于同年3月18日、3月19日、3月25日、3月30日和4月3日多次拨打"0571-82812345、057112345"等电话反映同样问题。2019年3月13日，孙＊＊拨打"0571-82799203"（数字城管）号码，反映同样问题，被告知不接受投诉，由"82812345"统一处理。2019年5月10日，孙＊＊向＊＊区人民政府申请行政复议，请求确认＊＊市＊＊区综合行政执法局不履行法定职责的行为违法，并责令其对倾倒垃圾及道路被堵事项进行查处。经补正、通知答复、听证、延期等程序后，＊＊区人民政府于2019年8月1日作出杭＊复字〔2019〕第95号行政复议决定书，以孙＊＊无法提供其曾向被申请人提交要求其履行"＊＊区＊＊街道金家埭社区孙家埭7号房屋周边被倾倒大量垃圾以及日常出行道路被堵"的职责申请为由，决定驳回孙＊＊的行政复议申请。孙＊＊不服，遂提起本案诉讼。

另查明，《＊＊区人民政府办公室关于印发＊＊市＊＊区统一政务咨询投诉举报平台建设实施方案的通知》（萧政办发〔2016〕136号）中明确，为整合各类政务咨询投诉举报载体，建设集政务咨询、投诉、举报等功能为一体，统一、便民、高效的政务咨询投诉举报平台，根据《＊＊＊人民政府办公厅关于建设统一政务咨询投诉举报平台的指导意见》（浙政办发〔2015〕127号）和《＊＊市统一政务咨询投诉举报平台建设实施方案》（＊政办函〔2016〕80号）等文件精神，结合我区实际，制定本实施方案。依托现有"82812345"

区长公开电话和网上投诉平台，高标准、分阶段整合各类政务咨询投诉举报载体，建设统一政务咨询投诉举报平台，进一步优化职能资源配置，推进政府治理能力和治理体系现代化。整合范围以"82812345"区长公开电话为基础，重新梳理各职能部门处理投诉举报流程中涉及的接收、办理、督办、评价、反馈等职责，将其中的接收、督办、评价等具体工作统一交由区信访局（区长公开电话受理中心）承担，并依托信息技术手段，进一步完善统一接收、按责转办、限时办结、统一督办、评价反馈的业务闭环。除110、120、119等紧急类热线外，将市场监管、价格、医疗卫生、人力社保、环境保护、文化、国土资源、城市管理、交通运输等领域涉及的政务咨询、投诉、举报等非紧急类政务服务热线，以及网上信箱、网民留言、政务微博、QQ和微信等受理群众政务咨询、投诉举报的网络渠道均纳入整合范围。此次整合后，政府部门一般不再新设政务服务热线。按照省、市文件的要求，实行24小时接听群众来电制度，进一步完善"统一接收、按责转办、限时办结、统一督办、评价反馈，分析研判"的运行机制，并全面负责相应环节的工作任务。统一接收：以"82812345"一个号码对外，通过电话、网络、短信等渠道接收公众的咨询、投诉、举报等事项；承办省、市通过统一政务咨询投诉举报平台交办的各类通过来电和网络渠道受理事项。各部门自行接收的政务咨询投诉举报事项应及时向区信访局报备。

本院认为，本案双方当事人的核心争议点在于孙**是否向**区城管部门提出过履职申请。**区人民政府亦认可孙**自2019年3月以来多次拨打"0571-82812345"区长公开电话，但仍然认为孙**未直接向**区城管部门提出履职申请，该观点不能成立。《**区人民政府办公室关于印发**市**区统一政务咨询投诉举报平台建设实施方案的通知》（萧政办发〔2016〕136号）明确载明，以"82812345"区长公开电话为基础，整合各类政务咨询投诉举报载体，建设统一政务咨询投诉举报平台，将市场监管、价格、医疗卫生、人力社保、环境保护、文化、国土资源、城市管理、交通运输等领域涉及的政务咨询、投诉、举报等非紧急类政务服务热线均纳入整合范围，完善"统一接收、按责转办、限时办结、统一督办、评价反馈，分析研判"的运行机制，以"82812345"一个号码对外，通过电话、网络、短信等渠道接收公众的咨询、投诉、举报等事项。据此，"82812345"区长公开电话是各领域（包括城市管理）整合后形成的统一政务咨询投诉举报平台，实行统一接收的运行机制，故孙 ** 向 "82812345" 区长公开电话投诉的行为即应认定为向城管部门投诉的行为，孙 ** 向 "82812345" 区长公开电话投诉后即无须再单独向城管部门另行投诉。事实上，孙 ** 于 2019 年 3 月 13 日拨打 "0571-82799203"（数字城管）号码时，亦被告知不接受投诉，由 "82812345" 统一处理。** 区人民政府认为孙 ** 未直接向 ** 区城管部门提出履职申请的观点，违背了统一政务咨询投诉举报平台统一接收的运行机制，不能成立，其据此决定驳回孙 ** 的申请，认定事实不清，适用法律错误，依法应予撤销并责令重作。综上，依照《中华人民共和国行政诉讼法》第 70 条第 1 项、第 2 项的规定，判决如下：

一、撤销被告 ** 区人民政府作出的杭 * 复字〔2019〕第 95 号行政复议决定书；

二、责令被告 ** 区人民政府在本判决生效之日起 60 日内重新作出处理。

案件受理费人民币 50 元，由被告 ** 区人民政府负担。

如不服本判决，可在收到本判决书之日起 15 日内，向本院递交上诉状，并按对方当事人的人数提交副本，上诉至浙江省高级人民法院。

审 判 长　　　吴宇龙（主审）

人民陪审员　　　朱志华

人民陪审员　　　李 慧

二〇二〇年三月二十七日

本件与原本核对无异

书 记 员　　　汪金枝

附本判决适用的法律依据：

《中华人民共和国行政诉讼法》

第七十条　行政行为有下列情形之一的，人民法院判决撤销或者部分撤销，并可以判决被告重新作出行政行为：

（一）主要证据不足的；

（二）适用法律、法规错误的；

（三）违反法定程序的；

（四）超越职权的；

（五）滥用职权的；

（六）明显不当的。

三、陈 ** 诉 ** 区人民政府房屋征收行政补偿案

【裁判要旨】

1. 作为遗产的被征收房屋在完成遗产分割之前应属于全体继承权人共同共有，而不属于《国有土地上房屋征收与补偿条例》第26条第1款规定的被征收房屋所有权人不明确的情形。

2. 被征收人在《产权调换协议》上签名，并将房屋腾空交付房屋征收部门拆除，应认定《产权调换协议》已成立并部分履行。房屋征收部门未在协议上盖章，不影响协议的效力。

【裁判文书】

浙江省杭州市中级人民法院
行 政 判 决 书

（2019）浙01行初200号

原告陈 **。

被告 ** 区人民政府。

第三人陈 * 英。

第三人陈 * 桂。

第三人陈 * 俊。

第三人陈晓 *。

第三人 ** 区人民政府 ** 街道办事处。

原告陈＊＊不服被告＊＊区人民政府作出的杭＊政征补字〔2019〕第3号《房屋征收补偿决定》，于2019年3月22日向本院提起行政诉讼。本院于同日立案后，于次日向被告送达了起诉状副本及应诉通知书。本院依法组成合议庭，因陈＊英、陈＊桂、陈＊俊、陈晓＊、＊＊区人民政府＊＊街道办事处（以下简称"＊＊街道办"）与本案被诉行为存在利害关系，本院通知其作为第三人参加本案诉讼。本院于2019年6月20日、7月5日两次公开开庭审理了本案。本案经浙江省高级人民法院批准延长审限6个月，现已审理终结。

2019年1月5日，＊＊区人民政府作出杭＊政征补字〔2019〕第3号《房屋征收补偿决定》，内容为：根据国务院《国有土地上房屋征收与补偿条例》（国务院令590号）第26条规定，房屋征收部门＊＊区住房和城市建设局（以下简称"＊＊住建局"）于2018年12月11日向本机关报请，要求依法对被征收人就＊＊区＊＊村6-2-205室房屋做出征收补偿决定。经审查，＊＊区＊＊村6-2-205室房屋位于《杭州地铁7号线工程城站站项目》征收红线范围以内，系被征收房屋。根据＊房权证上换字第0029807号房屋所有权证，产权人陈＊庆，产权性质私有，设计用途住宅，建筑面积75.08平方米。根据杭州中意房地产评估咨询有限公司评估并出具的杭中意房估〔2018〕字第地铁7号线城站站征分-022号《国有土地上房屋征收分户估价报告》，该房屋评估价值为2 615 562元，装修及附属物价值为28 530元。陈＊庆于2012年3月7日死亡。根据〔2012〕杭证民字第1515号公证书，＊＊村6-2-205室的房屋系陈＊庆与其配偶黄＊娟的夫妻共同财产，陈＊庆的遗产份额由黄＊娟、陈＊＊、陈＊英、陈＊桂、陈＊俊、陈晓＊共同继承。黄＊娟于2015年5月25日死亡，现查明其相关权利人有子女陈＊＊、陈＊英、陈＊桂、陈＊俊、陈晓＊；但相关权利人未做继承公证，至今未就被征收房屋变更权属登记，无法最终明确被征收房屋所有权人（房屋被征收人），被征收房屋所有权人不明确，在杭＊政征字〔2018〕第2号《＊＊区人民政府房屋征收决定》签约期限内与房屋征收部门达不成房屋征收补偿协议。相关权利继承人陈＊＊在征收决定公告规定的期限内，搬迁腾空＊＊区＊＊村6-2-205室房屋，交房屋征收部门处置。本机关认为，房屋征收部门申请做出征收补偿决定的要求及对被申请人提供的安置补偿方案符合《国有土地上房屋征收与补偿条例》（国务院令590号）第19条、第21条、第22条、第26条，《浙江省国有土地上房屋征收与补偿条例》第15条、第16条、第21条、第23条、第27条、第32条、第33条及

《＊＊市人民政府关于贯彻实施〈浙江省国有土地上房屋征收与补偿条例〉的若干意见》等有关规定。为保障该地块征收工作的顺利进行，根据国务院《国有土地上房屋征收与补偿条例》第26条，《浙江省国有土地上房屋征收与补偿条例》第32条、第33条的规定以及《杭州地铁7号线工程城站站项目国有土地上房屋征收补偿方案》的内容，现做出如下征收补偿决定：（1）对被征收房屋实行货币补偿。房屋征收部门在对被征收房屋按评估价值2 615 562元给予补偿的基础上，再按该评估价格的20%给予货币补贴。（2）房屋征收部门对房屋装饰装修价值按评估公司评估确定的28 530元进行补偿，并按相关规定标准发放搬家补助费及其他相关费用（含空调移机2只×200元＝400元、峰谷电表100元、有线电视300元、电话移机158元、宽带网108元，其他按照征收时的收费标准予以补偿，具体以实际产生的费用为准）。（3）房屋征收部门按规定标准向被征收人发放临时安置补助费。（4）被征收人享受房屋按期签约搬迁的奖励与优惠政策。房屋产权人及相关权利人如不服本房屋征收补偿决定，可在本房屋征收补偿决定书送达之日起60日内向＊＊市人民政府申请行政复议，或者在6个月内向人民法院提起行政诉讼。

原告陈＊＊诉称：

1. 原告父亲陈＊庆于2012年3月7日去世，原告母亲黄＊娟于2015年5月25日去世，原告父母生前共育有五个子女，分别是大女陈＊＊、二女陈＊英、三女陈＊桂、四子陈＊俊、五女陈晓＊。坐落于＊＊市＊＊村6-2-205室的房屋系原告父母生前的夫妻共同财产，原告父亲陈＊庆去世后，黄＊娟与子女通过公证确认陈＊庆生前对案涉房屋所有的部分由黄＊娟、陈＊＊、陈＊英、陈＊桂、陈＊俊、陈晓＊共同继承。原告母亲去世后，以自书遗嘱的方式明确了其生前对案涉房屋所有部分的分配方式。至此，案涉房屋的所有权人已经明确。

2. 案涉房屋所属的《杭州地铁7号线工程城站站项目》地块的房屋征收决定于2018年3月17日公布，决定中明确签约期限截止到2018年6月18日止。本次行政征收的房屋征收部门系＊＊住建局，委托＊＊街道办作为本次行政征收工作的受委托征收实施单位。根据杭州中意房地产评估咨询有限公司出具的《国有土地上房屋征收分户估价报告》（杭中意房估〔2018〕字第地铁7号线城站站征分-022号），案涉房屋的评估价值为人民币2 644 092元，其中被征收房屋价值为2 615 562元，装修及附属物评估价值为28 530元。

3. 征收决定公布后，原告与 ∗∗ 街道办的工作人员积极协商，以期通过产权调换的方式获得征收补偿，经双方协商一致后，∗∗ 街道办与原告于 2018 年 6 月 12 日订立《房屋征收产权调换协议》，原告在协议上签字后上交。原告将房产证、土地证等上交 ∗∗ 街道办，并在腾空单上签字。2018 年 6 月 24 日，案涉房屋被拆除。在案涉房屋被拆除后很长一段时间里，原告始终未得到补偿，原告就此事多次向 ∗∗ 街道办、∗∗ 区政府法制办等部门反映、并申请行政复议，复议机关以超过复议期限为由，予以驳回。

4. 2018 年 12 月 18 日，原告收到被告发出的《∗∗ 区国有土地上房屋征收补偿方案听证通知》《城市房屋征收补偿方案选择告知书》等文件，通知原告参与案涉房屋的征收补偿方案的听证会，并通知原告在补偿决定方案送达之日起 15 日内提出书面意见并选择补偿方式。12 月 25 日，征收补偿方案听证会如期举行，原告在会上明确表示，对案涉房屋中原告所有的部分，原告选择房屋产权调换的方式。12 月 27 日，原告向被告提出书面意见："（一）被征收人已于 2018 年 6 月 12 日选择征收补偿方案并签订正式协议，敦促申请人按《合同法》履行；（二）对 205 室的补偿方案及过渡方案不同意，坚持部分货币+部分产权调换，要求立即安置。"2019 年 1 月 9 日，原告收到被告作出的《∗∗ 区人民政府房屋征收补偿决定》（杭 ∗ 政征补字〔2019〕第 3 号），决定的第一条："对被征收房屋实行货币补偿。房屋征收部门在对被征收房屋按评估价值 2 615 562 元给予补偿的基础上，再按该评估价格的 20% 给予货币补贴。"

综上，上述补偿决定严重违背了原告的真实意愿，未保障被征收人的补偿方式选择权，为维护原告权益，特向贵院起诉，请求：（1）撤销《∗∗ 区人民政府房屋征收补偿决定》（杭 ∗ 政征补字〔2019〕第 3 号）的第 1 条决定，判令被告重新作出补偿决定，即确定对被征收房屋（∗∗ 市 ∗∗ 村 6-2-205 室）原告所有的部分实行产权调换的补偿方式；（2）本案诉讼费用由被告承担。

原告向本院提供的证据有：

1.《∗∗ 区人民政府房屋征收补偿决定》（杭 ∗ 政征补字〔2019〕第 3 号），证明被告于 2019 年 1 月 5 日作出了补偿决定。

2. 户籍证明；

3. 居民死亡推断书；

4. 居民死亡医学证明（推断）书；

证据2~4共同证明原告家庭成员情况。

5. 公证书；

6. 遗嘱；

7. 原告向见证人取证的证明；

证据5~7共同证明被征收房屋的所有权人已经明确。

8. 《杭州地铁7号线工程城站站项目国有土地上房屋征收补偿方案》，证明被征收项目情况。

9. 房屋产权信息查询记录；

10. 房产证、收据；

证据9和证据10共同证明被征收房屋的基本情况。

11. 《国有土地上房屋征收分户评估报告》（杭中意房估〔2018〕字第地铁7号线城站站征分-022号），证明被征收房屋的评估价值。

12. 录音、录像，系原告跟街道办事处负责人、工作人员进行谈话协商、签订产权调换协议的录音材料，由原告自行录制，证明**街道办认可产权调换的方式和已签合同的效力。

13. 《房屋征收产权调换协议》两份，一份由街道办事处提供给原告的模板；一份复印件由街道办事处交给原告需要签字的文本，原告当场拍照并签字，证明双方对产权调换已达成一致意见。

14. 腾空单，证明原告在腾空单上签字。

15. 行政复议相关材料，证明原告就征收部门违法拆除被征收房屋一事申请行政复议。

16. 《**区国有土地上房屋征收补偿方案听证通知》《城市房屋征收补偿方案选择告知书》等材料，证明原告于2018年12月18日收到被告的书面材料。

17. 《对申请人**区住房和城市建设局答复信》、送达材料，证明原告于2018年12月27日向被告作出了书面意见。

上述证据均系复印件。

被告**区人民政府辩称：

1. 被告作出案涉房屋征收补偿决定程序合法。因杭州地铁7号线工程城站站项目建设需要，被告于2018年3月17日作出杭*政征字〔2018〕第2

号《**区人民政府房屋征收决定》，并于同日发布公告，决定对**区**街道辖区范围内的国有土地上房屋予以征收，确定房屋征收部门为**住建局，征收实施单位为**街道办，签约期限自2018年3月18日至6月18日。该公告同日在房屋征收范围内张贴，并于同年3月19日在**区政府门户网站上发布。因被征收人未能自行协商选定房地产价格评估机构，故**住建局在公证机构现场公证下，以投票、抽签方式确定了包括杭州中意房地产评估咨询有限公司在内的三家公司作为本次项目的房屋征收房地产价格评估机构，并于2018年3月28日进行公告。案涉**区**村6-2-205室房屋位于项目征收范围内，产权人陈*庆已死亡，故**住建局于2018年6月8日将杭中意房估〔2018〕字第地铁7号线城站站征分-022号《国有土地上房屋征收分户估价报告》向原告（陈*庆之女）直接送达，并于同日在《杭州日报》上以公告方式向案涉房屋的其他权利继承人送达。2018年6月10日，原告将案涉房屋腾空并向**住建局移交。后因包括原告在内的五位案涉房屋权利继承人与**住建局在签约期限内不能达成补偿协议，故**住建局于2018年12月11日向被告申请对案涉房屋作出征收补偿决定，同时提出货币补偿和产权调换两种补偿决定方案。同日，被告将补偿决定方案在**区政府门户网站上向案涉房屋权利继承人公告送达。2018年12月17日至19日，被告又将上述补偿决定方案分别向包括原告在内的五位案涉房屋权利继承人送达，并告知自补偿决定方案送达之日起十五日内选择补偿方式。2018年12月25日，被告就案涉房屋的征收补偿事宜举行听证会，原告在听证会上选择产权调换，其他四位案涉房屋权利继承人均选择货币补偿。2019年1月5日，被告以包括原告在内的五位案涉房屋权利继承人为被征收人，作出杭*政征补字〔2019〕第3号《**区人民政府房屋征收补偿决定》，及时向被征收人送达，并在案涉被征收房屋处予以公告，程序合法。

2. 被告具有作出案涉房屋征收补偿决定的法定职权。《国有土地上房屋征收与补偿条例》第26条第1款规定："房屋征收部门与被征收人在征收补偿方案确定的签约期限内达不成补偿协议，或者被征收房屋所有权人不明确的，由房屋征收部门报请作出房屋征收决定的市、县级人民政府依照本条例的规定，按照征收补偿方案作出补偿决定，并在房屋征收范围内予以公告。"据此，被告作为作出《房屋征收决定》的区级政府，具有作出案涉房屋征收补偿决定的法定职权。

3. 被告作出案涉房屋征收补偿决定未侵犯被征收人的补偿方式选择权。案涉被征收房屋位于 ** 区 ** 村 6-2-205 室，产权人为陈 * 庆，房屋所有权证号为 * 房权证上换字第 0029807 号，设计用途为住宅，建筑面积 75.08 平方米。2012 年 3 月 7 日，陈 * 庆去世，同年 3 月 20 日，其配偶黄 * 娟与五子女陈 **、陈 * 英、陈 * 桂、陈 * 俊、陈晓 * 办理了继承权公证，确认案涉房屋的一半为陈 * 庆的遗产，并由黄 * 娟和原告在内的五子女共同继承。2015 年 5 月 25 日，黄 * 娟去世，后五子女未对黄 * 娟享有的案涉房屋办理继承分割，亦未表示放弃继承，故本项目征收时案涉房屋系由五子女继承，被告以陈 **、陈 * 英、陈 * 桂、陈 * 俊、陈晓 * 五人作为被征收人并无不当。本案中，因五位被征收人在收到被告送达的补偿决定方案和补偿方式选择告知书之后，陈 * 英、陈 * 桂、陈 * 俊、陈晓 * 均选择了货币补偿，仅原告一人选择产权调换，故被告在作出的案涉房屋征收补偿决定中确定货币补偿安置方式，符合法律规定，未侵犯被征收人的补偿方式选择权。

4. 被告作出案涉房屋征收补偿决定的补偿内容合法。被告作出的案涉房屋征收补偿决定确定了对被征收房屋实行货币补偿，补偿金额为《分户估价报告》确定的房屋评估价值人民币 2 615 562 元，并根据《房屋征收补偿方案》的规定在评估价格的基础上给予 20% 的货币补贴。此外，案涉房屋征收补偿决定对房屋装修价值、搬家补助费、临时安置补助费等事项均予以明确，并确定被征收人享有房屋按期签约搬迁的奖励与优惠政策，补偿内容符合相关法律法规规定。案涉房屋征收补偿决定未对被征收人享有的房屋份额或房屋补偿款进行分割，未侵犯原告的合法权益。

综上，被告作出的杭 * 政征补字〔2019〕第 3 号《** 区人民政府房屋征收补偿决定》认定事实清楚、证据确凿、适用依据正确、程序合法，原告的诉讼理由不能成立，请求法院依法判决驳回原告的诉讼请求。

被告在法定期限内向本院提供的证据有：

1. * 房权证上换字第 0029807 号《房屋所有权证》、2018-410480317 号《房屋产权信息查询记录》，证明案涉房屋的产权人为陈 * 庆，设计用途为住宅，合法建筑面积为 75.08 平方米的事实。

2. 〔2012〕杭证民字第 1515 号《公证书》、黄 * 娟居民死亡推断书，证明案涉房屋产权人陈 * 庆于 2012 年 3 月 7 日去世，其配偶黄 * 娟与五子女陈 **、陈 * 英、陈 * 桂、陈 * 俊、陈晓 * 办理了继承权公证，确认案涉房屋的一半

为陈＊庆的遗产，并由黄＊娟和五子女共同继承，后黄＊娟于 2015 年 5 月 25
日去世的事实。

3. 杭＊政征字〔2018〕第 2 号《＊＊区人民政府房屋征收决定》《杭州地
铁 7 号线工程城站站项目国有土地上房屋征收补偿方案（正式稿）》《＊＊区
人民政府房屋征收决定公告》、〔2018〕浙杭钱证内字第 4499 号《公证书》、＊＊
区政府门户网页截屏，证明被告于 2018 年 3 月 17 日作出房屋征收决定，同日
在房屋征收范围内张贴公告，并于同年 3 月 19 日在 ＊＊区人民政府门户网站
上发布的事实。

4.《杭州地铁 7 号线工程城站站项目房地产价格评估机构确定公告》及
张贴记录、公示现场张贴照片 4 张、〔2018〕浙杭钱证内字第 4500 号《公证
书》，证明＊＊住建局在公证机构现场公证下确定本次项目的房屋征收房地产
价格评估机构，并于 2018 年 3 月 28 日进行公告的事实。

5.《公示说明（六）》《杭州地铁 7 号线工程城站站项目住宅分户初步
评估结果公示（四）》及张贴记录、杭中意房估〔2018〕字第地铁 7 号线城
站站征分-022 号《国有土地上房屋征收分户估价报告》、评估报告送达回执
单、送达现场照片 2 张、送达公告、工作人员身份证明，证明＊＊住建局于
2018 年 6 月 8 日将分户评估报告送达给包括原告在内的案涉房屋权利继承人
的事实。

6.《房屋征收谈话笔录》，证明房屋征收实施单位＊＊街道办与原告就房
屋征收补偿事宜进行谈话的事实。

7.《情况说明》《望江地区住宅房屋征收腾空封门表》《情况说明》，证
明案涉被征收人户于 2018 年 6 月 10 日腾空交房的事实。

8.《申请书》，证明＊＊住建局于 2018 年 12 月 11 日向被告申请对案涉房
屋作出征收补偿决定，并提出货币补偿和房屋产权调换两种补偿决定方案的
事实。

9.《城市房屋征收补偿方案选择告知书》《关于 ＊＊区 ＊＊村 6-2-205 室
房屋的补偿方案及过渡方案》及邮寄凭证、邮件查询记录截屏、送达回证、
工作人员身份证明、＊＊区政府门户网页截屏，证明被告将补偿决定方案送达
给包括原告在内的案涉房屋权利继承人，并告知在规定期限内选择补偿方式
的事实。

10.《关于补偿方案选择的态度说明》《房屋征收补偿选择决定书》《关

于补偿方案的态度》《情况说明》，证明陈＊英、陈＊桂、陈＊俊、陈晓＊均选择货币补偿方式的事实。

11.《＊＊区国有土地上房屋征收补偿方案听证通知》及邮寄凭证、送达回证、工作人员身份证明、＊＊区政府门户网页截屏、听证会签到表、听证记录，证明被告在作出征收补偿决定前，就案涉被征收房屋的补偿事宜举行听证会，陈＊英、陈＊桂、陈＊俊、陈晓＊均选择货币补偿方式，仅陈＊＊选择房屋产权调换补偿方式的事实。

12. 杭＊政征补字〔2019〕第3号《＊＊区人民政府房屋征收补偿决定》及张贴记录、公示现场张贴照片2张、送达回证、工作人员身份证明、＊＊区政府门户网页截屏，证明被告于2019年1月5日对案涉房屋依法作出征收补偿决定，及时送达给被征收人，在被征收房屋处予以张贴并在＊＊区人民政府门户网站上发布的事实。

13. 陈＊＊身份证复印件、视频资料，证明原告未在案涉房屋居住，其实际居住于＊＊市＊＊区＊院8幢046室的事实。

上述证据均系复印件。

被告向本院提供的依据有：《国有土地上房屋征收与补偿条例》《浙江省国有土地上房屋征收与补偿条例》《国有土地上房屋征收评估办法》《＊＊市人民政府关于贯彻实施〈浙江省国有土地上房屋征收与补偿条例〉的若干意见》。

第三人陈＊英、陈＊桂、陈＊俊述称，根据我们家的特殊情况，目前＊＊区法院浙0102民初2155号尚在审理过程中，现就我们父母遗产房屋补偿方式说明如下：（1）拆迁房屋补偿原则是："无人居住、所有子女都有房可住、且户口不在所拆屋之内，以货币分房为主"，我们五个继承人都不居住在内，而且在杭都有房可住，根据当时政策我们四姐妹才选择货币分房。（2）拆迁房屋自父母死后一直空置，"货币＋实物"是以居住为前提的分配方案。原告有好几处住房，＊＊区＊院8幢、原＊＊门大通桥河下2号也有至少一处房屋是拆迁安置的、德清也有一处150左右平方房产、民生路22号（可能已卖），鉴于以上事实，原告无资格无理由再要求产权调换。（3）依据《中华人民共和国物权法》第97条，"处分共有的不动产应当经占份额2/3的按份共有人同意……"，我们2/3以上份额的人有权决定父母房产的补偿方式，原告份额肯定不足1/3，如何能与这一条款抗衡，达到分房目的？（4）根据

《杭州地铁7号工程城站项目补偿方案》第15条第7款，"上述方案中所述的户为一本产权证为一户，如涉及共有权的房屋视为一户"视作一种选择方案，区政府的判决方案视我们为一户才做出的正确决定。原告急于房产置换其真实目的是为了绕过我们，侵吞父母遗留下来的大额现金遗产。我们相信政府、维护杭*征补字2019第3号《补偿决定》，到最后反倒成了弱势群体，如果让有心机有手段的人无理取闹，小老百姓的公理何在？原告小于1/3份额有权可以拿房，那么陈*俊按照所谓的"遗嘱"与原告比例是一样的，也要求单独要一套房（听证会上有记录）。恳请法院公正判决，维护政府的公信力。

第三人陈晓*述称：（1）原告无权代表所有的被征收人（被征收房屋是原告和其他四位第三人共同所有），原告无权个人决定征收补偿方式。根据〔2012〕杭证民字第1515号《公证书》以及《中华人民共和国继承法》有关规定，被征收房屋（**市**村6-2-205室）在黄*娟过世后，应由原告和四位第三人共同所有。（2）五位被征收人中除原告之外，其他四位被征收人的意见是一致的，即同意货币补偿方式。故无论是从被征收人的数量以及被征收房屋的份额上，征收补偿方式均应按货币补偿方式。（3）原告主张被征收房屋所有权份额已经明确，纯属其一面之词。其他四位被征收人均不认可。原告主张的所谓"遗嘱"不具有真实性、合法性、有效性。第三人在中国期间，原告亲口对第三人说母亲没有遗嘱。但在2018年12月25日与政府的听证会上，原告坚持其份额应按其手上的假遗嘱来分配。可就在这次会议上，其又同意第三人的份额是13%，这与假遗嘱内容不符。有关该假"遗嘱"的效力问题，**区人民法院正在审理中，7月9日开庭。（4）政府给予的房屋征收补偿并不属于黄*娟遗产，无论原告主张的所谓"遗嘱"为生效判决认定是否有效，原告均无权主张按"遗嘱"分割征收补偿款（或补偿房屋）。《中华人民共和国继承法》第3条规定："遗产是公民死亡时遗留的个人合法财产。"被征收房屋有部分份额系黄*娟的遗产，但黄*娟于2015年5月过世，而本案的被征收人并不包括黄*娟。政府依法给予被征收人的征收补偿与黄*娟无关，自然也与原告主张的所谓"遗嘱"无关。（5）原告与其他被征收人之间就被征收房屋中原属于黄*娟的份额（58.33%）发生继承争议，被征收房屋的价值经评估为2 615 562元，故有争议部分金额为1 524 872元（2 615 562元*58.33%）。征收补偿款总额中减去有争议部分1 524 872元之外的部分，属于无争议事项。第三人积极配合祖国建设需要，在未实际收到政府征收补偿款的情形下，被征收房屋已于 2018 年 6 月拆迁。虽然，由于原告的一再对政府征收提出行政复议、行政诉讼等行为，导致政府未实际发放征收补偿款，但第三人从未对政府征收设置障碍。在此，第三人也感谢被告 ** 区政府及其征收部门做了大量的解释说明工作。但第三人认为，不能因为原告的不合理维权缠诉行为，而损害第三人的利益，致使第三人在被征收房屋拆迁一年后仍未能获得任何征收补偿，这对第三人是严重不公平的。如前所述，对于被征收人之间没有争议的部分（即征收补偿款总额-有争议房屋评估价值 1 524 872 元）的 1/5，恳请政府机构立即以货币的形式分配给第三人。

（6）原告有多处住房，并无以产权调换方式安置之必要。原告在被拆迁房屋无户口无居住，且在 ** 市有多处居住房屋。故原告并不存在居住困难，需要房屋实物安置之情形。而第三人在中国没有住房，被拆迁房是其探亲访友居住的栖息之地。拆迁后，第三人反而有房屋的实际需要，才是应安置人口。

（7）原告与其他被征收人正在进行民事诉讼，其主张以产权调换方式补偿不具有可操作性。本案的拆迁补偿是对包括第三人在内的五位被征收人的补偿，第三人考虑到货币补偿对五位被征收人之间平等公平的分配，可以便利实施和分割。而产权调换方式的补偿分配，会使分割变得困难和复杂化，人为制造家庭矛盾不断延续。更何况原告与其他被征收人正在进行继承纠纷诉讼，如果采用产权调换方式，无疑是引发新的诉讼。（8）原告无权代表五位被征收人签订拆迁补偿协议，无权决定拆迁补偿方式，应当按大多数被征收人的意见实施货币补偿。被拆迁房屋系五位被征收人按份共有，原告的份额只有 20%，而另四位被征收人的份额为 80%。包括第三人在内的四位被征收人均同意货币补偿方式，其份额超过 2/3。因此，本案应实施货币补偿。（9）原告主张其签署的所谓"产权调换协议"成立并生效，与事实和法律不符。同一套被拆迁房屋目前有两份协议，且两份协议都没有征收单位的盖章。而原告并非唯一被征收人，无权代表其他被征收人签订产权调换协议。而根据前述《中华人民共和国物权法》第 97 条，其他四位被征收人的份额超过 2/3，有权处分被拆迁房屋，故包括第三人在内的四位被征收人有权签订货币补偿协议而无需再经得原告同意。这也不违反"一户一签"的原则。如果房屋被拆除算是被征收一方履行义务且政府接受的话，也不能解释为是原告一方在履行义务。原告无权处分被拆迁房屋，自然也无权作出履行拆迁义务的行为。合理的解释只能是包括第三人在内的四位被征收人在履行货币补偿协议项下义务，因此货币补偿协议成立，而产权调换协议并不成立。综上，被告应对被征收房屋实行货币补偿，补偿金额应按法律、法规及地方政策予以足额补偿，并给予奖励和补助。被告应将征收补偿中不涉及原告与第三人继承争议部分（即征收补偿款总额－有争议房屋评估价值1 524 872元）的1/5，立即以货币的形式分配给第三人。

第三人 ** 街道办述称，本案系原告家自己内部的分家矛盾没有解决导致的纠纷。当时的拆迁程序符合法律规定，在整个过程中拆迁指挥部并没有与五方共同在一个协议上签订协议，在无法达成协议的基础上才向区政府申请作出补偿决定，以货币补偿的方式作出补偿决定。

第三人 ** 街道办向本院提供的证据有：

1. 产权调换协议。

2. 货币补偿协议。

共同证明：（1）** 街道办与案涉其中四人签订过货币补偿协议；（2）产权调换协议虽然原告签过字，但没有经过被告的认可，该协议尚未生效；（3）事实上案涉争议的五征收人并没有针对补偿方式达成一致意见，所以没有签订正式的协议，即五人存在争议，住建局才向区政府提出补偿决定的申请。

上述证据均系复印件。

经庭审，对被告提供的证据，原告质证如下：证据1真实性没有异议，关联性有异议，不能证明被告证明目的，案涉房屋虽登记为陈 * 庆，但为陈 * 庆及配偶黄 * 娟共同共有；证据2真实性没有异议，关联性有异议，不能证明被告证明目的，通过继承人的公证及黄 * 娟的遗嘱，房屋的所有权人已经明确；证据3~9、证据11无异议；证据10真实性没有异议，关联性有异议，且不能证明被告的证明目的，四第三人对房屋征收补偿的选择不影响原告的征收补偿选择权；证据12真实性没有异议，合法性有异议；证据13真实性没有异议，关联性有异议，不能证明被告的证明目的，不论原告是否居住在案涉房屋内，不影响其作为被征收人应当享有的各项权利。第三人均无异议。

对原告提供的证据，被告质证如下：证据1~4、8~11、14~17没有异议；证据5~7，公证书本身没有异议，遗嘱和证明有异议，而且遗嘱案件尚在 ** 区法院审理过程中，原告所占的案涉房屋的份额是有争议的、有待生效判决的确认，故原告证明对象不成立；证据12和证据13，材料本身没有异议，但对证明目的有异议，**街道办对该协议没有签字或者盖章确认，这个协议是按照产权调换的形式由陈**单方签字，不能证明双方对产权调换协议达成一致意见。第三人**街道办同意被告的质证意见。第三人陈*英、陈*桂、陈*俊质证如下：遗嘱不能作为法庭的定案证据。

对第三人**街道办提供的证据，原告质证如下：证据1产权调换协议，真实性没有异议，证明对象有异议，原告认为合同已经生效；证据2货币补偿协议，经核实原件，住建局的章是原件，但是被征收人其他第三人陈*英等人是彩印的合同，货币补偿协议严格意义上不是原件，所以形式要件原告有异议，货币补偿协议中其他四人陈*俊、陈*英、陈晓*、陈*桂不能代表原告的意见，合同不能约束原告，合法性有异议。被告质证如下：证据1调产安置协议，只有一方的签字，合同不成立；证据2货币补偿协议没有异议。第三人陈*英、陈*桂、陈*俊质证如下：证据1产权调换协议，还没有生效，我们四人签订货币补偿协议在先、并占4/5的份额，房屋被拆除是征得大多数人的意见下拆掉的，并不代表原告一个人的意见；证据2货币补偿协议是我们当时签的这份，真实性没有异议。

本院对上述证据认证如下：被告提供的证据3~9、11和原告提供的证据1~4、8~11、14~17各方均无异议，符合证据三性，予以采信。被告提供的证据1、证据2能够证明涉案房屋的产权登记内容、继承公证、黄*娟死亡等情况，予以采信；证据10能够证明征收补偿程序中被征收人关于补偿方式的选择情况，予以采信；证据12能够证明被诉补偿决定的内容及送达、公示等情况，予以采信；证据13与本案无关，不予采信。原告提供的证据5能够证明继承公证的情况，予以采信；证据6、证据7属于民事诉讼争议内容，其真实性、合法性由相关民事案件确认；证据12、证据13能够证明涉案产权调换协议的签订过程，予以采信。第三人**街道办提供的证据1，结合原告提供的证据12、13、14能够证明该协议已经成立并已部分履行，予以采信；证据2协议双方一致认可，予以采信。

经审理查明，因杭州地铁7号线工程城站站项目建设需要，**区人民政府于2018年3月17日作出杭*政征字〔2018〕第2号《房屋征收决定》，并于同日发布公告，决定对**区**街道辖区范围内国有土地上房屋予以征收（以征收红线范围为准），房屋征收部门为**住建局，征收实施单位为**街道办，签约期限自2018年3月18日至6月18日。

区村6-2-205室房屋属于征收红线范围，据*房权证上换字第0029807号房屋所有权证记载，该房屋产权人陈*庆，产权性质私有，设计用途住宅，建筑面积75.08平方米。根据杭州中意房地产评估咨询有限公司评估并出具的杭中意房估〔2018〕字第地铁7号线城站站征分-022号《国有土地上房屋征收分户估价报告》，该房屋评估价值为2 615 562元，装修及附属物价值为28 530元。陈*庆已于2012年3月7日死亡。据〔2012〕杭证民字第1515号《公证书》记载，该房屋系陈*庆与其配偶黄*娟的夫妻共同财产，陈*庆的遗产份额由黄*娟、陈**（长女）、陈*英（次女）、陈*桂（三女）、陈*俊（长子）、陈晓*（四女）共同继承。黄*娟于2015年5月25日死亡。

2018年5月11日至25日，**住建局、**街道办与陈*英、陈*桂、陈*俊、陈晓*签订了《**市国有土地上房屋征收补偿协议书（货币补偿协议）》，约定对涉案房屋进行货币补偿，未明确具体份额。陈*英、陈*桂、陈*俊、陈晓*分别出具《情况说明》，同意腾空涉案房屋进行拆除，补偿款暂不领取。2018年6月11日，陈**在**街道办工作人员出具并填写的《产权调换协议》上签名，约定对涉案房屋75.08（其中23.78）平方米进行产权调换，陈**在2018年6月18日前将涉案房屋搬迁腾空交给房屋征收部门，并经征收部门验收确认。2018年6月10日，陈**将涉案房屋腾空交付房屋征收部门，该房屋已于2018年6月24日拆除。

2018年12月11日，**住建局向**区人民政府申请对涉案房屋作出征收补偿决定，同时提出货币补偿和产权调换两种补偿方案。同日，**区人民政府将补偿方案在**区政府门户网站上向案涉房屋权利继承人公告送达。2018年12月17日至19日，**区人民政府又将上述补偿方案分别向五位继承人送达，并告知自补偿方案送达之日起十五日内选择补偿方式。2018年12月25日，**区人民政府就案涉房屋的征收补偿事宜举行听证会，陈**在听证会上选择产权调换，其他四位继承人均选择货币补偿。2019年1月5日，**区人民政府以五位继承人为被征收人，作出杭*政征补字〔2019〕第3号《房屋征收补偿决定》，并在涉案被征收房屋处予以公告。陈**不服，提起本案诉讼。

另查明，陈**诉陈*英、陈*桂、陈*俊、陈晓*继承纠纷一案，**区人民法院于2019年4月19日受理，并于2019年10月20日作出（2019）

浙0102民初2155号《民事判决书》，查明：2015年3月18日，黄*娟书写遗嘱一份，载明："……我于（与）丈夫陈*庆（已于二〇一二年三月七日因病死亡）共生五个子女，我们俩夫妻共同拥有**区兴（隆）西村6幢2单元205室的房屋一处。考虑我年事已高，为避免今后发生不必要的纠纷，故趁目前健在头脑清醒时，自愿亲笔立遗嘱如下：待我百年之后上述房屋中属于我所有的产权份额指定由我的儿子陈*俊继承2/5、大女儿陈**继承2/5、二女儿陈*英继承1/5……。"判决：（1）被继承人黄*娟于2015年3月18日书写的遗嘱有效；（2）原坐落于**市**村6-2-205室房屋（建筑面积75.08平方米）中被继承人黄*娟遗有的7/12产权份额由原告陈**、被告陈*俊各继承2/5产权份额、被告陈*英继承1/5产权份额（原告陈**、被告陈*俊各享有19/60产权份额，被告陈*英享有1/5产权份额，被告陈*桂、陈晓*各享有1/12产权份额）。该案宣判后，陈晓*提起上诉，二审尚在审理之中，案号（2019）浙01民终10847号。

本院认为，《国有土地上房屋征收与补偿条例》第26条第1款规定，房屋征收部门与被征收人在征收补偿方案确定的签约期限内达不成补偿协议，或者被征收房屋所有权人不明确的，由房屋征收部门报请作出房屋征收决定的市、县级人民政府依照本条例的规定，按照征收补偿方案作出补偿决定，并在房屋征收范围内予以公告。本案中，**村6-2-205室房屋于2018年3月17日被纳入征收范围，该房屋原系陈*庆、黄*娟共同共有，陈*庆于2012年3月7日死亡，黄*娟于2015年5月25日死亡。据〔2012〕杭证民字第1515号《公证书》记载，陈*庆的该房遗产份额由黄*娟、陈**、陈*英、陈*桂、陈*俊、陈晓*共同继承；而黄*娟的该房遗产如何分配，各继承权人存在争议，部分继承权人主张遗嘱继承，相关继承纠纷已进入诉讼程序。据此，涉案房屋在完成遗产分割之前应属于全部继承权人陈**、陈*英、陈*桂、陈*俊、陈晓*共同共有，故本案并不属于被征收房屋所有权人不明确的情形。另外，2018年5月11日至25日，**住建局、**街道办已经与陈*英、陈*桂、陈*俊、陈晓*签订了《**市国有土地上房屋征收补偿协议书（货币补偿协议）》。2018年6月11日，陈**在**街道办工作人员出具并填写的《产权调换协议》上签名，陈**已经将涉案房屋腾空交付房屋征收部门，该房屋已于2018年6月24日拆除，故应认定该《产权调换协议》已成立并部分履行。至此，房屋征收部门已经与涉案房屋共有权人全部签订征收补偿协议，部分产权人选择产权调换，部分产权人选择货币补偿，并不影响协议的效力。综上，涉案房屋既不存在被征收房屋所有权人不明确的情形，也不存在房屋征收部门与被征收人在征收补偿方案确定的签约期限内达不成补偿协议的情形，**区人民政府却根据房屋征收部门的申请作出被诉房屋征收补偿决定，属于主要证据不足，适用法律错误，依法应予撤销。依照《中华人民共和国行政诉讼法》第70条第1项、第2项的规定，判决如下：

撤销被告**区人民政府于2019年1月5日作出的杭*政征补字（2019）第3号《房屋征收补偿决定》。

案件受理费人民币50元，由被告**区人民政府负担。

如不服本判决，原告陈**，被告**区人民政府，第三人陈*英、陈*桂、陈*俊、**区人民政府**街道办事处可在收到本判决书之日起15日内；第三人陈晓*可在收到本判决书之日起30日内，向本院递交上诉状，并按对方当事人的人数提交副本，上诉于浙江省高级人民法院。

审 判 长　　吴宇龙（主审）

人民陪审员　　朱志华

人民陪审员　　李 慧

二〇二〇年三月十一日

本件与原本核对无异

书 记 员　　汪金枝

附本判决适用的法律依据：

《中华人民共和国行政诉讼法》

第七十条 行政行为有下列情形之一的，人民法院判决撤销或者部分撤销，并可以判决被告重新作出行政行为：

（一）主要证据不足的；

（二）适用法律、法规错误的；

（三）违反法定程序的；

（四）超越职权的；

（五）滥用职权的；

（六）明显不当的。

四、朱 ** 诉 ** 市房产管理局拆迁行政裁决案

【裁判要旨】

1. 被拆迁房屋未办理房屋产权登记，未取得房产证，但曾经办理过用地审批手续，并取得了《国有土地使用权证》，应结合房屋建造时间、建造地域等因素，认定其合法性。

2. 房屋拆迁管理部门在拆迁裁决程序中未组织当事人调解，未充分听取当事人意见，构成程序重大违法。

【裁判文书】

浙江省杭州市中级人民法院
行 政 判 决 书

（2010）浙杭行终字第 56 号

上诉人（原审原告）朱 **。

被上诉人（原审被告）** 市房产管理局。

被上诉人（原审第三人）** 市 ** 区农居建设管理中心。

上诉人朱 ** 为与被上诉人 ** 市房产管理局、** 市 ** 区农居建设管理中心房屋拆迁行政裁决一案，不服 ** 市 ** 区人民法院（2009）杭 * 行初字第 57 号行政判决，向本院提起上诉。本院于 2010 年 1 月 25 日受理后，依法组成合议庭，并于 2010 年 3 月 9 日公开开庭审理了本案。本案现已审理终结。

2009 年 7 月 17 日，** 市房产管理局作出 * 房拆裁 * 字〔2009〕第 15 号

《拆迁纠纷裁决书》，根据《城市房屋拆迁管理条例》、《浙江省城市房屋拆迁管理条例》及《杭州市城市房屋拆迁管理条例》的相关规定，就申请人 ** 市 ** 区农居建设管理中心与被申请人朱 ** 户的房屋拆迁纠纷裁决如下：（1）由申请人提供云河家园章家坝社区 7 幢 2 单元 1401 室，建筑面积 83.29 平方米，评估价值为 429 776 元的现房一套，作为被申请人的安置用房进行安置。如被申请人提供原房屋产权凭证，则安置房实行产权调换，并进行差价结算；如被申请人无法提供原房屋的产权凭证，安置房屋产权属拆迁人所有，由申请人与被申请人建立房屋租赁关系，并可按住房制度政策购房。（2）由申请人支付被申请人的搬家补助费、临时安置补助费等其他相关费用按相关政策规定的标准支付。（3）被申请人必须在本裁决书送达之日起 15 日内搬迁腾空 ** 区 ** 镇章家坝社区西区 55 号房屋，交申请人处置。

原审原告朱 ** 起诉称：（1）** 市房产管理局裁决依据的 * 房拆许字〔2006〕第 034 号《房屋拆迁许可证》是违法的。* 房拆许字〔2006〕第 034 号《房屋拆迁许可证》核准的拆迁范围中没有包括 ** 区 ** 镇章家坝社区西区 55 号房屋，至今没有看到拆迁人公布的拆迁补偿安置方案。（2）裁决中的补偿安置有误。评估机构的选定程序不合法，至今没有看到评估报告，对评估事宜一无所知，裁决确认的补偿和安置面积远远少于房屋实际建筑面积。（3）1996 年 3 月 26 日，朱 ** 户依法取得杭 * 国用〔96〕字第 309 号《国有土地使用证》，批准用地面积 125.7 平方米。朱 ** 户在依法批准的土地上建造的房屋，对房屋拥有合法的所有权，该房屋权属清楚明确。综上，裁决认定事实不清，证据不足，系违法行政，侵害了朱 ** 户的合法权益。请求撤销 * 房拆裁 * 字〔2009〕第 15 号《拆迁纠纷裁决书》。

原审法院认定事实如下：1994 年 3 月 17 日，朱 ** 户被批准在拆除旧房的基础上，在章家坝西区 55 号建造占地面积 40 平方米的二层楼房。2006 年 11 月 3 日，** 市 ** 区农居建设管理中心因彭埠入城口整治农居拆迁安置工程章家坝社区项目建设需要，取得 * 房拆许字〔2006〕第 034 号《房屋拆迁许可证》，被允许在东至杭甬铁路、西至京杭运河、南至 ** 区农居建设管理中心、北至艮山西路（以拆迁红线范围为准、集体土地除外）的范围内实施拆迁。2009 年 1 月 22 日，** 市房产管理局同意将拆迁期限延长至 2009 年 11 月 3 日。朱 ** 的房屋在拆迁红线内，在拆迁过程中，朱 ** 与 ** 市 ** 区农居建设管理中心不能就安置补偿问题达成协议。后 ** 市 ** 区农居建设管理中心向＊＊市房产管理局申请裁决，并提交了：（1）＊＊市＊＊区村民建房用地申请表、查档记录；（2）＊＊市房屋拆迁调查表；（3）＊房拆许字〔2006〕第034号《房屋拆迁许可证》、＊房局〔2009〕11号《关于同意延长拆迁期限的批复》；（4）刊登在杭州日报上的《房屋拆迁公告》；（5）拆迁计划和拆迁方案；（6）拆迁范围及拆除房屋情况；（7）红线图和仲裁房屋示意图；（8）章家坝西区55号的拆迁安置方案；（9）户籍证明；（10）未达成协议的被拆迁人比例；（11）安置房证明；（12）被拆迁人房屋拆迁评估结果公示及照片；（13）评估报告书；（14）动迁协商记录；（15）评估公司的情况说明；（16）〔2006〕杭证民字第70524、70525号《公证书》及房管局＊房局〔2006〕281号《关于确定彭埠入城口整治农居拆迁安置工程章家坝社区项目拆迁评估机构的处理意见》。＊＊市房产管理局于2009年7月8日受理后，召集双方进行了调解，仍不能达成协议，遂于2009年7月17日作出＊房拆裁＊字〔2009〕第15号《拆迁纠纷裁决书》，并于同日送达给双方当事人。朱＊＊不服上述裁决，于2009年8月18日提起行政诉讼。

原审法院认为，朱＊＊户的房屋位于国有土地上，《城市房屋拆迁管理条例》《浙江省城市房屋拆迁管理条例》《＊＊市城市房屋拆迁管理条例》系＊＊市城市房屋拆迁管理合法有效的法律依据。根据《＊＊市城市房屋拆迁管理条例》第23条的规定，拆迁人与被拆迁人或者拆迁人、被拆迁人与房屋承租人在拆迁公告规定的搬迁期限内达不成拆迁补偿安置协议的，经当事人申请，由房屋拆迁主管部门裁决。房屋拆迁主管部门是被拆迁人的，由同级人民政府裁决。裁决应当自受理申请之日起30日内作出。朱＊＊与＊＊市＊＊区农居建设管理中心在搬迁期限内经协商未达成协议，＊＊市＊＊区农居建设管理中心向＊＊市房产管理局申请裁决，＊＊市房产管理局受理，并作出裁决，主体适格。

＊＊市房产管理局依据《＊＊市＊＊区农村村民建房用地申请表》认定朱＊＊户于1994年3月17日经批准在原拆迁旧房基地上新建二楼40平方米的房屋，并依据浙江省恒信房地产土地评估有限公司的评估结果，认定该房屋补偿价值为人民币373 322元，装修补偿价为121 069元（同柴＊＊户共有），认定事实清楚。同时＊＊市房产管理局根据相关规定，在受理裁决申请后，召集双方当事人调解，双方仍未能达成协议，后作出裁决，程序合法。但＊＊市房产管理局未在法定期限内提供召集双方调解的材料，存在瑕疵，但此瑕疵并不足

以导致被诉具体行政行为被撤销。朱 ** 要求撤销该裁决的理由不成立，不予支持。据此，依照《最高人民法院关于执行〈中华人民共和国行政诉讼法〉若干问题的解释》第 56 条第 4 项之规定，判决驳回朱 ** 要求撤销 ** 市房产管理局 2009 年 7 月 17 日作出的 * 房拆裁 * 字〔2009〕第 15 号《拆迁纠纷裁决书》的诉讼请求。案件受理费人民币 50 元，由朱 ** 承担。

宣判后，朱 ** 不服，向本院上诉称：（1）** 市房产管理局违法发放《房屋拆迁许可证》。（2）** 市房产管理局违法延长拆迁期限，延期是违法无效的。（3）朱 ** 户是依照《农村村民建房用地申请表》建造房屋的，** 市房产管理局没有职权管辖而进行裁决；而且 ** 市房产管理局是在没有申请人申请的情况下作出裁决的，行使职权的依据不成立。（4）《拆迁纠纷裁决书》仅将朱 ** 列为被拆迁人，侵犯了其他房屋所有权人的合法权利。（5）杭艮所字第 05979 号《土地房产所有证》项下在章家坝 5 都 8 图 5048 甲号的房屋、杭 * 国用〔96〕字第 309 号《国有土地使用证》项下 125.7 平方米土地上建造的房屋、杭 * 国用〔96〕字第 308 号《国有土地使用证》项下 24 平方米土地上建造的房屋，完全没有给予评估；评估的程序也不合法。（6）违法确定安置方式，剥夺了上诉人的选择权。（7）《拆迁纠纷裁决书》认为"被申请人无法提供原房屋的产权凭证，安置房屋所有权属于拆迁人所有"侵犯了上诉人的私有财产。（8）裁决适用法律错误，没有严格依法裁决、依法行政。请求二审法院撤销一审判决，撤销 * 房拆裁 * 字〔2009〕第 15 号《拆迁纠纷裁决书》，诉讼费由被上诉人承担。

被上诉人 ** 市房产管理局答辩称：（1）颁发《房屋拆迁许可证》、延长拆迁期限均系行政许可行为，但不是涉案的具体行政行为。（2）居委会不能是集体土地房屋的批建主体，只有内容而非申请表的名称才反映批建土地的性质。（3）上诉人拥有的合法权属来源的房屋面积是 80 平方米。（4）评估机构依法产生，评估结果与拆迁当事人的异议权依法告知了上诉人，上诉人没有提出异议；评估结果可以认定和采信，被上诉人的行为并无不当。（5）裁决产权调换的安置方式符合上诉人利益。（6）《城市房屋权属登记管理办法》于 1998 年 1 月 1 日就已施行，上诉人对自己的不动产疏于登记，迄今没有房屋的产权证或其他合法凭证，裁决程序无法超越登记程序对上诉人的房屋进行确权认定办证，故裁决"被申请人无法提供原房屋的产权凭证，安置房屋所有权属于拆迁人所有"，并无不当。（7）产权人是在产权被确认后成为产权人的，产权是待定的，既然已经死亡了，也就不进行通知了。综上，被诉具体行政行为证据确凿，适用法律、法规正确，符合法定程序。原审认定事实清楚，使用法律、法规正确。上诉人的上诉理由不能成立，请二审法院驳回上诉，维持原判。

被上诉人**市**区农居建设管理中心未提交书面答辩状，在庭审中述称，同意被上诉人**市房产管理局的意见。

庭审中，各方以**市房产管理局是否具有作出本案被诉拆迁裁决的法定职权、**市**区农居建设管理中心是否提出拆迁裁决申请、被诉拆迁裁决主要证据是否确凿、被诉拆迁裁决适用法律是否正确为争议焦点展开了质证与辩论，质证辩论意见与上述意见相同。

本院认为，上诉人朱**一审中提供的证据4（杭*国用〔96〕字第309号《国有土地使用证》）系**市人民政府依法颁发的国有土地使用权登记凭证，是合法有效的物权登记凭证，能够证明上诉人合法使用的土地面积，应予采信。上诉人朱**一审中提供的证据5（杭*国用〔96〕字第308、309号土地使用证附图）中，309号土地证附图属于证据4的一部分，予以采信；而308号土地证附图因无法与相应土地使用权证核对，不予采信。原判对其他证据的采信符合法律规定。

根据予以采信的证据，二审中查明如下事实：1996年3月26日，**市人民政府向朱**颁发杭*国用〔96〕字第309号《国有土地使用证》，其中记载：土地使用者朱**、地址**区章家坝一组、图号1-606-13、地号9-15-309、用途住宅、用地面积125.7平方米，并在附图中用红线标明用地位置。另外，被上诉人**市房产管理局一审中未在法定期限内提供**市**区农居建设管理中心的拆迁裁决申请书及在拆迁裁决程序中召集双方调解的材料，根据《最高人民法院关于行政诉讼证据若干问题的规定》第1条第1款的规定，应当视为没有相应的证据，故应当认定**市**区农居建设管理中心未提出拆迁裁决申请，**市房产管理局在拆迁裁决程序中未召集双方进行调解。除上述事实外，可以确认原判认定的其他事实存在。

本院认为，涉案被拆迁房屋所占土地属国有土地，对涉案房屋的拆迁亦由**市房产管理局*房拆许字〔2006〕第034号《房屋拆迁许可证》许可，故被诉拆迁裁决应适用城市房屋拆迁的相关规定，**市房产管理局具有本案拆迁裁决的法定职责。

建设部《城市房屋拆迁工作规程》（建住房〔2005〕200号）第8条第2款规定，对于未取得房产证但能够证明该房屋是合法拥有的，由所在地房地产管理部门确认后，依法补偿；对于手续不全或者无产权产籍的房屋，应当经有关部门进行合法性认定后，依据相关法律法规处理；对于存在产权或者使用权（承租权）争议的，应当通过民事诉讼后，按照诉讼结果依法补偿。本案中，被拆迁人虽然未办理房屋产权登记，未取得房产证，但被拆迁人曾经办理过用地审批手续，并取得了 ** 市人民政府颁发的《国有土地使用权证》，考虑到该房屋系特定时间、特定地域、特定历史条件下的产物，应当认定为具有合法性。根据上述规定，涉案被拆迁房屋的合法面积应由所在地房地产管理部门确认后，依法补偿。但被诉拆迁裁决却认为，因朱 ** 户建房之初忌于办理其他相关法定建房手续，至今未提供相应的该房屋所有权证证明产权归属，目前该房屋权属待定；并在裁决书主文中表述"如被申请人提供原房屋产权凭证，则安置房实行产权调换，并进行差价结算；如被申请人无法提供原房屋的产权凭证，安置房屋产权属拆迁人所有，由申请人与被申请人建立房屋租赁关系，并可按住房制度政策购房"。被上诉人 ** 市房产管理局在作出被诉拆迁裁决前未经确认程序，未以房地产管理部门的确认结果作为认定合法面积的依据，直接认定被拆迁房屋权属属于待定状态，构成了主要证据不足，违反法定程序。

《城市房屋拆迁管理条例》第16条第1款规定，拆迁人与被拆迁人或者拆迁人、被拆迁人与房屋承租人达不成拆迁补偿安置协议的，经当事人申请，由房屋拆迁管理部门裁决。房屋拆迁管理部门是被拆迁人的，由同级人民政府裁决。裁决应当自收到申请之日起30日内作出。建设部《城市房屋拆迁行政裁决工作规程》（建住房〔2003〕252号）第10条规定，房屋拆迁管理部门受理房屋拆迁裁决申请后，应当按照下列程序进行：…（三）组织当事人调解。房屋拆迁管理部门必须充分听取当事人的意见，对当事人提出的事实、理由和证据进行复核；对当事人提出的合理要求应当采纳。房屋拆迁管理部门不得因当事人申辩而做出损害申辩人合法权益的裁决。…本案中，** 市房产管理局一审中未在法定期限内提供 ** 市 ** 区农居建设管理中心的拆迁裁决申请书及在拆迁裁决程序中召集双方调解的材料，应当认定 ** 市房产管理局未经申请即作出被诉拆迁裁决，且在拆迁裁决程序中未召集双方进行调解，违反了法定程序。

此外，1994年1月30日，柴＊、柴＊乔、朱＊＊三人是作为一户申请建房用地的，而且是以柴＊为户主的。故柴＊应是涉案拆迁中的被拆迁人，应作为拆迁裁决的当事人参加拆迁裁决程序。但＊＊市房产管理局在作出被诉拆迁裁决时，仅将朱＊＊列为被申请人，而未将柴＊列为被申请人，损害了柴＊的合法权益，亦属违法。

综上所述，被诉拆迁裁决主要证据不足，违反法定程序，依法应予撤销；原审判决认定事实不清，适用法律错误，依法应予撤销。涉案拆迁许可证的颁发及延期是否合法，不属本案审查范围。上诉人的上诉请求予以支持。依照《中华人民共和国行政诉讼法》第54条第2项第1、3目及第61条第3项之规定，判决如下：

一、撤销＊＊市＊＊区人民法院（2009）杭＊行初字第57号行政判决。

二、撤销＊＊市房产管理局于2009年7月17日作出的＊房拆裁＊字（2009）第15号拆迁纠纷裁决。

三、＊＊市房产管理局重新作出具体行政行为。

案件受理费人民币50元，由被上诉人＊＊市房产管理局负担。

本判决为终审判决。

审　判　长　　王丽园
审　判　员　　李　洵
代理审判员　　吴宇龙（主审）
二〇一〇年五月二十五日
书　记　员　　汪金枝

附本判决适用的法律依据：

《中华人民共和国行政诉讼法》

第五十四条　人民法院经过审理，根据不同情况，分别作出以下判决：

（一）具体行政行为证据确凿，适用法律、法规正确，符合法定程序的，判决维持。

（二）具体行政行为有下列情形之一的，判决撤销或者部分撤销，并可以判决被告重新作出具体行政行为：

1、主要证据不足的；

2、适用法律、法规错误的；

3、违反法定程序的；

4、超越职权的；

5、滥用职权的。

（三）被告不履行或者拖延履行法定职责的，判决其在一定期限内履行。

（四）行政处罚显失公正的，可以判决变更。

第六十一条 人民法院审理上诉案件，按照下列情形，分别处理：

（一）原判决认定事实清楚，适用法律、法规正确的，判决驳回上诉，维持原判；

（二）原判决认定事实清楚，但适用法律、法规错误的，依法改判；

（三）原判决认定事实不清，证据不足，或者由于违反法定程序可能影响案件正确判决的，裁定撤销原判，发回原审人民法院重审，也可以查清事实后改判。当事人对重审案件的判决、裁定，可以上诉。

五、林**、陈*诉**市人民政府拆迁行政赔偿案

【裁判要旨】

被列入拆迁范围内的房屋被违法强拆后一般应以货币赔偿为原则，以诉讼中重新评估确定的市场价作为涉案房屋的赔偿金额，以房屋强拆时评估确定的金额作为房屋装修附属物的赔偿金额，以当地拆迁政策计算过渡费、搬迁费等拆迁相关费用，同时赔偿相关款项利息。房屋评估费应由赔偿义务机关负担。

【裁判文书】

浙江省杭州市中级人民法院
行政赔偿判决书

（2015）浙杭行赔初字第 11 号

原告林**。

原告陈*。

被告**市人民政府。

第三人**市铁路及东站枢纽建设指挥部。

第三人**市城东新城建设投资有限公司。

原告林**、陈*因与被告**市人民政府拆迁行政赔偿一案，于 2015 年 7 月 30 日向本院提起行政赔偿诉讼。本院于 2015 年 7 月 31 日立案后，于次日向被告发送起诉状副本及应诉通知书。因涉案拆迁项目拆迁人**市铁路及

东站枢纽建设指挥部、＊＊市城东新城建设投资有限公司与本案存在利害关系，本院通知其作为本案第三人参加诉讼。本院依法组成合议庭，于 2015 年 10 月 9 日、2017 年 8 月 10 日两次公开开庭审理了本案。本案曾因组织调解、委托评估扣除审限，亦经浙江省高级人民法院审批延长审限，现已审理终结。

原告林＊＊、陈＊诉称：（1）原告于 2015 年 4 月 15 日因行政机关的违法行政行为向被告提出行政赔偿申请，包括法院的判决书等相关的证据材料。原告 2015 年 6 月 2 日收到由区法制办 2015 年 6 月 1 日邮寄的标注 2015 年 5 月 2 日作出的＊政〔2015〕1 号＊＊市人民政府不予行政赔偿决定书，不予行政赔偿决定书没有行政首长签署，明显违反相关法律程序规定。（2）被告作出责成行政强制拆迁的决定前未告知原告，执行行政强制拆迁决定又是在原告不在家的情况下执行，导致原告生产生活用品被强行搬走，生活居所被强制拆除。申请人至今都是自行过渡，重新置办生产生活用品。被告没有证据证明原告财产未遭遇损毁、遗失，而原告提出申请赔偿时提交了部分已知被损毁、遗失财物的照片证明。依据《中华人民共和国行政强制法》第 41 条，在执行中或者执行完毕后，据以执行的行政决定被撤销、变更，或者执行错误的，应当恢复原状或者退还财物；不能恢复原状或者退还财物的，依法给予赔偿。（3）被告作出＊政（＊）强拆决字〔2009〕5 号已实施了具体行政行为，原告房屋被强制拆除，且没有对原告进行安置、补偿，甚至至今都没有看到被告给予原告的安置房及补偿证明，但是原告所拥有的建设用地使用权已被被告拍卖并建起了与拆迁许可证所涉建设项目不同的奢侈商品住宅。被告实施行政强制拆除原告房屋时原告对＊房拆许字〔2008〕第 40 号《房屋拆迁许可证》及＊房拆裁＊字〔2009〕第 03 号《拆迁纠纷裁决书》正在诉讼中，后经法院确认第 40 号《房屋拆迁许可证》违法，＊房拆裁＊字〔2009〕第 03 号《拆迁纠纷裁决书》违法并撤销。正是因为被告强制拆除原告的房屋，导致原告房屋灭失，无法重新拆迁、裁决、评估，导致原告依法享有的用益物权被无情剥夺。（4）2011 年 10 月 8 日在诉讼期间，原告没有得到任何补偿安置的情况下，原告发现所拥有建设用地使用权登记的地块有建设施工情况，原告出面制止，现场施工负责人还威胁原告的生命安全。原告举报，没有部门出面管理。原告就自行移动了一小集装箱（其中包括申请人的生产生活工具）到原告建设用地使用权登记的地块，等待各部门的解决方案。等来的是此违法施工的杭州宇东房地产有限公司的暴力拆除和抢夺。

2012年3月拆除损毁了原告在此生活的小集装箱，抢夺了生产工具和生活用品，打伤了原告的父亲。经派出所调解只归还了原告的汽车，付了父亲的医疗费，拒不归还原告的其他财产。被告已把尚登记在申请人名下的建设用地使用权进行了拍卖。(6) 从2008年9月26日开始拆迁开始，一系列的政府行政违法行为一度让原告濒临精神崩溃的边缘，原告至今还留下了强迫症的症状，原告在没有办法的情况下，寻求公平正义。综上所述，请求：(1) 撤销 * 政赔决〔2015〕1号《不予行政赔偿决定书》；(2) 针对原告的房屋及建设地使用权恢复原状或归还原告同地段、同样性质与面积的房屋；(3) 返还财产（包括房屋及屋内全部财产），不能返还财产的折算现金赔偿；(4) 查处严惩违法者；(5) 向原告赔礼道歉；(6) 赔偿因违法行为造成的经济损失及精神损失总计6 060 787元（详细清单见证据材料）。

原告在法定期限内向本院提供的证据有：

1. 原告身份证复印件2份，证明原告身份。

2. 国有土地使用证，证明原告建设用地用益物权。

3. (2013) 浙杭行终字第109号行政判决书，证明 ** 市住房保障和房产管理局滥用职权，作出的 * 房拆裁 * 字〔2009〕第03号拆迁纠纷裁决违法，并撤销。

4. (2013) 浙杭行终字第137号行政判决书，证明 ** 市住房保障和房产管理局许可的 * 房拆许字〔2008〕第40号《房屋拆迁许可证》违法即拆迁违法。

5. (2014) 浙杭行初字第141号行政判决书，证明 ** 市城市管理行政执法局据此执行的 ** 市人民政府作出的 * 政（*）强拆决字〔2009〕5号责成行政强制拆迁决定已被撤销。

6. * 政复决〔2012〕71号行政复议决定书，证明 ** 市规划局对原告的举报不履行法定职责。

7. 杭公开告知〔2009〕37号 ** 市政府的信息公开告知书，证明 ** 市政府作出强制拆迁决定前未事先催告原告履行义务，违反法定程序。

8. 杭规信简复〔2012〕40号 ** 市规划局经责令履行法定职责后作出的回复，证明原告建设用地使用权地块实际是出让用于商品房建设。

9. 原告建设用地使用权的权属证明，浙江省测绘大队对原告房屋进行的房屋勘丈资料，证明原告房屋的实际状况。

10. 原告房屋及屋内物品部分照片，证明执法局在执行中导致申请人的财产有损毁、遗失。

11. 行政机关因违法行为造成的经济损失及精神损失合计需赔偿金额详细清单一份，证明原告的合理请求。

12. 行政机关参与作出违法行政行为的相关人员的相关证据资料，证明需查处严惩违法者。

13. ＊＊市人民政府＊政赔决〔2015〕1号不予行政赔偿决定，证明被诉具体行政行为。

14. ＊政赔决〔2015〕1号邮寄收寄凭据网络打印件，证明＊政赔决〔2015〕1号收寄日期。

15. 浙江省杭州市钱塘公证处浙杭钱证复字〔2015〕2号《复查决定书》。

16. 〔2009〕浙杭钱证民字第8762号公证书撤销公告。

证据15～16证明涉及原告强拆时的证据保全公证书已撤销，没有证明力。

上述证据均为复印件。

被告＊＊市人民政府辩称：

1. 原告户房屋位于彭埠茶亭片252-1号，属于＊房拆许字〔2008〕第40号《房屋拆迁许可证》批准的拆迁范围。2009年1月16日，原＊＊市房产管理局对原告户房屋作出＊房拆裁江〔2009〕第03号《拆迁纠纷裁决书》。因原告户未按裁决书规定期限内完成搬迁，原＊＊市房产管理局向＊＊市人民政府申请责成有关部门对原告户实施行政强制拆迁。2009年4月20日，＊＊市人民政府作出＊政（＊）强拆决字〔2009〕5号《责成行政强制拆迁决定书》并送达。2009年9月3日，原告户房屋被强制腾空并予以拆除。2013年4月18日，杭州市中级人民法院以（2013）浙杭行终字第109号行政判决撤销＊房拆裁江〔2009〕第03号拆迁纠纷裁决。2014年11月28日，杭州市中级人民法院以上述裁决被撤销导致被诉具体行政行为缺乏主要证据为由，判决撤销被告作出的＊政（＊）强拆决字〔2009〕5号责成行政强制拆迁决定。为此，原告向被告提出行政赔偿申请，被告经审查作出＊政赔决〔2015〕1号《不予赔偿决定书》。

2. 拆迁人＊＊市铁路及东站枢纽建设指挥部对申请人作出安置补偿的方案包括：（1）由拆迁人提供在规划的彭埠区块高层（小高层）公寓内安置房地块提供建筑面积不小于107.78平方米，价值不小于972 001元的安置房一套，另安置高层住宅增加原房屋建筑面积 10%，增加部分按成本价结算，进行产权调换。当事人双方应当结算被拆迁房屋和安置用房的价差，产权归原告所有。（2）由拆迁人按评估机构的评估结果向原告户支付房屋的装修及附属物的补偿费，搬家补助费等费用按相关政策规定予以支付。此外，拆迁人提供的过渡房为：杭州市建南苑 45 幢 6 单元 704 室（建筑面积 69.78 平方米）和杭州市建南苑 45 幢 10 单元 502 室（建筑面积 34.56 平方米）。实施强制拆除过程中，已依法对原告户房屋实施丈量评估，对屋内物品进行清点、记录并进行了证据保全。强制拆除后，过渡房钥匙及应支付原告户的房屋装修补偿款、过渡费（款项合计人民币 120 330 元）已向杭州市钱塘公证处进行提存。

3. 根据《中华人民共和国国家赔偿法》第 2 条、第 36 条及《最高人民法院关于审理行政赔偿案件若干问题的规定》第 33 条之规定，行政赔偿应当以违法的具体行政行为给原告合法权益造成直接损失为前提。已查明事实表明，案涉《责成行政强制拆迁决定书》虽被撤销，但该决定及后续强拆行为对原告的合法财产权益并未造成实际损失。首先，被告作出案涉《责成行政强制拆迁决定书》之前已审核了拆迁人提交的相关材料，确认了安置补偿方案、过渡房情况等，已充分考虑了对原告合法权益的保障；其次，在实施强制拆迁的过程中，对原告户的房屋、装修及附属物进行了丈量评估，所有财产进行了清点、记录存放及证据保全，没有发生物品的损毁、遗失；最后，原告拒收的过渡房钥匙和房屋补偿款均已依法提存和公告。由此，原告户可依法完整享有案涉被强拆房屋项下的所有权益，包括安置、补偿和过渡等，且未发生其他直接财产损失。原告提出的相关申请无事实依据和法律依据，被告作出不予赔偿决定并无不当。

4. 被告于 2015 年 4 月 17 日收到原告提出的行政赔偿申请。经审查，于 2015 年 5 月 2 日拟作出案涉《不予赔偿决定书》，经逐级审核后由市领导于 5 月 26 日正式签发，并依法送达原告。上述程序符合法律规定，并无不当。综上所述，原告诉讼请求无事实和法律依据，恳请法院依法驳回。

被告向本院提供的证据有：

1. 国家赔偿申请书、证据清单、赔偿明细，证明原告向被告提出赔偿申请的情况。

2. 安置方案。

3. 过渡用房使用证明、简复单、房屋调剂合同书。

证据2、证据3证明拆迁人对原告户的安置、过渡方案。

4. 责成行政强制拆迁决定书，证明被告在责成行政强制拆迁决定时提供了过渡房。

5. 〔2009〕浙杭钱证民字第8762号证据保全《公证书》（附件含《房地产拆迁估价报告》），证明实施强制拆迁过程中被告对原告户房屋、装修和附属物进行了丈量评估，对屋内财物进行清点、记录和存放。

6. 〔2009〕浙杭钱证经字第4937、4938号《提存公证书》（过渡房钥匙、装修补偿款和过渡费等），证明过渡房钥匙、装修补偿款、过渡费等款项依法提存的情况。

7. 公告，证明以公告形式通知原告领取过渡费钥匙、装修补偿款、过渡费等款项。

8. *政赔决〔2015〕1号《不予行政赔偿决定书》、邮寄凭证，证明被告作出不予赔偿决定并送达。

上述证据均为复印件。

第三人**市铁路及东站枢纽建设指挥部、**市城东新城建设投资有限公司同意被告的答辩意见。

第三人未向本院提供证据。

案件审理中，因原告、被告均拒绝提出估价申请，本院依法委托浙江恒基房地产土地资产评估有限公司对涉案被拆除房屋（**市**区**镇茶亭片252-1号）进行房地产司法鉴定估价，委托时间（评估时点）为2017年6月，以假设房屋未拆除继续使用作为房屋评估状况，本次评估不涉及房屋装修。2017年7月20日，浙江恒基房地产土地资产评估有限公司出具浙恒房估〔2017〕第07103号《房地产司法鉴定估价报告》，估价结果为：确定估价对象在价值时点的市场价值为人民币叁佰叁拾万元整（330万元，房地产单价30 618元/平方米）。

经庭审质证，对原告提供的证据，被告提出如下意见：证据1、证据3~5、证据13、证据14无异议；证据2真实性、合法性无异议，证明对象有异议；证据6~8与本案无关；证据9真实性无异议，合法性、关联性有异议，证明对象有异议；证据10三性均有异议；证据11不符合证据的形式，是原告对其诉讼请求的说明；证据12三性均有异议，与本案无关；证据15、证据16与本案无关。第三人同意被告的质证意见。

对被告提供的证据，原告提出如下意见：证据1无异议；证据2合法性有异议；证据3三性均有异议；证据4和证据5已被撤销；证据6三性均有异议；证据7合法性有异议；证据8合法性有异议。第三人对被告提供的证据无异议。

对本院委托形成的估价报告，原告对鉴定机构的资质、鉴定程序有异议，认为应当判决恢复原状或归还同地段、同性质的房屋；被告对真实性、合法性无异议，对于关联性及证明对象有异议，对评估时点的选择有异议；第三人对评估时点有异议，应以违法行为发生的时间来确定损失，涉案房屋土地使用权为划拨，应扣除土地价值。

本院对上述证据认证如下：原告提供的证据1、证据3~5、证据13、证据14，被告提供的证据1各方均无异议，符合证据三性，予以采信。原告提供的证据2能够证明涉案房屋土地登记相关情况，予以采信；证据6~8与本案无关，不予采信；证据9系原告自行委托测绘，不能证明涉案房屋的合法产权，不予采信；证据10来源合法性无法确定，不予采信；证据11系原告第六项赔偿请求的明细，不属于证据；证据12与本案无关，不予采信；证据15和证据16能够证明涉案证据保全公证书被撤销，予以采信。被告提供的证据2~4均系拆迁过程中形成的材料，因相关行政行为均已被撤销，故已不具有证明力，不予采信；证据5中公证书本身已因行政行为违法被撤销，故其不具有公证证据的证明力，但公证书中的附件材料仍然能够证明涉案房屋强制过程中对装修和附属物进行了丈量评估，对屋内物品进行了清点、记录和存放，应予采信；证据6、证据7是以拆迁裁决为前提的，因拆迁裁决已被撤销，故该提存公证中涉及过渡、补偿的部分已不具有法律效力，但因涉案房屋内物品清点后被存放于过渡房内，拆迁裁决被撤销后该过渡房的性质已转变为了物品存放处，故该证据中关于物品存放提存及公告的法律效力仍应予以保留，该证据部分采信；证据8能够证明被告作出不予赔偿决定的内容，予以采信。本院委托形成的估价报告，估价机构具有壹级房地产估价机构资质，估价过程合法，结论明确，应予采信。

经审理查明，因**铁路东站枢纽建设涉及白石社区拆迁安置房工程项目建设需要，拆迁人申领了*房拆许字〔2008〕第40号《房屋拆迁许可证》，林**、陈*所有的**市**区**镇茶亭片252-1号房屋纳入拆迁范围。该房屋共两幢带院子，两幢合计建筑面积107.78平方米，其中一幢为混合结构一层，建筑面积 66.93 平方米，建成于 1988 年；另一幢为砖木结构一层，建筑面积 40.85 平方米，建成于 1988 年。该房屋国有土地使用权类型为划拨，土地等级陆级，使用权面积 115.50 平方米。因拆迁双方无法达成拆迁补偿安置协议，经拆迁人申请，原 ** 市房产管理局于 2009 年 1 月 16 日作出 * 房拆裁 * 字〔2009〕第 03 号《拆迁纠纷裁决书》，确定：（1）由拆迁人在规划的彭埠区块高层（小高层）公寓内安置房地块提供建筑面积不小于 107.78 平方米，价值不少于 972 001 元的安置房屋（期房）一套，另安置高层住宅增加原房屋建筑面积 10%，增加的部分面积按成本价结算，进行产权调换。当事人双方应当结算被拆迁房屋和安置用房的差价，产权归林 **、陈 * 所有；（2）由拆迁人按评估机构的评估结果向林 **、陈 * 支付房屋的装修及附属物的补偿费，搬家补助费等费用按相关政策规定予以支付；（3）由拆迁人提供建国南苑 45 幢 6 单元 704 室，建筑面积为 69.78 平方米的房屋一处，作为林 **、陈 * 的临时过渡用房（后拆迁人增加建国南苑 45 幢 10 单元 502 室作为过渡房，建筑面积 34.65 平方米）；（4）林 **、陈 * 必须在本裁决书送达之日起 15 日内搬迁腾空杭州市 ** 区彭埠茶亭片 252-1 号的房屋，交拆迁人处置。

林 **、陈 * 未在裁决规定的期限内搬迁，拆迁人遂于 2009 年 2 月 24 日向原 ** 市房产管理局申请对林 ** 户实行强制拆迁。经党委专题会议讨论决定，原 ** 市房产管理局就案涉房屋拆迁事宜向 ** 市人民政府申请行政强制拆迁。2009 年 4 月 20 日，** 市人民政府向 ** 市城市管理行政执法局作出 * 政（*）强拆决字〔2009〕5 号《责成行政强制拆迁决定书》。

2009 年 9 月 3 日，** 市执法局对案涉房屋实施了行政强制拆迁，执法人员对相关物品进行清点，制作清单，并运往建国南苑 45 幢 6 单元 704 室和建国南苑 45 幢 10 单元 502 室存放。杭州永正房地产土地评估有限公司的评估人员在执法人员清点物品的同时对该房屋进行了测量、勘查，并于 2009 年 9 月 3 日出具估价报告，将案涉房屋装修及附属物补偿金额的评估价格确定为 117 318 元。房屋拆除后，拆迁人将存放物品房屋的钥匙进行了提存，并公告通知林 **、陈 * 领取。

2013 年 4 月 28 日，本院作出（2013）浙杭行终字第 109 号行政判决，以作出裁决依据的估价报告书不符合规定，裁决的周转用房显然不足以与被拆迁房屋的居住条件相当，裁决中未对过渡期限进行裁决等为由，撤销原 ** 市房产管理局作出的＊房拆裁＊字〔2009〕第03号《拆迁纠纷裁决书》。

2013年8月14日，本院作出（2013）浙杭行终字第137号行政判决，以作出拆迁许可行为时主要证据不完备为由，确认原＊＊市房产管理局颁发的＊房拆许字〔2008〕第40号《房屋拆迁许可证》违法。

2014年11月18日，本院作出（2014）浙杭行初字第141号行政判决，以拆迁裁决被撤销为由，撤销＊＊市人民政府作出的＊政（＊）强拆决字〔2009〕5号《责成行政强制拆迁决定书》，各方均未上诉。

2015年4月15日，林＊＊、陈＊向＊＊市人民政府申请行政赔偿。2015年5月2日，＊＊市人民政府作出＊政赔决〔2015〕1号《不予行政赔偿决定书》，决定不予赔偿。林＊＊、陈＊不服，遂提起本案诉讼。

另查明，经浙江恒基房地产土地资产评估有限公司估价，以2017年6月为评估时点，以假设房屋未拆除继续使用作为房屋评估状况，涉案房屋的市场价值为人民币330万元（不涉及房屋装修及附属物）。

本院认为，《中华人民共和国国家赔偿法》第2条第1款规定，国家机关和国家机关工作人员行使职权，有本法规定的侵犯公民、法人和其他组织合法权益的情形，造成损害的，受害人有依照本法取得国家赔偿的权利。第4条规定，行政机关及其工作人员在行使行政职权时有下列侵犯财产权情形之一的，受害人有取得赔偿的权利：（1）违法实施罚款、吊销许可证和执照、责令停产停业、没收财物等行政处罚的；（2）违法对财产采取查封、扣押、冻结等行政强制措施的；（3）违法征收、征用财产的；（4）造成财产损害的其他违法行为。本案中，在原＊＊市房产管理局作出拆迁裁决、＊＊市人民政府作出强拆迁决后，涉案房屋被强制拆除，但该强拆决定及拆迁裁决在事后均被人民法院撤销，拆迁裁决机关又没有重新作出拆迁补偿裁决，拆迁双方也没有达成拆迁补偿安置协议，故林＊＊、陈＊有依法取得赔偿的权利。

林＊＊、陈＊提出的赔偿请求：（1）撤销＊政赔决〔2015〕1号《不予行政赔偿决定书》；（2）针对原告的房屋及建设用地使用权恢复原状或归还原告同地段、同样性质与面积的房屋；（3）返还财产（包括房屋及屋内全部财产），不能返还财产的折算现金赔偿；（4）查处严惩违法者；（5）向原告赔礼道歉；（6）赔偿因违法行为造成的经济损失及精神损失总计6 060 787元（详细清单见证据材料）。

因行政赔偿处理决定并非行政赔偿案件的诉讼标的，人民法院仍然应当针对原告的赔偿请求能否成立进行审查。故林**、陈*的第一项赔偿请求没有法律依据，应予驳回。

关于涉案房屋及装修附属物的赔偿。《中华人民共和国国家赔偿法》第32条规定，国家赔偿以支付赔偿金为主要方式。能够返还财产或者恢复原状的，予以返还财产或者恢复原状。第36条规定，侵犯公民、法人和其他组织的财产权造成损害的，按照下列规定处理：（1）处罚款、罚金、追缴、没收财产或者违法征收、征用财产的，返还财产；（2）查封、扣押、冻结财产的，解除对财产的查封、扣押、冻结，造成财产损坏或者灭失的，依照本条第三项、第四项的规定赔偿；（3）应当返还的财产损坏的，能够恢复原状的恢复原状，不能恢复原状的，按照损害程度给付相应的赔偿金；（4）应当返还的财产灭失的，给付相应的赔偿金；（5）财产已经拍卖或者变卖的，给付拍卖或者变卖所得的价款；变卖的价款明显低于财产价值的，应当支付相应的赔偿金；（6）吊销许可证和执照、责令停产停业的，赔偿停产停业期间必要的经常性费用开支；（7）返还执行的罚款或者罚金、追缴或者没收的金钱，解除冻结的存款或者汇款的，应当支付银行同期存款利息；（8）对财产权造成其他损害的，按照直接损失给予赔偿。本案中，涉案房屋已拆除灭失，而且涉案拆迁许可证虽被确认违法但效力保留，即涉案房屋仍属于拆迁范围，故不存在恢复原状的可能，但依法应以市场评估价为标准支付赔偿金。根据浙江恒基房地产土地资产评估有限公司估价结果，应赔偿林**、陈*涉案房屋被强制拆除损失人民币330万元。涉案房屋被强拆时，房屋装修及附属物一并损失，故应一并赔偿。根据杭州永正房地产土地评估有限公司评估结果，应赔偿林**、陈*房屋装修及附属物损失人民币117 318元，因该损失发生于2009年9月3日，故应同时赔偿该款项银行同期存款利息。

关于屋内物品的赔偿。《中华人民共和国国家赔偿法》第15条第1款规定，人民法院审理行政赔偿案件，赔偿请求人和赔偿义务机关对自己提出的主张，应当提供证据。《最高人民法院关于行政诉讼证据若干问题的规定》第5条规定，在行政赔偿诉讼中，原告应当对被诉具体行政行为造成损害的事实提供证据。《最高人民法院关于审理行政赔偿案件若干问题的规定》第32条规定，原告在行政赔偿诉讼中对自己的主张承担举证责任。被告有权提供不予赔偿或者减少赔偿数额方面的证据。据此，行政机关行使职权的行为违法，并不会必然产生行政赔偿，只有违法行为对合法权益确实造成了损害，才需要赔偿。本案中，**市人民政府作出的强拆决定虽然被撤销，但涉案房屋被强拆时，对屋内物品进行了详细地清点并制作了清单，屋内物品均运往建国南苑45幢6单元704室和建国南苑45幢10单元502室存放，该房屋钥匙亦已通过提存、公告等程序通知林**、陈*领取。据此，行政机关在实施强制拆迁时，对屋内物品的处置是恰当的，林**、陈*并没有提供证据证明其屋内物品确实因强制拆迁造成了损害，故其关于要求赔偿屋内物品损失的请求，依法应予驳回。

因本案只涉及财产损害，不涉及人身损害，故林**、陈*提出的精神损害方面的赔偿请求，依法应予驳回。林**、陈*要求查处违法者的请求，不属于人民法院行政赔偿案件审查范围；其主张的与杭州宇东房地产有限公司有关的财产损失，亦不属于本案审查范围。

本案赔偿因拆迁引发，林**、陈*作为被拆迁人，除应取得上述赔偿外，还有权获得过渡费、搬迁费等拆迁相关费用。

综上所述，依照《中华人民共和国国家赔偿法》第4条第4项、《最高人民法院关于审理行政赔偿案件若干问题的规定》第33条之规定，判决如下：

一、被告**市人民政府赔偿原告林**、陈*房屋损失人民币330万元，房屋装修附属物损失人民币117 318元及其利息34 913.22元，过渡费等费用人民币450 905元及其利息63 150.18元，以上各项合计人民币3 966 286.4元；

二、驳回原告林**、陈*的其他赔偿请求。

涉案房屋评估费人民币9200元，由被告**市人民政府负担。

如不服本判决，可在收到本判决书之日起15日内，向本院递交上诉状，并按对方当事人的人数提交副本，上诉至浙江省高级人民法院。

审　判　长　　吴宇龙（主审）

代理审判员　　蔡维专

人民陪审员　　朱志华

二〇一七年十二月十三日

本件与原本核对无异

书　记　员　　汪金枝

附本判决适用的法律依据：

《中华人民共和国国家赔偿法》

第四条　行政机关及其工作人员在行使行政职权时有下列侵犯财产权情

形之一的，受害人有取得赔偿的权利：

（一）违法实施罚款、吊销许可证和执照、责令停产停业、没收财物等行政处罚的；

（二）违法对财产采取查封、扣押、冻结等行政强制措施的；

（三）违法征收、征用财产的；

（四）造成财产损害的其他违法行为。

《最高人民法院关于审理行政赔偿案件若干问题的规定》

第三十三条　被告的具体行政行为违法但尚未对原告合法权益造成损害的，或者原告的请求没有事实根据或法律根据的，人民法院应当判决驳回原告的赔偿请求。

六、楼 ** 诉 *** 人民政府不履行法定职责案

【裁判要旨】

行政相对人以行政机关的法定代表人为收件人，向该行政机关邮寄具有特定法律意义的法律文书，行政机关收发室签收该邮件后，应认定为该行政机关收到了行政相对人的法律文书。

【裁判文书】

浙江省杭州市中级人民法院
行 政 判 决 书

（2008）杭行初字第 36 号

原告楼 ** 。

被告 *** 人民政府。

楼 ** 诉 *** 人民政府不履行法定职责一案，原告于 2008 年 7 月 25 日向本院提起诉讼，本院于 2008 年 8 月 7 日受理后，向被告送达了起诉状副本及应诉通知书，并依法组成合议庭。本院于 2008 年 9 月 3 日公开开庭审理了本案，现已审理终结。

原告楼 ** 诉称，2004 年 4 月 16 日，** 县特色工业园区被 *** 人民政府撤销，然而其占用的土地至今仍然占用着，原告作为 72.552 亩基本农田承包大户，损失惨重。原告希望 *** 人民政府令出必行，恢复被毁的基本农田，故向其申请行政复议。*** 人民政府于 2008 年 5 月 12 日收到行政复议申请书

及相关材料，至今不作出行政复议决定，违反了《中华人民共和国行政复议法》的相关规定。处理公民行政复议申请，是 *** 人民政府应尽的法定职责。故原告依据《中华人民共和国行政诉讼法》第 38 条的规定提起诉讼，请求人民法院判令被告限期履行作出行政复议决定的法定职责。

原告向本院提供的证据有：

1. 国内特快专递邮件详情单，证明原告于 2008 年 5 月 11 日向被告邮寄《行政复议申请书》及相关材料的事实。

2. 邮件全程跟踪查询结果，证明被告于 2008 年 5 月 12 日收到原告行政复议申请书的事实。

3. 《行政复议申请书》，证明原告向被告提出行政复议申请。

4. 《浙江日报》（2004 年 4 月 16 日），证明 ** 县特色工业园区由 *** 人民政府撤销的事实。

5. 《中华人民共和国政府信息公开条例》第 1 页，证明 2008 年 5 月 1 日条例开始实施，** 县图书馆允许复制的事实。

6. 通告，证明 ** 特色工业园区管委会实施占用约 5000 亩土地的事实。

7. 第五期征用面积汇总，证明占用各村具体基本农田、耕地面积的事实。

8. 土地整理公告及图纸，证明"田成方、渠相连、路相通"基本农田风貌。

9. 大许办事处畜牧场承包经营合同，证明原告为当事人的事实。

上述证据均系复印件。

被告 *** 人民政府答辩称，被告收到（2008）杭行初字第 36 号应诉通知书后，对收文登记进行了核查，没有原告的行政复议申请收文登记。根据原告向法院提供的邮寄凭证，经查询，省政府办公厅收发室于 2008 年 5 月 12 日签收原告的信件，因信封上的收件人署名为"吕 **"，即按私人信件送秘书处理。公民申请行政复议，应当向行政复议机关或其行政复议机构提出行政复议申请。由于行政复议机构未收到行政复议申请，以致无法对当事人作出答复。从行政诉状内容看，原告是以 ** 县特色工业园区被撤销、应将被征土地交还承包人为由，向被告提出责令 ** 县人民政府恢复其承包地原状并赔偿损失的行政复议申请。根据《中华人民共和国行政复议法》第 13 条第 1 款："对地方各级人民政府的具体行政行为不服的，向上一级地方人民政府申请行政复议"的规定，原告对 ** 县人民政府的具体行政行为不服，应当向金华市人民政府申请行政复议。原告的行政复议申请不属被告及其行政复议机构的职责范围，不符合《中华人民共和国行政复议法实施条例》第 28 条第 6 项的规定。综上，被告不存在不履行法定职责的情形，请人民法院依法驳回原告的诉讼请求。

被告在法定期限内向本院提供的证据有：

1. 特快专递邮件信封，证明收件人为"吕**"而非复议机关和复议机构，也非作为行政首长的"吕**省长"，复议机关和复议机构没有收到原告的行政复议申请。

2. 行政复议申请书，证明原告的行政复议申请不属于省政府及复议机构的职责范围。

上述证据均系复印件，均来源于原告证据材料。

庭审中，各方以原告是否提出了行政复议申请及被告是否履行了行政复议法定职责为争议焦点展开质证和辩论。

对原告提供的证据，被告质证如下：证据 1~3 的真实性无异议，但对证明对象有异议，认为收件人为"吕**"而非复议机关和复议机构，也非作为行政首长的"吕**省长"，复议机关和复议机构没有收到原告的行政复议申请，而且行政复议申请不属于省政府及复议机构的职责范围；证据 4~9 与本案无关联性。

对被告提供的证据，原告质证如下：原告将行政复议申请寄给省长吕**是没错的，他应当将我的信转交给法制办；**县政府没有执行***人民政府撤销浦江特色工业园区的决定，是违法的，原告向***人民政府提出复议是没错的。

经庭审质证，本院对本案证据作如下认定：原告提供的证据 1~3 内容真实，来源与形式合法，能够证明原告已向被告提出行政复议申请的事实，予以采信；原告提供的证据 4~9 与本案无关联性，不予采信。被告提供的证据 1、证据 2 即为原告提供的证据 1 和证据 3，但其证据 1 的证明对象不能成立，证据 2 的证明对象与本案无关，均不予以采信。

经审理查明，2008 年 5 月 11 日，原告楼**以邮政特快专递的方式寄出《行政复议申请书》及相关材料，其收件人姓名为"吕**"，单位名称为"***人民政府"，邮寄地址为"杭州市**路"；信件中《行政复议申请书》的申请人为"楼**"，被申请人为"**县人民政府"，复议请求为"责成被申请人恢复申请人承包的基本农田原状，并依法承担损害赔偿责任"。被告 *** 人民政府收发室于 2008 年 5 月 12 日签收原告的上述信件。被告至今未就原告的行政复议申请作出相应的处置或回复。

　　本院认为，《中华人民共和国行政复议法》第 17 条第 1 款、第 31 条第 1 款规定，行政复议机关收到行政复议申请后，应当在 5 日内进行审查，对不符合本法规定的行政复议申请，决定不予受理，并书面告知申请人；对符合本法规定，但是不属于本机关受理的行政复议申请，应当告知申请人向有关行政复议机关提出。行政复议机关应当自受理申请之日起 60 日内作出行政复议决定；但是法律规定的行政复议期限少于 60 日的除外。情况复杂，不能在规定期限内作出行政复议决定的，经行政复议机关的负责人批准，可以适当延长，并告知申请人和被申请人；但是延长期限最多不超过 30 日。据此，行政复议机关收到申请人的行政复议申请后，应在法定期限内进行审查，依法区分各种情形后分别作出相应的处置或回复。本案中，原告以被告的法定代表人为收件人，以被告为收件单位邮寄了《行政复议申请书》及相关材料，而被告在邮件寄出次日也确实收到了该信件，应认定为被告收到了原告的行政复议申请。根据上述法律规定，被告应在法定期限内相应地履行其法定职责。但被告至今未对原告的行政复议申请作出相应的处置或回复，其行为构成了拖延履行法定职责。依照《中华人民共和国行政诉讼法》第 54 条第 3 项、《最高人民法院关于执行〈中华人民共和国行政诉讼法〉若干问题的解释》第 60 条第 2 款之规定，判决如下：

　　责令被告 *** 人民政府于本判决生效之日起 60 日内履行法定职责。

　　案件受理费 50 元，由被告 *** 人民政府负担。

　　如不服本判决，可在判决书送达之日起 15 日内，向本院递交上诉状，并按对方当事人的人数提出副本，上诉于浙江省高级人民法院，并向浙江省高级人民法院预交上诉案件受理费 50 元。在上诉期满后 7 日内仍未交纳的，按自动撤回上诉处理。（浙江省高级人民法院户名为省级预算外资金财政专户结算户本级分户，账号：39800010104000657551 5001，开户银行为农行杭州市西湖支行）。

审　判　长　　徐　斐

审　判　员　　秦　方

代理审判员　　吴宇龙（主审）

二〇〇八年九月五日

本件与原本核对无误

书　记　员　　叶　嘉

附本判决适用的法律依据：

《中华人民共和国行政诉讼法》

第五十四条　人民法院经过审理，根据不同情况，分别作出以下判决：

（一）具体行政行为证据确凿，适用法律、法规正确，符合法定程序的，判决维持。

（二）具体行政行为有下列情形之一的，判决撤销或者部分撤销，并可以判决被告重新作出具体行政行为：

1、主要证据不足的；

2、适用法律、法规错误的；

3、违反法定程序的；

4、超越职权的；

5、滥用职权的。

（三）被告不履行或者拖延履行法定职责的，判决其在一定期限内履行。

（四）行政处罚显失公正的，可以判决变更。

《最高人民法院关于执行〈中华人民共和国行政诉讼法〉若干问题的解释》

第六十条　人民法院判决被告重新作出具体行政行为，如不及时重新作出具体行政行为，将会给国家利益、公共利益或者当事人利益造成损失的，可以限定重新作出具体行政行为的期限。

人民法院判决被告履行法定职责，应当指定履行的期限，因情况特殊难于确定期限的除外。

七、＊＊酒业有限公司诉＊＊海关估价案

【裁判要旨】

纳税义务人应当依法如实向海关申报，并按照海关的规定提供有关确定完税价格所需的资料。海关怀疑纳税义务人申报价格真实性、准确性的理由成立的，可以不接受其申报价格，认定申报进口货物成交价格不能确定。经价格磋商程序后，海关仍不掌握相同货物成交价格估价方法、类似货物成交价格估价方法、倒扣价格估价方法和计算价格估价方法的价格资料时，可使用合理方法估定进口货物的完税价格。

【裁判文书】

浙江省杭州市中级人民法院
行 政 判 决 书

（2009）浙杭行初字第 37 号

原告 ＊＊ 酒业有限公司。

被告中华人民共和国 ＊＊ 海关。

原告 ＊＊ 酒业有限公司不服中华人民共和国 ＊＊ 海关（以下简称 ＊＊ 海关）将其申报进口的"2007 女王优质美乐干红葡萄酒"由 FOB 1.43 美元/瓶估定为 FOB 2 美元/瓶，于 2009 年 7 月 7 日向本院提起诉讼。本院于 2009 年 7 月 14 日受理后，向被告送达了起诉状副本及应诉通知书。本院依法组成合议庭，于 2009 年 8 月 26 日公开开庭审理了本案，现已审理终结。

被告＊＊海关于 2009 年 3 月 19 日对原告＊＊酒业有限公司 2901200910192011119 号报关单第 4 项商品"2007 女王优质美乐干红葡萄酒"的 FOB 价格，由 1.43 美元/瓶估定为 2 美元/瓶。被告据此确定完税价格后，于 2009 年 3 月 30 日分别作出＊＊海关（0901）2901200910192011119-A01 号进口关税、L02 号进口增值税、Y03 号进口消费税专用缴款书。

被告在法定期限内向本院提供的证据有：

1. ＊＊海关（0901）2901200910192011119-A01 号进口关税、L02 号进口增值税、Y03 号进口消费税专用缴款书，证明征税决定内容。

2. 进口货物 2901200910192011119 号报关单，证明原告报关申报内容。

3. 进口产品发票（英文）及翻译件、21-VM 号合同（英文）、货运单（英文）及翻译件、通关单，证明原告报关随附资料情况。

4. ＊＊海关价格质疑通知书，证明履行质疑程序情况。

5. 情况说明书、21-VM 号合同翻译件、境外汇款申请书、网页，证明原告在质疑后所提供资料情况。

6. ＊＊海关价格磋商记录表，证明履行磋商程序情况。原告法定代表人拒绝在其上签字，被告两名工作人员在上作了见证。

7. 价格磋商（谈话）记录，证明履行质疑磋商程序中的对话情况。

8. 汇率表、＊＊海关报关单、DS-01、04 两份合同（英文）及翻译件、装箱单（英文）及翻译件，除汇率表外涉及商业秘密，证明估价所运用的资料。

上述证据均系复印件。

被告向本院提供的法律依据：《中华人民共和国海关法》《中华人民共和国进出口关税条例》《中华人民共和国海关审定进出口货物完税价格办法》《中华人民共和国海关进出口货物征税管理办法》等。

原告＊＊酒业有限公司诉称，被告对我公司 2008 年 12 月进口的产品增加了约 40% 的关税、消费税和增值税。被告仅凭"怀疑"就否定一切事实，凭"怀疑"来替代国家法律，"怀疑"不仅违反了国际贸易之惯例，同时，"怀疑"否定了银行按国家规定进行的二次审批境外汇款制度，也否定了国家外汇管理局的审核。为此，我们认为被告的加税是有失常理和违反国家法律的。被告拿"案例"来参考我们的进口价格，是不科学、不负责的，且被告估价比"案例"高出 20%，更是不可思议。当然，"案例"成交条件还存在如下问题：(1)"案例"的价格是指 FOB 价还是 CIF 价？(2)"案例"的付款条件是什么？(3)"案例"的合同中进货总数量是多少？(4)"案例"的贸易条件不同在何处，是否影响价格？被告的怀疑不符合基本的贸易原则和惯例，加税的决定书也自然不符合国家法律。为维护我们公司的合法权益，故提起诉讼，请求：(1) 撤销 ** 海关 2009 年 3 月 30 日作出的 (0901) 290120091019201119-A01，L02，Y03 号征税决定。(2) 赔偿经济损失 1 万元。庭审中，经法庭释明后原告将其第 1 项诉讼请求明确为：请求撤销被告将我公司进口（FOB）的"2007 女王优质美乐干红葡萄酒"由 1.43 美元/瓶估定为 2 美元/瓶的估价决定。

原告向本院提供的证据有：

1.《企业法人营业执照》，证明原告法人营业证书。

2.《税务登记证》，证明原告税务资格证。

3. 进口产品发票（英文），证明进口价格、数量。

4. 2008 年 11 月 3 日中国工商银行外汇会计凭证，证明首批 30% 预付款。

5. 2008 年 11 月 3 日境外汇款申请书，证明首批 30% 预付款。

6. 2008 年 12 月 1 日境外汇款申请书，证明 70% 货款。

7. 2008 年 12 月 1 日中国工商银行外汇会计凭证，证明 70% 货款。

证据 4~7 综合证明依照合同约定两次付款（2008 年 11 月 3 日、2008 年 12 月 1 日），证据来源于工商银行。

8. 2008 年 11 月 3 日贸易进口付汇核销单，证明 30% 预付款。

9. 2008 年 12 月 1 日贸易进口付汇核销单，证明 70% 货款。核销单中付款方式只有两个，一是预付货款，另一个是货到付汇，当时因货未到只能够预付货款。

10. 2009 年 4 月贸易进口付汇到货核销表，证明付款与到货平衡。

11. 进口货物 290120091019201119 号报关单，证明进口产品价格、数量。

12. 海关进口增值税专用缴款书，证明进口产品的增值税。

13. 海关进口消费税专用缴款书，证明进口产品的消费税。

14. 海关进口关税专用缴款书，证明进口产品的关税。

15. 中华人民共和国海关总署作出的海关总署复字〔2009〕0008 号《行政复议决定书》，证明海关总署维持了三个征税决定。

16. 浙江省农村信用合作社汇款单、发票等三份，证明货物产生压港滞留费，是提出赔偿一万元请求的依据。

17. 中国驻摩尔多瓦大使馆经济商务参赞处《证明》，证明摩尔多瓦共和国葡萄酒行业管理机构出具的证明对世界各国经销摩生产葡萄酒价格真实性的解释具有法律效应。

18. 摩尔多瓦国家葡萄酒行业管理机构《证明》（英文）及翻译件，证明原告进口产品的价格。

上述证据 1~16 为复印件，证据 17、证据 18 为原件。

被告 ** 海关答辩称：（1）2009 年 1 月 23 日，原告向我关申报进口葡萄酒一批，报关单号为 019201119。我关经审核认为该申报价格与海关掌握的价格存在差异，于 2009 年 2 月 3 日制发《** 海关价格质疑通知书》，启动价格质疑程序。原告在收到该通知书后补充提交了情况说明、21-VM 号合同及翻译件、境外付汇申请书等资料。经我关审核，对原告申报价格的真实性和准确性仍存怀疑，主要理由有：①进口合同残缺不全，原告未提供合同提及的有关"合同附件""说明书"等资料；②只有大合同，没有针对每批货物具体的小合同，而大合同又缺少价格条款，与贸易常规不符；③合同约定 2008~2009 年度（2008 年 5 月~2009 年 5 月）内原告应购买 72 万瓶，但截至海关估价时，原告实际进口量与之存在较大差距，且原告无法就购买数量和价格的关系作出合理说明；④货款实际支付与合同条款约定不一致。据此，我关决定不接受申请人的申报价格，依法运用估价方法估定完税估价。在价格磋商程序中，我关与原告进行了信息交换，双方均不掌握相同货物成交价格估价方法、类似货物成交价格估价方法、倒扣价格估价方法和计算价格估价方法的价格资料。为此，我关经查询价格资料，选择了一条与被估葡萄酒原产地相同、葡萄年份相同、容量相同和商业水平相近的一条成交记录（原产地：摩尔多瓦，葡萄年份：2007 年，容量：750ML/瓶，贸易数量：18 432 瓶，价格：1.27 欧元/瓶）作为价格资料依据，运用合理估价方法在该价格资料的基础上，综合考虑商业数量、进口日期、葡萄酒品种等因素进行了调整，对原告此次申报进口的"2007 女王优质美乐干红葡萄酒"（原产地：摩尔多瓦，葡萄年份：2007 年，容量：750ML/瓶，贸易数量：10 800 瓶）估定 FOB 价格为 2 美元/瓶。该决定有《中华人民共和国海关法》《中华人民共和国进出口关税条例》《中华人民共和国海关审定进出口货物完税价格办法》和《中华人民共和国海关进出口货物征税管理办法》等法规规章为依据。（2）原告的诉讼理由和请求不能成立。根据《中华人民共和国进出口关税条例》第 34 条第 2 款和《中华人民共和国海关审定进出口货物完税价格办法》第 49 条第 2 款的规定，我关在经价格质疑程序后仍有理由怀疑原告申报价格的真实性和准确性的情况下，不接受原告的申报价格，依法进行价格磋商和估价，于法有据。被估葡萄酒的成交条件与我关选取价格资料的成交条件存在商业数量、进口日期等差异，我关综合考虑各种差异情况作出了适当调整，符合《中华人民共和国海关审定进出口货物完税价格办法》第 25 条所要求的客观、公平、统一的原则，合法合理。我关所作的征税决定合法，原告关于行政赔偿的请求没有事实根据和法律依据。综上所述，我关作出的估价决定适用法律依据准确，程序合法，内容适当，请求人民法院予以维持，驳回原告的诉讼请求，维护国家利益。

对被告提供的证据，原告质证如下：证据 2、3、4、5、7、8 中的汇率表无异议；证据 1 的合法性有异议；证据 6 的真实性无异议，但程序合法性有异议；证据 8 中的绥芬河海关提供的价格资料与本案进口货物相比，在成交方式、数量上差距很大，两份合同的进口数量与本案相比差距也很大。

对原告提供的证据，被告质证如下：证据 1、2、6、12、13、14、15 无异议；证据 3 的真实性、准确性有异议，不接受其价格；证据 4、5、7、8、9 的合法性、关联性有异议，此三份证据原告在质疑程序中没有向我关提供；证据 10 的关联性有异议，不能证明全部货款包含在此；证据 11 中 1.43 美元申报价格的真实性、准确性有异议；证据 16 与本案无关；证据 17、18 的合法性有异议。

经庭审质证，本院对以下证据作如下确认：被告提供的证据 2、3、4、5、7、8 中的汇率表，原告提供的证据 1、2、6、12、13、14、15，各方均无异议，符合证据三性，予以采信。被告提供的证据 1 能够证明征税的相关情况，且与原告提供的证据 12、13、14 一致，予以采信；被告提供的证据 6 能够证明价格磋商的事实及内容，予以采信；被告提供证据 8 中的 ** 海关报关单、DS-01、04 两份合同、装箱单，属于被告依职权掌握的相关价格资料，与本案具有相关性及类似性，予以采信。原告提供的证据 3 与被告提供证据 3 中的发票一致，予以采信；原告提供的证据 4、5、7、8、9 均形成于被告启动价格质疑程序之前，其在该行政程序中应该而且能够提供却拒不提供，根据《最高人民法院关于行政诉讼证据若干问题的规定》第 59 条的规定，此五份证据不予采信；原告提供的证据 10 形成于被诉具体行政行为作出之后，与本案无关，不予采信；原告提供的证据 11 能够证明原告 2009 年 1 月 23 日的进口货物报关情况，且与被告提供的证据 2 一致，予以采信；原告提供的证据 16 与本案无关，不予采信；原告提供的证据 17、18，不符合《最高人民法院关于行政诉讼证据若干问题的规定》第 16 条第 1 款的规定，不予采信。

经审理查明，2009 年 1 月 23 日，** 酒业有限公司以 29012009101920119 号报关单，向 ** 海关申报进口原产国为摩尔多瓦的葡萄酒一批，其中第 4 项商品为 750ML "2007 女王优质美乐干红葡萄酒"，数量为 10 800 瓶，单价为 1.43 美元/瓶，成交方式为 FOB。2009 年 2 月 3 日，** 海关以货物的申报价格与海关掌握的价格存在差异为由，向 ** 酒业有限公司发出 0102 号《** 海关价格质疑通知书》，要求该公司自收到通知之日起 5 个工作日内提供有关成交的书面情况说明、中华人民共和国海关进口货物价格申报单、合同、协议或者订单、厂商发票、保险单、业务函电、运费发票、信用证、结付汇凭证、国内销售单据等资料，并协助海关进一步了解与进口货物成交价格相关的信息。若明确不能提供、逾期不提供资料、所提供的资料不足以证明申报价格的真实性或者准确性以及不足以证明买卖双方间的特殊关系对成交价格没有造成影响的，海关将依法另行估价。

此后，** 酒业有限公司分两次向 ** 海关提供了情况说明、2008 年 12 月 1 日境外汇款申请书、合同翻译件、网页等资料。2009 年 2 月 27 日、2009 年 3 月 19 日，** 海关与 ** 酒业有限公司法定代表人进行了两次价格磋商，磋商中 ** 海关认为，海关已经完整地履行了价格质疑程序，并认真审核了该公司提供的全部资料。该公司提供的单证以及资料存在以下问题：（1）进口合同残缺不全，未提供合同涉及的"合同附件""说明书（附件）"等资料；（2）只有大合同，没有针对每批货物具体的小合同，而大合同又缺少价格条款，与贸易常规不符；（3）货款实际支付与合同条款约定不一致；（4）根据合同约定，2008~2009 年度内该公司应向外商购买 72 万瓶，目前，该公司实际已进口量与之存在较大的差距。基于上述原因，该公司葡萄酒的进口量和价格存在不确定因素，该公司提供的资料不足以证明葡萄酒申报价格的真实性、合理性，海关仍然有理由怀疑申报价格的真实性、准确性，决定不接受其进口货物申报价格，拟重新估价。** 海关于 2009 年 3 月 19 日制作了 2009031901 号《中华人民共和国海关价格磋商记录表》。

在价格磋商程序中，双方进行了价格信息交流，双方均不掌握相同货物成交价格估价方法、类似货物成交价格估价方法、倒扣价格估价方法和计算价格估价方法的价格资料。2009 年 3 月 19 日，** 海关根据掌握的价格资料（原产国摩尔多瓦、2007 年产 750ML 半甜红葡萄酒、品牌为"修道士的心灵"、进口数量为 18 432 瓶、进口日期为 2008 年 1 月 29 日，成交价格为 CIF1.6933 欧元/升），综合考虑进口日期、进口数量、葡萄酒年份及容量等因素，以合理方法，将 ** 酒业有限公司 2901200910192 01119 号报关单第 4 项商品"2007 女王优质美乐干红葡萄酒"的价格，由 FOB 1.43 美元/瓶估定为 FOB 2 美元/瓶。同时，** 海关将该估价决定告知了 ** 酒业有限公司，并告知了其复议申请权。据此估价决定确定完税价格后，** 海关于 2009 年 3 月 30 日分别作出 ** 海关（0901）2901200910192 01119-A01 号进口关税、L02 号进口增值税、Y03 号进口消费税专用缴款书。** 酒业有限公司不服该估价决定，向中华人民共和国海关总署申请行政复议，被维持后，该公司仍不服，诉至本院。

本院认为：第一，《中华人民共和国海关法》第 55 条第 1 款规定，进出口货物的完税价格，由海关以该货物的成交价格为基础审查确定。成交价格不能确定时，完税价格由海关依法估定。据此，当进出口货物成交价格不能确定时，被告 ** 海关具有依法估定完税价格的法定职责。

第二，《中华人民共和国海关法》第 54 条规定，进口货物的收货人、出口货物的发货人、进出境物品的所有人，是关税的纳税义务人。《中华人民共和国进出口关税条例》第 30 条、第 34 条规定，纳税义务人应当依法如实向海关申报，并按照海关的规定提供有关确定完税价格、进行商品归类、确定原产地以及采取反倾销、反补贴或者保障措施等所需的资料；必要时，海关可以要求纳税义务人补充申报。海关对纳税义务人申报的价格有怀疑的，应当将怀疑的理由书面告知纳税义务人，要求其在规定的期限内书面作出说明、提供有关资料。纳税义务人在规定的期限内未作说明、未提供有关资料的，或者海关仍有理由怀疑申报价格的真实性和准确性的，海关可以不接受纳税义务人申报的价格，并按照本条例第三章的规定估定完税价格。《中华人民共和国海关审定进出口货物完税价格办法》第 49 条规定，海关制发《价格质疑通知书》后，有下列情形之一的，海关与纳税义务人进行价格磋商后，按照本办法第 6 条或者第 45 条列明的方法审查确定进出口货物的完税价格：（1）纳税义务人或者其代理人在海关规定期限内，未能提供进一步说明的；（2）纳税义务人或者其代理人提供有关资料、证据后，海关经审核其所提供的资料、证据，仍然有理由怀疑申报价格的真实性、准确性的；（3）纳税义务人或者其代理人提供有关资料、证据后，海关经审核其所提供的资料、证据，仍然有理由认为买卖双方之间的特殊关系影响成交价格的。

本案中，原告作为涉案进口葡萄酒的收货人，是关税的纳税义务人，应当依法如实向海关申报，并按照海关的规定提供有关确定完税价格所需的资料。被告审核原告报关材料后，以货物的申报价格与海关掌握的价格存在差异为由，向原告发出《**海关价格质疑通知书》，要求其提供有关成交资料，并协助海关进一步了解与进口货物成交价格相关的信息。原告虽提供了情况说明、境外汇款申请书、合同翻译件、网页等资料，但其成交价格仍存在下列疑点：（1）进口合同残缺不全，未提供21-VM号合同第7.1、7.2、7.3条中涉及的"合同附件""说明书（附件）"等资料；（2）只有大合同，没有针对每批货物具体的小合同，而大合同又缺少价格条款，与贸易常规不符；（3）货款实际支付方式（电汇）与21-VM号合同第7.6条约定的付款方式（银行担保）不一致；（4）21-VM号合同第1.2条约定的年度购买数量（72万瓶）与实际已进口量（6万瓶）之间存在较大的差距。另外，原告在价格磋商程序中亦自认："我们公司的翻译陈雯通过E-MAIL的形式与外商联系，确定价格。""往来业务函电由于我公司没有翻译人员，所以未提供。"但其电子邮件与往来业务函电均未在行政程序中向被告提供。据此，被告怀疑原告申报价格真实性、准确性的理由成立，被告不接受其申报价格，认定其申报进口货物成交价格不能确定的理由成立。

第三，《中华人民共和国海关审定进出口货物完税价格办法》第6条、第25条、第26条规定，进口货物的成交价格不符合本章第二节规定的，或者成交价格不能确定的，海关经了解有关情况，并与纳税义务人进行价格磋商后，依次以下列方法审查确定该货物的完税价格：（1）相同货物成交价格估价方法；（2）类似货物成交价格估价方法；（3）倒扣价格估价方法；（4）计算价格估价方法；（5）合理方法。纳税义务人向海关提供有关资料后，可以提出申请，颠倒前款第3项和第4项的适用次序。合理方法，是指当海关不能根据成交价格估价方法、相同货物成交价格估价方法、类似货物成交价格估价方法、倒扣价格估价方法和计算价格估价方法确定完税价格时，海关根据本办法第 2 条规定的原则，以客观量化的数据资料为基础审查确定进口货物完税价格的估价方法。海关在采用合理方法确定进口货物的完税价格时，不得使用以下价格：（1）境内生产的货物在境内的销售价格；（2）可供选择的价格中较高的价格；（3）货物在出口地市场的销售价格；（4）以本办法第 24 条规定之外的价值或者费用计算的相同或者类似货物的价格；（5）出口到第三国或者地区的货物的销售价格；（6）最低限价或者武断、虚构的价格。

本案中，双方在价格磋商程序中均不掌握相同货物成交价格估价方法、类似货物成交价格估价方法、倒扣价格估价方法和计算价格估价方法的价格资料，故被告使用合理方法估定涉案进口葡萄酒的完税价格，并无不当。被告根据其掌握的唯一价格资料（原产国摩尔多瓦、2007 年产 750ML 半甜红葡萄酒、品牌为"修道士的心灵"、进口数量为 18 432 瓶、进口日期为 2008 年 1 月 29 日，价格为 CIF 1.6933 欧元/升），综合考虑进口日期、进口数量、葡萄酒年份及容量等因素，以客观量化的数据资料为基础将原告 290120091019201119 号报关单第 4 项商品"2007 女王优质美乐干红葡萄酒"的价格，由 FOB 1.43 美元/瓶估定为 FOB2 美元/瓶，并以此估价决定为基础，在 ** 海关（0901）290120091019201119-A01 号进口关税、L02 号进口增值税、Y03 号进口消费税专用缴款书中，计算确定完税价格，并无不当。

综上所述，被告 ** 海关认为原告 ** 酒业有限公司申报葡萄酒成交价格不能确定，经价格磋商后，以合理方法将其 290120091019201119 号报关单第 4 项商品"2007 女王优质美乐干红葡萄酒"的价格，由 FOB 1.43 美元/瓶估定为 FOB 2 美元/瓶，证据确凿，适用法律法规正确。原告的诉讼理由不能成立，其要求撤销估价决定的诉讼请求，本院不予支持。原告的行政赔偿请求，于法无据，本院不予支持。依照《最高人民法院关于执行〈中华人民共和国行政诉讼法〉若干问题的解释》第 56 条第 4 项、《最高人民法院关于审理行政赔偿案件若干问题的规定》第 33 条之规定，判决如下：

一、驳回原告要求撤销中华人民共和国 ** 海关于 2009 年 3 月 19 日对其所作估价决定的诉讼请求。

二、驳回原告的赔偿请求。

案件受理费人民币 50 元，由原告 ** 酒业有限公司负担。

如不服本判决，可在判决书送达之日起 15 日内，向本院递交上诉状，并按对方当事人的人数提出副本，上诉于浙江省高级人民法院，并向浙江省高级人民法院预交上诉案件受理费 50 元。在上诉期满后 7 日内仍未交纳的，按自动撤回上诉处理。（浙江省高级人民法院户名为浙江省财政厅非税收入结算分户，账号：398000101040006575515001，开户银行为农业银行西湖支行。）

审 判 长　　王丽园

审 判 员　　秦　方

代理审判员　　吴宇龙（主审）

二〇〇九年十月十日

本件与原本核对无异

书 记 员　　叶　嘉

附本判决适用的法律依据：

《最高人民法院关于执行〈中华人民共和国行政诉讼法〉若干问题的解释》

第五十六条　有下列情形之一的，人民法院应当判决驳回原告的诉讼请求：

（一）起诉被告不作为理由不能成立的；

（二）被诉具体行政行为合法但存在合理性问题的；

（三）被诉具体行政行为合法，但因法律、政策变化需要变更或者废止的；

（四）其他应当判决驳回诉讼请求的情形。

《最高人民法院关于审理行政赔偿案件若干问题的规定》

第三十三条　被告的具体行政行为违法但尚未对原告合法权益造成损害的，或者原告的请求没有事实根据或法律根据的，人民法院应当判决驳回原告的赔偿请求。

八、**矿粉有限公司诉**市人民政府矿业行政指导案

【裁判要旨】

地方政府为实现资源优化配置、矿山生态环境提升等目标，采取引导、自愿、补助等非强制性方式，鼓励矿山提前关停，实现产业政策，构成了行政法上典型的行政指导行为，不属于行政诉讼受案范围。

【裁判文书】

浙江省杭州市中级人民法院
行 政 裁 定 书

（2014）浙杭行初字第 110 号

原告 ** 矿粉有限公司。

被告 ** 市人民政府。

第三人 ** 市国土资源局。

第三人 ** 市财政局。

第三人 ** 市 ** 镇人民政府。

原告 ** 矿粉有限公司不服 ** 市人民政府于 2010 年 12 月 9 日作出的《** 市人民政府办文单》，于 2014 年 6 月 3 日向本院提起诉讼。本院于 2014 年 6 月 10 日受理后，于次日向被告发送起诉状副本及应诉通知书。因 ** 市国土资源局、** 市财政局、** 市 ** 镇人民政府与本案存在法律上的利害关

系，本院依法通知其作为第三人参加本案诉讼。本院依法组成合议庭，并于2014 年 7 月 10 日公开开庭审理了本案。

2010 年 12 月 9 日，＊＊市人民政府就＊＊镇直山坞方解石矿探矿权补偿有关问题作出《＊＊市人民政府办文单》，同意财政、国土局意见。

被告在法定期限内向本院提供的证据有：

1. 承诺书，证明原告同意享受补助款，放弃探矿开采权并自愿上交证号 33120091103035773 探矿权证的事实。

2. 收款收据，证明原告已经领取了补助款。

3. 会议记录，证明原告确认已领取补助款并作出书面承诺的事实。

4. ＊＊市国土资源局答复，证明原告自愿上交探矿权证的事实。

5. ＊＊镇人民政府意见书，证明对象同上。

6. ＊＊市人民政府＊政函〔2008〕17 号《关于印发＊＊市鼓励矿山关停若干政策的通知》，证明被告贯彻落实国务院和省政府关于矿产资源开发整合意见等文件精神鼓励矿山关停，并不再新设建筑石料类和石灰岩类采矿权以及补助款计算的依据。

7. ＊＊市人民政府办公室＊政办〔2009〕110 号《关于印发＊＊市矿山整治工作实施方案（2010~2012）的通知》，证明对象同上。

8. ＊＊市人民政府 727 号办文单及 293 号反馈意见，证明被告同意对原告补助 58.6 万元的事实。

9. ＊＊镇人民政府、＊＊市国土资源局＊政〔2010〕150 号《关于＊＊镇直山坞方解石矿探矿权补偿有关问题的请示》，证明＊＊镇人民政府、＊＊市国土资源局请示的情况。

10. ＊＊市国土资源局书面答复，证明＊＊市国土资源局答复情况。

11. ＊＊市人民法院（2012）杭＊民初字第 2645 号《民事裁定书》及起诉状，证明原告起诉撤诉情况。

12. ＊＊市人民法院（2013）杭＊行初字第 20 号《行政判决书》，证明原告行政赔偿请求被驳回的事实。

13. ＊＊市中级人民法院（2013）浙＊行终字第 330 号《行政判决书》，证明二审维持一审判决。

14. 再审申请书及浙江省高级人民法院（2014）浙行申字第 37 号《驳回再审申请通知书》，证明原告申请再审及被驳回的情况。

15. ＊＊市人民政府＊政复决〔2013〕10号《行政复议决定书》，证明原告申请信息公开的情况。

16. ＊＊市人民政府＊政复〔2014〕50号《行政复议决定书》，证明原告行政复议请求被驳回的事实。

上述证据均系复印件。

原告＊＊矿粉有限公司诉称：（1）经省国土资源厅批准，原告于2005年取得探矿权，其探矿权有效期限至2012年11月6日。后原告委托中国建材工业地质勘查中心浙江总队进行勘查，现已完成勘查工作并经储量评审机构评审通过详细报告，省国土资源厅备案方解石资源储量（332）293.32万吨，按照现在的矿产市场价看，价值至少在6千万元以上。由于＊＊市政府颁发＊政办〔2009〕110号文件对＊＊市在采矿山进行整治，对四家在采地下方解石矿山提前三年关停。＊＊市政府、＊＊镇政府在没有文件依据的情况下，非法决定不同意在全镇范围内新开矿山，同时又将关停的范围从采矿权扩大到探矿权，为达到非法关停原告探矿权之目的，＊＊市＊＊镇人民政府和＊＊市国土资源局制定关于＊＊镇直山坞方解石矿探矿权补偿有关问题，并向＊＊市人民政府请示，＊＊市人民政府于2010年12月9日以第727号办文单的方式批准同意实施该补偿方案，原告认为该补偿方案经被告批准实施，应视为被告的具体行政行为，该具体行政行为不具有合法性、合理性。（2）国土资源部及省国土资源厅都没有规定可以对探矿权比照采矿权进行关停，两者不具有可比性，因为采矿权是开采矿藏的权利，往往矿山已经开采很多年，已获得较大的利益，而探矿权仅仅是探明矿山储量，探矿期间只有投入没有收益，所以将探矿权比照采矿权进行关停和补偿明显不合理。实际上作为在采矿山资源已经采光但还可以拿到三年补偿，但对原告来说，还没有开采过，也给三年的补偿明显不合理。（3）探矿权的关停和补偿应当在对探矿权进行价值评估或者探矿投入进行价值评估，在评估后的基础上再制订相应的补偿标准才具有合理性、合法性。因为，每个矿山探矿的难易程度、矿藏储量、矿藏种类都不一样，被告的这一做法让探矿权人血本无归，原告的投入超过300万元，而本案被告直接根据第三人的申请作出批准行为，实际本案获得补偿仅为58.6万元，原告有相应票据可以证明矿山投入已经超过260万元，当然其他投入还有，国家是鼓励探矿行为的，但被告的这一做法完全与国家政策背道而驰，如果这样的补偿也是合法的，那么在中国将不再有人愿意探矿。（4）案涉《**镇人民政府、**市国土资源局关于**镇直山坞方解石矿探矿权补偿有关问题的请示》自始至终未向相对人送达，**市人民政府的办文单也未向原告送达，且办文单没有具体内容，原告对补偿决定的具体内容一直不知情，于是向**市国土资源局申请政府信息公开。**市人民政府*政复决〔2013〕10号《行政复议决定书》责令**市国土资源局向原告公开上述文件，**市国土资源局于2014年1月23日向原告邮寄上述文件，原告才知道申请书的内容及被告作出的批准行为，原告在收到该文件后依法在60日内向**市人民政府提出行政复议申请，但是**市人民政府于2014年5月16日作出*政复〔2014〕50号《行政复议决定书》维持被告作出的关于**镇直山坞方解石矿探矿权补偿方案的批准行为。综上所述，被告以办文单形式批准实施的补偿方案既无事实依据，又无法律依据，且程序不合法，为维护原告的合法权益，请求：判决撤销被告作出的关于**镇直山坞方解石矿探矿权补偿方案的批准行为；判令本案诉讼费由被告承担。

原告向本院提供的证据有：

1. 行政复议申请书，证明原告提出复议申请。

2. **市人民政府*政复〔2014〕50号《行政复议决定书》，证明杭州市人民政府作出复议决定。

3. **市人民政府727号办文单，证明被告的具体行政行为。

4. **市国土资源局政府信息公开答复书，证明**市国土资源局信息公开情况。

5. *政〔2010〕150号，证明被告的具体行政行为。

6. **市人民政府*政复决〔2013〕10号《行政复议决定书》，证明**市人民政府的复议决定。

7. **市直山坞方解石矿关于要求经济补偿的申请，证明原告向**市国土局、**镇人民政府提出的经济补偿申请为260万元。

8. 承诺书，证明承诺书无金额。

9. 探矿权证，证明原告享有合法探矿权期限至2012年。

10. 浙土资办〔2011〕110号，证明省国土资源厅为原告探矿权年检。

11. 浙土资储备字〔2010〕36号。

12. 《矿产资源储量评审意见书》。

13. 国土资发〔2001〕65号。

证据11~13证明矿产资源储量评审。

14. 发票,证明原告探矿投入。

上述证据均系复印件。

被告 ** 市人民政府答辩称:(1)本案系民事纠纷,不属于行政诉讼的范围,原告的起诉应依法驳回。原告经浙江省国土资源厅批准,取得 ** 镇石门村直山坞方解石矿区探矿权证(证号 T33120091103035773),该探矿权证的有效期限为2010年11月6日至2012年11月6日。2008年起,被告为了认真贯彻落实国务院和省政府关于矿产资源开发整合意见等文件精神,结合 ** 市实际情况,制定了《鼓励矿山关停若干政策》和《 ** 市矿山整治工作实施方案(2010~2012)》对全市持有合法、有效采矿许可证的矿山采取适当的奖励补助方式,鼓励矿山提前关停。为进一步推进矿山整治和资源整合,2009年10月30日,被告出台的《 ** 市矿山整治工作实施方案(2010~2012)》规定:"进一步提高矿山开采准入门槛,不再新设建筑石料类和石灰岩类采矿权。"基于上述政策,原告于2010年10月22日主动提出要求经济补偿的申请。2010年10月29日, ** 镇政府、 ** 市国土局向被告提交了《关于 ** 镇直山坞方解石矿探矿权补偿有关问题的请示》(** 政〔2010〕150号)。2010年11月29日, ** 市财政局、国土局向被告提交了《 ** 市人民政府〔2010〕727号办文单反馈意见》, ** 市人民政府领导在编号为第727号《 ** 市政府办文单》签署意见:同意财政、国土局意见。 ** 镇人民政府根据被告〔2010〕727号办文单意见,比照相关文件确定补助金额为58.6万元,原告对此表示同意。2010年12月29日原告将探矿权证上交 ** 镇政府,2010年12月31日,原告开具58.6万元补助款的收据;2011年2月14日原告又作出书面承诺,享受政府补助款,同意放弃矿山的一切经营活动,同时,同意到期后注销。2011年3月8日,58.6万元补助款进入原告账户。上述事实可以证明,原告与 ** 市 ** 镇政府就 ** 镇直山坞方解石矿探矿权补偿问题经协商达成一致意见,系民事行为(民事合同),而且就民事行为(民事合同)已履行完毕。行政诉讼的受案范围是行政行为,故依据《中华人民共和国行政诉讼法》之规定,本案原告的起诉依法应当予以驳回。(2)本案被告同意 ** 镇直山坞方解石矿探矿权补偿方案的行为非具体行政行为,系民事行为。原告就 ** 镇直山坞方解石矿探矿权补偿有关问题于2010年10月22日主动提出要求经济补偿的申请,在此基础上 ** 镇政府向被告提交了《关于 ** 镇直山坞方解石矿探矿权补偿有关问题的请示》，**市政府领导在编号为第727号《**市政府办文单》签署意见：同意财政、国土局的意见。因此被告的行为系**市**镇政府与原告就**镇直山坞方解石矿探矿权补偿问题协商过程中的准备行为，系民事行为（民事合同）而非具体行政行为。故依据《中华人民共和国行政诉讼法》的规定，本案被告所涉的行为不属于行政诉讼的范围。另对于原告提出的关于批准程序的异议，被告认为，批准程序系政府机关内部的公文流转程序，而不是原告所说的具体行政行为。（3）本案系民事行为，原告的撤销权也已经消灭。原告于2011年2月14日出具承诺书，并已领取相应的补偿款，已超过在一年内行使撤销权的除斥期间，原告的撤销权也已经消灭。（4）退一万步讲，即使本案被告所涉的行为系行政行为，那么行政诉讼的时效也已经过了，因为在2013年9月13日**市人民法院公开开庭审理的原告诉**市国土资源局、**市**镇人民政府其他行政及赔偿一案中，原告就已经知道了上述文件的内容。综上，本案系民事纠纷，不属于行政诉讼的范围，原告的诉讼应依法驳回，请求法院驳回原告的起诉。

第三人**市国土资源局未提交书面陈述意见，在庭审中述称同意被告的意见。

第三人**市国土资源局未向本院提供证据。

第三人**市财政局未提交书面陈述意见，在庭审中述称同意被告的意见，同时补充本案争议的《727号办文单》及相关文件是行政机关的内部公文，对原告的权利、义务没有产生影响。

第三人**市财政局向本院提供的证据有：

1. **市人民政府2010年11月3日办文单，证明**市财政局根据**市人民政府的办文单与**市国土资源局共同作出对原告的补偿方案，制作了反馈意见给**市人民政府，**市人民政府予以同意。该证据系复印件。

第三人**市**镇人民政府述称：（1）本案所涉的《关于**镇直山坞方解石矿探矿权补偿有关问题的请示》《**市人民政府727号办文单》及《727办文单反馈意见》，系政府机关内部公文，不直接影响原告的权利义务，不属于行政诉讼的范围，依法应驳回起诉。（2）本案的基本事实为：原告基于当时政策，认为无法取得采矿权，主动提出经济补偿的申请。为此，**镇政府、**市国土局按规定向**市人民政府请示，**市人民政府于2010年12月9日作出《727号办文单》。之后，**镇政府告知原告《727号办文单》的内容，经协商原告同意将探矿权证上交按《727号办文单》办理资金补助，并于2011年2月14日出具承诺书，表明已享受资金补助，同意放弃矿山探矿权及一切经营活动，承诺书也注明了到期同意注销探矿权证。2011年3月8日，**镇政府将补助资金58.6万元汇给原告。2011年9月29日的协调会上，原告提出返还探矿权证的要求，会议建议原告可以选择以下两种方式处理此事：一是选择保留探矿权，58.6万元予以返还；二是放弃探矿权。但原告一直未将58.6万元补偿款予以返还。因此，《727号办文单》的实质性内容为**市人民政府对**镇政府、**市国土局的请示作出批复，为政府机关内部公文，同意给予原告矿山补助资金58.6万元，系对补助资金额度的确定，并未强制原告接受，原告有权选择接受或不接受。故上述批准方案（《请示》《727号办文单》）并未直接影响原告的权利义务。根据《最高人民法院关于执行〈中华人民共和国行政诉讼法〉若干问题的解释》第1条第6项的规定，本案依法不属于行政诉讼的受案范围，请求驳回原告起诉。（3）原告的起诉已超出法定期限。本案原告知道《727号办文单》的内容具体时间最早是在2010年12月。首先，2010年12月份我们有一份探矿权证的收条，上面注明上交探矿权证按《727号办文单》办理资金补助；其次，（2013）浙*行终字第330号《行政判决书》第7页倒数第8行，该判决书明确原告事先是明知补偿金额是58.6万元。因此，原告方知道办文单的具体内容是在2010年的12月。另有一组证据可以证明原告并不是在2014年1月通过信息公开申请获得《727号办文单》：原告于2012年10月30日向**市人民法院提出的（2012）杭*民初字第2645号民事诉讼，其中就有《727号办文单》及反馈意见。因此，原告从办理资金补助开始一直知道《727号办文单》的具体内容。但是，原告于2014年2月28日向**市人民政府提出行政复议，显然已经超过了60天的行政复议期限，故原告的起诉已经超过法定的期限，依法应当予以驳回。

第三人**市**镇人民政府向本院提供的证据有：

1. 探矿权证收条、承诺书、收款收据，证明2010年12月29日原告将探矿权证自愿上交并同意按政府《727号办文单》享受补助政策。

2. 传票、起诉状、政府《727号办文单》及反馈意见，证明2012年10月30日原告以探矿权纠纷为由，向**市人民法院提起民事诉讼，其将《727号办文单》及反馈意见作为证据提交。

3. ＊＊市中级人民法院（2013）浙＊行终字第330号《行政判决书》，证明第三人与原告就矿山补偿款进行协商，原告同意接受补偿58.6万元，并同意放弃矿山一切权益，系原告与第三人形成的合意。因此，《请示》及《727号办文单》并未直接影响原告的权利义务，依法不属于行政诉讼范围。

上述证据均系复印件。

经审理查明，自2005年起，＊＊矿粉有限公司取得位于浙江省＊＊市＊＊镇直山坞矿区方解石矿的探矿权，一直延续到2010年11月4日。2010年11月6日，经浙江省国土资源厅批准，＊＊矿粉有限公司取得位于浙江省＊＊市＊＊镇直山坞矿区方解石矿详查的探矿权（证号：T33120091103035773），有效期限为2010年11月6日至2012年11月6日，并注明"请在有效期届满的30日前办理延续、变更或保留登记手续，逾期自行废止"。2008年1月28日，为贯彻落实国务院和省政府关于矿产资源开发整合意见等文件精神，＊＊市人民政府印发＊政函〔2008〕17号《关于印发＊＊市鼓励矿山关停若干政策的通知》，制定矿山关停鼓励政策，通过适当的奖励补助方式，鼓励矿山提前关停，以促进整合工作的顺利实施。最终达到＊＊市矿权合理布局、总数有效控制、资源优化配置、矿山规模化发展、矿山生态环境明显提升、矿业经济社会效益加速提高的目的。2009年10月30日，为进一步推进矿山整治和资源整合，＊＊市人民政府办公室印发＊政办〔2009〕110号《关于印发＊＊市矿山整治工作实施方案（2010~2012）的通知》，进一步提高矿山开采准入门槛，不再新设建筑石料类和石灰岩类采矿权。在上述政策引导下，2010年10月22日，＊＊矿粉有限公司主动提出要求经济补偿的申请。2010年10月29日，＊＊镇人民政府、＊＊市国土资源局向＊＊市人民政府上报＊政〔2010〕150号《关于＊＊镇直山坞方解石矿探矿权补偿有关问题的请示》，提出：鉴于当前整治矿山的政策，＊＊镇属农业生态乡镇，今年又陆续关停了四家地下矿山，结合考虑环境保护、安全生产和社会稳定等因素，不宜在＊＊镇范围内新开矿山。鉴于探矿权人响应政府矿山关停政策，考虑到其探矿过程中发生一定费用，为鼓励其支持政府关停整治矿山政策，建议市政府参照＊政办〔2009〕110号《＊＊市矿山整治工作实施方案（2010~2012）》中对提前关停的地下矿山的补助政策给予探矿权人适当的补偿。＊＊市人民政府于2010年11月3日在办文单（727号）中指示"如何补偿，补偿多少，请财政局、国土局提出意见"。2010年11月29日，＊＊市财政局、＊＊市国土资源局出具

293 号反馈意见，建议对该矿按提前三年关停地下矿山的标准对探矿人予以补助，补助金额共计 58.6 万元。2010 年 12 月 9 日，**市人民政府就**镇直山坞方解石矿探矿权补偿有关问题作出《**市人民政府办文单》（727 号），同意财政、国土局意见。2010 年 12 月 29 日，**矿粉有限公司将探矿权证（证号：T33120091103035773）上交给**镇人民政府，由**镇人民政府出具收条，写明：今收到本证上交市国土局按照市政府办文单 727 号享受补助政策，该证由国土局处理后办理资金补助。2011 年 2 月 14 日，**矿粉有限公司向**市国土资源局、**镇人民政府出具承诺书，内容：兹有**矿粉有限公司法人代表章**，积极响应市政府和镇政府相关资金补助政策，本人已享受到镇政府补助款，同意放弃在**村直山坞矿山的一切经营活动（包括探矿开采等行为），证号为 T33120091103035773，同时，同意到期后注销。如本人若不执行上述承诺，自愿接受政府和相关部门的处罚，同时承担相关责任。2011 年 3 月 8 日，**镇人民政府将矿山补助资金 58.6 万元以转账方式汇入**矿粉有限公司法定代表人章**的账户，并开具收款收据。此后，**矿粉有限公司以补偿不合理为由，多次上访。2011 年 9 月 29 日，**镇人民政府、**市国土资源局、**市财政局等部门就该问题召开了协商会议，**矿粉有限公司法定代表人章**参加了该会议。会议提出**矿粉有限公司可以采取以下两种方式处理此事：一是选择保留探矿权，58.6 万元予以退还；二是放弃探矿权，**矿粉有限公司一直未将 58.6 万元予以退还，但多次要求归还探矿权证。

另查明，2012 年 11 月 2 日，**镇人民政府将探矿权证返还，涉案探矿权证（证号：T33120091103035773）有效期届满后未办理延续、变更或保留登记手续。

本院认为，《最高人民法院关于执行〈中华人民共和国行政诉讼法〉若干问题的解释》第 1 条第 2 款第 4 项规定，公民、法人或者其他组织对下列行为不服提起诉讼的，不属于人民法院行政诉讼的受案范围：……（四）不具有强制力的行政指导行为；……。本案中，**市人民政府为贯彻落实国务院和省政府关于矿产资源开发整合意见，先后出台*政函〔2008〕17 号《关于印发**市鼓励矿山关停若干政策的通知》，及*政办〔2009〕110 号《关于印发**市矿山整治工作实施方案（2010~2012）的通知》。**矿粉有限公司经浙江省国土资源厅批准获得了**市**镇直山坞矿区方解石矿详查的探矿权，在上述政策引导下，**矿粉有限公司于2010年10月22日主动提出要求经济补偿的申请。2010年10月29日，**镇人民政府、**市国土资源局向**市人民政府上报*政〔2010〕150号《关于**镇直山坞方解石矿探矿权补偿有关问题的请示》，提出：鉴于探矿权人响应政府矿山关停政策，考虑到其探矿过程中发生一定费用，为鼓励其支持政府关停整治矿山政策，建议市政府参照*政办〔2009〕110号《**市矿山整治工作实施方案（2010~2012）》中对提前关停的地下矿山的补助政策给予探矿权人适当的补偿。2010年12月9日，**市人民政府经征求**市财政局、**市国土资源局意见后，同意对该矿按提前三年关停地下矿山的标准对探矿人予以补助，补助金额共计58.6万元。此后，**矿粉有限公司将探矿权证上交给**镇人民政府，并向**市国土资源局、**镇人民政府出具承诺书，承诺积极响应政府相关资金补助政策，同意放弃在**村直山坞矿山的一切经营活动（包括探矿开采等行为），到期后注销探矿权证。2011年3月8日，**镇人民政府将矿山补助资金58.6万元以转账方式汇入**矿粉有限公司法定代表人章**的账户。据此，**市推行的关停矿山、不再新开矿山等政策，是**市为实现矿权合理布局、总数有效控制、资源优化配置、矿山规模化发展、矿山生态环境明显提升、矿业经济社会效益加速提高等目标而采取的矿山产业政策，其推行该政策时，并未采用强制性的行政命令方式，而是通过适当的奖励补助方式，鼓励矿山提前关停，即采取引导、自愿、补助，也就是行政指导的方式来实现产业政策。**矿粉有限公司正是在该政策引导下，主动就其探矿权提出经济补偿申请，对于**市人民政府提出的补助58.6万元亦表示认可并接受。即便**矿粉有限公司事后反悔，**市相关部门仍然给予其自主选择权，提出可采取以下两种方式处理此事：一是选择保留探矿权，58.6万元予以退还；二是放弃探矿权。但**矿粉有限公司一直未将58.6万元予以退还，反而多次要求归还探矿权证。综上可知，**市人民政府于2010年12月9日同意对**矿粉有限公司按提前三年关停地下矿山的标准对探矿人补助58.6万元的行为，属于不具有强制力的行政指导行为，该补助金额对于**矿粉有限公司并不具有强制力，其完全可以选择不接受该金额而继续保留探矿权，故**市人民政府的该行为并不属于行政诉讼法上的具体行政行为，不属于行政诉讼受案范围，依法应驳回**矿粉有限公司的起诉。依照《最高人民法院关于执行〈中华人民共和国行政诉讼法〉若干问题的解释》第44条第1款第1项之规定，裁定如下：

驳回原告 ** 矿粉有限公司的起诉。

如不服本裁定，可在收到本裁定书之日起 10 日内，向本院递交上诉状，并按对方当事人的人数提交副本，上诉于浙江省高级人民法院。

审　判　长　　吴宇龙（主审）

代理审判员　　唐莹祺

代理审判员　　李希芝

二〇一四年九月九日

本件与原本核对无异

书　记　员　　汪金枝

附本判决适用的法律依据：

《最高人民法院关于执行〈中华人民共和国行政诉讼法〉若干问题的解释》

第四十四条　有下列情形之一的，应当裁定不予受理；已经受理的，裁定驳回起诉：

（一）请求事项不属于行政审判权限范围的；

（二）起诉人无原告诉讼主体资格的；

（三）起诉人错列被告且拒绝变更的；

（四）法律规定必须由法定或者指定代理人、代表人为诉讼行为，未由法定或者指定代理人、代表人为诉讼行为的；

（五）由诉讼代理人代为起诉，其代理不符合法定要求的；

（六）起诉超过法定期限且无正当理由的；

（七）法律、法规规定行政复议为提起诉讼必经程序而未申请复议的；

（八）起诉人重复起诉的；

（九）已撤回起诉，无正当理由再行起诉的；

（十）诉讼标的为生效判决的效力所羁束的；

（十一）起诉不具备其他法定要件的。

前款所列情形可以补正或者更正的，人民法院应当指定期间责令补正或者更正；在指定期间已经补正或者更正的，应当依法受理。

九、占＊泉等四人诉＊＊区人民政府拆迁行政审批案

【裁判要旨】

拆迁双方签订的补偿安置协议属于行政协议，协议中关于安置人口的明确约定，具有法律效力，对协议双方均具有拘束力。协议签订后的申购审批行为，如果没有对协议确定的安置人口作出变更，则属于协议履行（执行）行为，没有新的意思表示，也没有对协议双方设定新的权利义务，不属于行政诉讼受案范围。若对协议确定的安置人口有异议，应直接针对协议的相关内容提出。

【裁判文书】

浙江省杭州市中级人民法院
行 政 裁 定 书

（2019）浙 01 行初 239 号

原告占＊泉。

原告丁＊国。

原告丁＊芳。

原告占＊丁。

被告杭州市＊＊区人民政府。

被告杭州市＊＊区人民政府＊＊街道办事处。

被告杭州市＊＊区农村多层住宅建设管理中心。

原告占＊泉等四人不服杭州市＊＊区人民政府（以下简称"＊＊区政府"）对占＊泉户《＊＊区农转居拆迁安置房申购表》的审批行为，于2019年4月12日向本院提起行政诉讼，本院于4月16日立案，并于次日向被告送达了起诉状副本及应诉通知书。本院依法组成合议庭，于2019年6月12日公开开庭审理了本案，现已审理终结。

原告占＊泉等四人诉称，原告占＊泉户房宅涉及拆迁，拆迁项目涉及被拆迁户的安置房事宜。2016年2月25日，原告占＊泉按照相关格式及要求如实填写《＊＊区农转居拆迁安置房申购表》，并上交进行申报审批程序。但被告迟迟未将《申购表》的审批结果下发。无奈，原告遂于2019年3月向杭州市＊＊区农村多层住宅建设管理中心申请信息公开，该中心于3月25日作出了告知，并提供了审批后的《申购表》。原告由此获知，被告对原告申报的十人，最终审批的结果为：符合条件的为六人。而对其中的丁＊国、丁＊芳、占＊丁及另一案外人张＊＊等四人未认定为符合条件。原告认为，被告作为审批机关，其对原告申购表的审批结果系对原告有直接影响的行政行为，故原告对其具有起诉的权利。现原告对其不服，特起诉，请求：（1）撤销被告在《占＊泉户＊＊区农转居拆迁安置房申购表》中认定三原告丁＊国、丁＊芳、占＊丁不符合安置条件的审批行为，并判令被告对三原告进行重新审批；（2）审查《关于印发区农村多层住宅安置政策补充意见的通知》区办〔2003〕76号第6条第3项、第8条的合法性。

被告＊＊区政府答辩称：

（1）基本事实。原告占＊泉与妻子戴＊＊育有一儿占＊君、一女占＊珍。2007年6月18日，占＊珍与原告丁＊国登记结婚，丁＊国系再婚。占＊珍原为占＊泉户内农业户口，2001年9月18日因求学户口迁出，成为居民户口，2004年8月13日迁回。2008年1月24日，丁＊国与占＊珍生育占＊丁，户口于2008年2月13日申报在占＊泉户内。因丁＊国不符合入赘条件，其户口一直未迁入占＊泉户。后丁＊国多次向杭州市公安局信访。为妥善化解信访问题，2011年5月10日＊＊街道马湖村村民委员会与占＊泉户签订《关于非正常户口迁移的协议书》，约定仅同意丁＊国落户挂靠，但其中写明落户人员应执行《实施细则》，落户后不享受村、组的土地和土地款及各种分配款、建房、水、电等一系列优惠政策。2013年11月7日，丁＊国户口迁入占＊泉户内。2011年9月15日，＊＊街道马湖村村民委员会与占＊泉户签订《关于非正常户口迁移的协议书》，约定同意丁＊芳落户挂靠，但其中写明落户人员应执行《实施细则》，落户后不享受村、组的土地和土地款及各种分配款、建房、水、电等一系列优惠政策。2011 年 11 月 30 日，丁＊芳户口迁入占＊泉户内。2018 年 5 月 23 日，丁＊国与占＊珍生育占＊洋，户口于 2018 年 6 月 5 日申报在占＊泉户内。2015 年 9 月 29 日，占＊泉户与＊＊街道征迁安置管理中心签订《＊＊区集体土地房屋补偿安置协议书》。协议约定对占＊泉户符合安置政策的六人（独生子女按两个计）共给予 340 平方米的安置面积。

（2）案涉《＊＊区农转居拆迁安置房申购表》审批结果与《＊＊区集体土地房屋补偿安置协议书》约定一致，现原告提起诉讼超过起诉期限。2015 年 9 月 29 日，占＊泉户与＊＊街道征迁安置管理中心签订《＊＊区集体土地房屋补偿安置协议书》。协议约定占＊泉户将坐落于马湖社区的房屋交由＊＊街道征迁安置管理中心处置，＊＊街道征迁安置管理中心支付占＊泉户相应补偿款，同时对占＊泉户符合安置政策的六人（含独生子女为 90 平方米）共给予 340 平方米的安置面积。上述协议签订后，占＊泉以户主身份作为户代表对于其户内安置人口及面积予以书面确认，确认安置人口为六人，不包括丁＊国、丁＊芳、占＊丁。2016 年 2 月 25 日，占＊泉填写《申购表》，该《申购表》显示占＊泉户在册人口包括占＊泉、戴＊＊、占＊君、占＊珍、张＊娜、占＊丁、丁＊芳、丁＊国、占＊露、张＊＊。占＊泉户提出购房申请后＊＊街道审核认为该户申报人口十人，经初审符合条件为六人。该审核结果与所签订的《＊＊区集体土地房屋补偿安置协议书》约定事项一致，协议约定事项经占＊泉作为户主签字确认，故案涉《申购表》审批结果与该协议一致，并无不当。据此，原告在 2015 年 9 月 29 日就已经知晓自己并非安置人口的事实。根据《中华人民共和国行政诉讼法》第 46 条之规定，公民、法人或者其他组织直接向人民法院提起诉讼的，应当自知道或者应当知道作出行政行为之日起 6 个月内提出。至原告提起诉讼之日止，原告知晓审批结果已逾两年，故已超过起诉期限。

（3）丁＊国、丁＊芳、占＊丁不符合我区安置政策。首先，因丁＊国本不符合落户政策，为解决其信访问题才作为特殊情况予以特殊照顾的，占＊泉作为户主与村委会签署的协议内容也可以反映仅对丁＊国解决户口问题，但不能享受作为村民的政策且必须遵守有关实施细则，占＊泉也是予以确认的。丁＊国在户口问题解决后，其又得寸进尺提出要根据户口解决其安置问题，严重违背诚信原则。考虑到乡土的实际现状，对集体经济组织成员资格认定，村集体有一定的自治权。只有经过村民会议或村民代表大会表决同意，才可以享受农村集体经济组织成员的待遇。其次，根据《＊＊区关于印发区农村多层住宅安置政策补充意见的通知》（区办〔2003〕76号）第6条第3项规定，居嫁农人员：女方户口不能到男方落户，凭农业户口方所在地土管部门出具本人为户主的家庭未曾批地建房的证明，按政策给予非农户口性质安置。占＊珍在2001年因求学户口迁出，成为居民户口，并于2004年迁回，故对其以非农户口性质安置50平方米。根据《＊＊区关于印发区农村多层住宅安置政策补充意见的通知》（区办〔2003〕76号）第8条规定，"农嫁农人员如何安置"调整为入赘人员如何安置，内容现明确为本区有女无儿的家庭，可准许一名男青年婚后到女方家落户。占＊泉户拆迁时为有儿家庭户，户内有儿子占＊君，故丁＊国不符合该条款规定的入赘人员，《申购表》认定丁＊国无法享受入赘人员安置面积，并无不当。丁＊芳为丁＊国与前妻所育，占＊丁、占＊洋为丁＊国与占＊珍所育，因丁＊国不符合入赘条件，故丁＊芳、占＊丁、占＊洋也无法享受安置面积。

综上，被告基于《＊＊区集体土地房屋补偿安置协议书》及相关政策作出案涉审批结果并无不当，原告丁＊国、丁＊芳、占＊丁不符合安置条件，特此请求贵院驳回原告起诉。

被告＊＊街道办答辩称：

（1）本案已逾起诉期限。本案房屋所涉的《＊＊区集体土地房屋补偿安置协议书》系2015年9月29日签订的，该协议书记载安置人口为六人，而当时该户内常住人口共有十人；占＊泉作为户代表在协议上签字时写明"本人签字不代表丁＊国、丁＊芳、占＊丁"。该两处事实表明，本案原告丁＊国等人在2015年9月时就已经知道自己并非安置人口的事实，而之后在占＊泉户于2017年1月19日安置时也未包含丁＊国等人。由此可见，无论从何时算起，丁＊国等人现在起诉要求安置已经超过了《中华人民共和国行政诉讼法》规定的6个月的起诉期限，也超过了司法解释规定知道行政行为内容起1年的起诉期限。由此可见，原告的起诉已逾起诉期限，应当驳回起诉。

（2）丁＊国、丁＊芳、占＊丁不具有安置资格。丁＊国与占＊珍于2007年6月18日登记结婚，丁＊国系再婚，丁＊芳系丁＊国与前妻的女儿。后丁＊国与占＊珍又生育了占＊丁和占＊洋。2011年11月30日，丁＊芳的户口迁入占＊泉户内；2013年11月7日，丁＊国的户口迁入占＊泉户内。根据《＊＊区农村多层住宅建设实施细则》（＊政办〔2000〕67号）第2条以及《区农村多层住宅安置政策补充意见》（区办〔2003〕76号）第8条"……本区有女无儿的家庭，可准许一名男青年婚后到女方家落户"等规定，占＊泉户家有一儿一女（儿子占＊君、女儿占＊珍），丁＊国不符合落户条件，不能作为安置人口对待。同理，丁＊芳、占＊丁及占＊洋也相应的不具有安置人口资格。另一方面，丁＊国及丁＊芳在落户时对于＊＊区的该政策是完全知晓的。丁＊国和丁＊芳在落户时因为会涉及村集体经济组织利益故需要村民委员会同意。当时占＊泉代表该户与村集体签署《关于非正常户口迁移的协议书》，其中写明落户人员应执行《实施细则》。同时该协议的名称中"非正常户口迁移"的说法，也表明了该迁移本身并非正常的落户行为，不应据此认定丁＊国等人具有相应的安置人口资格。需要指出的是，前述政策具有历史沿革并在＊＊区一直沿用至今，具有现实性和公平性。由此可见，丁＊国及丁＊芳等人不符合＊＊区安置人口政策，不具有安置人口资格。

（3）被告对于村集体上报的材料进行初步审核，并根据相关拆迁安置政策提出意见，交其他职能部门审核的行为符合相关法律法规及政策规定。安置人口的最终审核权在区政府，被告的行为与原告的诉请没有直接的利害关系。

综上所述，原告不符合＊＊区安置人口要求，不能享受安置利益，请求法院驳回原告的诉讼请求。

被告建管中心答辩称：

（1）丁＊国、丁＊芳、占＊丁不是占＊泉户拆迁安置人员。因杭州市＊＊区＊＊街道马湖社区实施整村（成片）拆迁，占＊泉户房屋列入拆迁范围。2015年5月7日，经杭州市国土资源局＊＊分局＊＊管理所调查，该户于1990年12月25日批准建房，审批人口状况为户主占＊泉、妻戴＊＊、儿子占＊君、女儿占＊珍、母亲戴＊英。2015年5月15日，杭州市＊＊区＊＊街道马湖社区居民委员会、杭州市＊＊区人民政府＊＊街道办事处出具《＊＊区集体土地房屋拆迁情况说明表》，载明经调查核实占＊泉户拆迁人口共六人，户主占＊泉、妻戴＊＊、儿子占＊君、儿媳张＊娜、孙女占＊露、女儿占＊珍。2015年9月，经马湖社区集体讨论，＊＊街道及我中心审核，区政府于2015年10月31日批准占＊泉户安置人口为上述六人，安置面积340平方米。2015年9月29日，杭州市＊＊区人民政府＊＊街道办事处征迁安置管理中心与占＊泉户签订了《**区集体土地房屋补偿安置协议书》，该协议书第六条约定，占*泉户可安置人口数合计六人，安置面积340平方米，协议后已安置房屋两套（白鹤苑7-2-201室120户型一套，22-1-502室150户型一套），故原告不是占*泉户拆迁安置人员。

（2）丁*国、丁*芳、占*丁不具有安置资格，不能享受安置面积。丁*国与占*珍于2007年6月18日登记结婚，丁*国系再婚，2011年5月10日，**街道马湖村村民委员会与丁*国签订《关于非正常户口迁移的协议书》，协议书第2条约定：乙方户口落户后应遵纪守法，执行甲方《村规民约》和《实施细则》及《计划生育》法律、法规条例规定。2013年11月7日，丁*国户口从湖南老家迁入占*泉户内。丁*芳为丁*国与前妻的女儿，2011年9月15日，**街道马湖村村民委员会与丁*芳签订《关于非正常户口迁移的协议书》，协议书第2条约定：乙方户口落户后应遵纪守法，执行甲方《村规民约》和《实施细则》。2011年11月30日，丁*芳户口从湖南老家迁入占*泉户内。丁*国与占*珍结婚后于2008年1月24日生育占*丁，户口于2008年2月13日申报在占*泉户内，2018年5月23日生育占*洋，户口于2018年6月5日申报在占*泉户内。占*珍原为占*泉户内农业户口，考上杭州综合中等专业学校后户口于2001年9月8日迁出，为居民户口，2004年8月13日其户口又从西湖区留下镇迁入占*泉户内。占*珍与丁*国结婚时为居嫁农人员，故在房屋拆迁时根据《区农村多层住宅安置政策补充意见》（区办〔2003〕76号）第6条第3项"女方户口不能到男方落户，凭农业户口方所在地土管部门出具本人为户主的家庭未曾批地建房的证明，按政策给予非农户口性质的安置"的规定，将占*珍作为拆迁人口予以安置。房屋拆迁时，丁*国、丁*芳、占*丁户口虽在占*泉户内，根据《**区农村多层住宅建设实施细则》（*政办〔2000〕67号）第2条"实施范围内符合农民建房条件的……"规定，均不符合农民批地建房条件，不能作为安置对象享受安置面积。再次，根据《区农村多层住宅安置政策补充意见》（区办〔2003〕76号）第8条"《问答》第8条'农嫁农人员如何安置'调整为入赘人员如何安置，内容现明确为本区有女无儿的家庭可准许一名男青年婚后到女方家落户"。丁*国能够享受安置面积的是对应该条款，而占*泉户是有儿家庭户，儿子为占*君，故丁*国无法在占*泉户享受入赘人员的安置面积，其子女丁*芳、占*丁也无法作为拆迁人口享受安置面积。占*洋在房屋拆迁后出生，为居民户口，根据上述规定，同样不能作为安置对象享受安置面积。

（3）关于法律的适用问题。2000年10月23日，杭州市人民政府召开专题会议，同意 ** 区推行农村多层住宅建设，并形成《关于在 ** 区推行农村多层住宅建设管理问题的专题会议纪要》（府办纪要〔2000〕170号）。2000年12月1日，《关于 ** 区农村多层住宅建设试点工作实施意见给 ** 区的批复》（杭政发〔2000〕253号），同意在 ** 区实施农村多层住宅建设。2000年12月22日，《** 区农村多层住宅建设实施细则》（*政办〔2000〕67号）出台，标志着 ** 区农村多层住宅建设正式实施。为做好农村多层住宅的选购工作，根据《** 区农村多层住宅建设实施细则》的精神，制定了《** 区农村多层住宅购房办法》（*政办〔2001〕28号）。根据 ** 区农村多层住宅两年多来的具体实践，为切实做好 ** 区拆迁户回迁安置工作，进一步推进农村多层住宅建设，根据《实施细则》制定了《区农村多层住宅安置政策补充意见》（区办〔2003〕76号）。十多年来，** 区拆迁安置人口、安置面积的审核和批准，均按照 ** 区现行安置政策执行。

（4）原告曾于2016年11月28日向 ** 区政府申请行政复议，要求撤销 ** 街道于2016年11月25日作出的信息公开申请答复书的行政行为，根据原告在行政复议申请书中陈述的内容来看，已经知晓占*丁、丁*芳、丁*国不符合安置政策，并提交了《占*泉户 ** 区农转居拆迁安置房申购表》，** 区政府于2017年3月6日作出行政复议决定书，维持 ** 街道作出信息公开答复书的行政行为。根据《中华人民共和国行政诉讼法》第40条的规定，原告向法院起诉行政诉讼案件，应当自知道或者应当知道作出行政行为之日起6个月内提出，本案的实际情况看，原告起诉已经超过了法定起诉时间，本案已经超过了诉讼时效。

综上，我中心认为，丁*国、丁*芳、占*丁不是占*泉户拆迁安置人员，不具有安置资格，不能享受安置面积，请求法院依法驳回原告的诉讼请求。

经审理查明，占*泉户系杭州市 ** 区 ** 街道马湖村村民，该户于1990年12月25日审批宅基地建房，审批户内人口为户主占*泉、妻戴**、儿子占*君、女儿占*珍、母亲戴*英。2001年9月18日，占*珍因求学户口迁出，成为居民户口，2004年8月13日迁回。2007年6月18日，占*珍与丁*国登记结婚，丁*国户籍湖南，系再婚，与前妻育有一女丁*芳。2008年1月24日，丁*国与占*珍生育占*丁，户口于2008年2月13日申报在占*

泉户内。2011 年 5 月 10 日，**街道马湖村村民委员会与占*泉户签订《关于非正常户口迁移的协议书》，约定同意丁*国落户挂靠，但明确落户人员应执行《村规民约》及《实施细则》等规定，落户后不享受村、组的土地和土地款及各种分配款、建房、水、电等一系列优惠政策。2013 年 11 月 7 日，丁*国户籍从湖南投靠迁入占*泉户内。2011 年 9 月 15 日，**街道马湖村村民委员会与占*泉户签订《关于非正常户口迁移的协议书》，约定同意丁*芳（系丁*国与前妻所生）落户挂靠，但明确落户人员应执行《村规民约》及《实施细则》，落户后不享受村、组的土地和土地款及各种分配款、建房、水、电等一系列优惠政策。2011 年 11 月 30 日，丁*芳户籍从湖南投靠迁入占*泉户内。

2015 年，马湖社区实施整村（成片）拆迁，该户房屋列入拆迁范围。2015 年 9 月 29 日，杭州市**区人民政府**街道办事处征迁安置管理中心与占*泉户签订了《**区集体土地房屋补偿安置协议书》，该协议书第 6 条约定，占*泉户可安置人口数合计六人（户主占*泉、妻戴**、儿子占*君、儿媳张*娜、孙女占*露、女儿占*珍），安置面积 340 平方米，并注明可安置人口数和安置面积由建管中心审定。2015 年 10 月 30 日，建管中心对协议确定的安置人口和面积予以确认，次日，**区政府亦予以确认。

2016 年 2 月 25 日，占*泉户填写《占*泉户**区农转居拆迁安置房申购表》，将在册人口填写为占*泉、戴**、占*君、占*珍、张*娜、占*丁、丁*芳、丁*国、占*露、张**十人。同年 3 月 10 日，**街道办初审认为符合条件的准购人口为六人，准购面积为 340 平方米，并将占*丁、丁*芳、丁*国、张**四人的名字划上横线；同年 12 月 28 日，建管中心审核同意；次日，**区政府审批同意。

2017 年 1 月 19 日，经公证处选房公证，占*泉户获得白马湖小区白鹤苑7-2-201 室房屋，面积 126.95 平方米，已装修入住。2018 年 5 月 30 日，经公证处选房公证，占*泉户获得白马湖小区白鹤苑 22-1-502 室房屋，面积154.66 平方米。

本院认为，《中华人民共和国行政诉讼法》第 49 条第 4 项规定，提起诉讼应当符合下列条件：……（四）属于人民法院受案范围和受诉人民法院管辖。《最高人民法院关于适用〈中华人民共和国行政诉讼法〉的解释》第 1 条第 1 款、第 2 款第 4、10 项规定，公民、法人或者其他组织对行政机关及其工作人员的行政行为不服，依法提起诉讼的，属于人民法院行政诉讼的受案范围。下列行为不属于人民法院行政诉讼的受案范围：……（四）驳回当事人对行政行为提起申诉的重复处理行为；……（十）对公民、法人或者其他组织权利义务不产生实际影响的行为。本案中，占＊泉等四人对＊＊区政府在《占＊泉户＊＊区农转居拆迁安置房申购表》中认定三原告丁＊国、丁＊芳、占＊丁不符合安置条件的审批行为不服，故提起本案诉讼。根据本案查明的事实，该《申购表》的填写、审批系拆迁双方签订补偿安置协议后、正式选房前所进行的协议履行行为，本案《申购表》中最终所确定的准购人口（六人）实际只是对协议约定安置人口（六人）的自然延续，申购的对象即为拆迁安置房，准购人口与安置人口实为同一概念，也就是说，在《申购表》的审批过程中，没有新的意思表示，也没有对协议双方设定新的权利义务。丁＊国、丁＊芳、占＊丁三人的安置资格，在拆迁双方签订安置补偿协议时就已经被排除，在《申购表》中将其名字划掉，只是在重复拆迁补偿安置的意思表示而已。在集体土地房屋拆迁过程中，占＊泉户作为一个整体，系协议一方，占＊泉作为户主，其签字效力及于全户，在拆迁双方签订补偿安置协议时，丁＊国、丁＊芳、占＊丁三人即属于该户户内人口，在双方签订的协议中，约定的安置人口（六人）中明确不包含丁＊国、丁＊芳、占＊丁三人，即拆迁双方一致同意该三人不属于安置人口，该意思表示在协议中是明确的、确定的、具有法律效力的，对协议双方均具有拘束力。该协议属于行政协议，若占＊泉、丁＊国、丁＊芳、占＊丁对该协议确定的安置人口有异议，应直接针对该协议的相关内容提出，而不应针对后续的某一履行环节提出。综上，本案被诉的《申购表》审批行为并不构成行政法意义上的行政行为，不属于行政诉讼受案范围，故占＊泉等四人的起诉不符合法定起诉条件，依法应驳回其起诉。依照《最高人民法院关于适用〈中华人民共和国行政诉讼法〉的解释》第69条第1项的规定，裁定如下：

驳回原告占＊泉等四人的起诉。

如不服本裁定，可在裁定书送达之日起10日内，向本院递交上诉状，并按对方当事人的人数提交副本，上诉于浙江省高级人民法院。

审　判　长　　吴宇龙（主审）

人民陪审员　　朱志华

人民陪审员　　李　慧

二〇一九年十月十四日

本件与原本核对无异

　　　　　　　　　书　记　员　　汪金枝

附本判决适用的法律依据：

《最高人民法院关于适用〈中华人民共和国行政诉讼法〉的解释》

第六十九条　有下列情形之一，已经立案的，应当裁定驳回起诉：

（一）不符合行政诉讼法第四十九条规定的；……。

十、徐 ** 诉 ** 镇人民政府城建行政强制及行政赔偿案

【裁判要旨】

1. 1998 年 8 月 29 日修订并于 1999 年 1 月 1 日施行的《中华人民共和国土地管理法》第 62 条规定："农村村民一户只能拥有一处宅基地……"，这是关于"一户一宅"最早的法律规定。根据法不溯及既往原则，在 1999 年 1 月 1 日之前建设的房屋，不受"一户一宅"规定的限制。

2. 如果涉案房屋取得了集体土地使用权证（俗称"宅基证"），则属于合法建筑，不能再按违法建筑（包括违反"一户一宅"规定）进行查处。

3. 违反土地管理法关于"一户一宅"规定的执法部门是土地管理部门，如果其他行政机关查处，属超越职权的违法行为。

4.《中华人民共和国国家赔偿法》第 32 条第 2 款规定："能够返还财产或者恢复原状的，予以返还财产或者恢复原状。"据此，如果合法宅基地上的房屋被行政机关违法拆除后，恢复原状是保护宅基地使用权最直接的赔偿方式。除非因为规划变更，原址不宜再重新建设房屋，才能通过支付赔偿金的方式予以赔偿。

【裁判文书】

浙江省杭州市中级人民法院
行 政 判 决 书

（2019）浙 01 行终 708 号

上诉人（原审被告）＊＊镇人民政府。

被上诉人（原审原告）徐＊＊。

因徐＊＊诉＊＊镇人民政府城建行政强制及行政赔偿一案，＊＊镇政府不服＊＊区人民法院（2018）浙 0111 行初 63 号行政判决，向本院提起上诉。本院依法组成合议庭，对本案进行了审理。本案经浙江省高级人民法院批准，延长审理期限 3 个月。本案现已审理终结。

原审原告徐＊＊诉至原审法院，请求：（1）依法确认＊＊镇政府于 2017 年 9 月 1 日强制拆除徐＊＊房屋及院墙的行政行为违法；（2）依法判决＊＊镇政府将徐＊＊坐落于 42-9-148 号地块长 8 米、宽 7.2 米的两层房屋和长 7.2 米、宽 6.3 米的院墙恢复原状；（3）赔偿屋内财产损失 15 000 元；（4）本案的诉讼费用由＊＊镇政府承担。

原审法院经审理查明，徐＊＊系＊＊区＊＊镇潘堰村人，其在＊＊镇潘堰村炉头 42-9-148 号地块上有一幢两间两层的老房子，该房屋长 8 米、宽 7.2 米，院墙长 7.2 米、宽 6.3 米。该房屋建于 1978 年。1988 年，徐＊＊一家四人在炉头另处审批建房二间三层，面积约 140 平方米，1991 年 6 月 30 日，原＊＊市＊＊县人民政府（现为＊＊市＊＊区人民政府）对该二处房屋制作＊集建（1991）字第 132957 号集体土地建设用地使用证，用途为"住宅、猪舍、菇房"，并均登记在徐＊＊名下。2017 年 5 月 23 日，徐＊＊因夫妻关系不和，至＊＊区民政局办理离婚手续，并协议约定将位于炉头村 91 号房子归其前妻及儿子徐＊华所有，案涉房屋归其及女儿、外孙所有。2017 年 7 月 31 日，＊＊镇政府向徐＊＊发出限期拆除旧房通知书，责令徐＊＊户于 2017 年 8 月 3 日前自行拆除此旧房子，若逾期未拆，将实施强制拆除，并将该通知书送达给徐＊＊前妻胡＊＊。2017 年 9 月 1 日，＊＊镇政府组织人员将徐＊＊位于炉头的老房子予以强制拆除。另查明，案涉房屋在拆除前有徐＊＊母亲等人居住。

原审法院认为，现行《中华人民共和国土地管理法》第62条规定农村村民一户只能拥有一处宅基地，其宅基地的面积不得超过省、自治区、直辖市规定的标准。该法自1999年1月1日起施行。《浙江省实施〈中华人民共和国土地管理法〉办法》第35条第2款规定："农村村民一户只能拥有一处宅基地，宅基地的面积标准（包括附属用房、庭院用地），使用耕地的，最高不得超过一百二十五平方米；使用其他土地的，最高不超过一百四十平方米，山区有条件利用荒地、荒坡的，最高不超过一百六十平方米。"第36条第3款规定："农村村民经批准易地建造住宅的，原宅基地应当在住宅建成后交还村民委员会或者农村集体经济组织，并由土地行政管理部门注销原宅基地的土地使用权；属于建新拆旧的，地上建筑物应当自行拆除，拒不拆除的，由土地行政主管部门责令限期拆除。"徐 ** 称涉案房屋建于1978年，另处房屋建于1988年，并且两处房屋均已在1991年6月30日取得集体土地使用权证，根据法不溯及既往原则，徐 ** 的房屋均属于在1999年1月1日《中华人民共和国土地管理法》修订实施前经依法批准合法取得的宅基地，故不受宅基地"一户一宅"政策的限制，属合法建筑，且违反《中华人民共和国土地管理法》中的一户一宅规定的行为，依法应由土地管理部门责令限期拆除，** 镇政府以徐 ** 违反一户一宅为由拆除徐 ** 房屋系超越职权，在对涉案房屋进行拆除前，** 镇政府未经依法调查取证即认定案涉房屋系违法建筑，系认定事实错误，** 镇政府在拆除时未依照法定程序进行，程序违法，徐 ** 要求确认强拆行为违法的诉讼请求，理由正当，原审法院予以支持。对于徐 ** 要求 ** 镇政府恢复原状的诉讼请求，原审法院认为，徐 ** 于2017年与其妻子协议离婚，将位于炉头村91号新房子归其妻子和儿子所有，而老房子归其及女儿、外孙所有，故案涉房屋成为其唯一住房。为保障徐 ** 及其家人的基本居住权，徐 ** 要求 ** 镇政府恢复原状的理由正当、合法，原审法院予以支持。

关于徐 ** 要求 ** 镇政府赔偿屋内财产损失15 000元的诉讼请求，原审法院认为，徐 ** 在庭审中列举了屋内物品有床、床上用品四套、冰箱一台（旧）、灶用品、电饭煲、洗衣机、打稻机一只、八仙桌一张等，** 镇政府称其在强拆时对屋内物品列了清单，并叫公证机关进行了公证，但在庭审中或庭后未向原审法院提交相关证据，原审法院根据日常生活经验，认为徐 ** 屋内存在上述生活物品的可能性较大，** 镇政府在强拆时即便将上述其中一些物品搬出屋外放置于空地上，但没有妥善进行交接，也未妥善保管，致使一些物品遗失或损坏，其应承担一定的赔偿责任。对于上述物品，原审法院根据其使用年限及其重置价格酌情定价。

综上，徐**合理部分诉请原审法院予以支持。依照《中华人民共和国行政诉讼法》第 74 条第 2 款第 1 项、《中华人民共和国国家赔偿法》第 32 条、第 36 条第 1 款第 3 项的规定，判决如下：（1）确认 ** 区 ** 镇人民政府于 2017 年 9 月 1 日对徐 ** 位于 ** 区 ** 镇炉头村 42-9-148 号地块上的房屋实施的强制拆除行为违法。（2）** 区 ** 镇人民政府于判决生效后 2 个月内将徐 ** 位于 ** 区 ** 镇炉头村 42-9-148 号地块上的房屋及院墙恢复原状。（3）** 区 ** 镇人民政府向徐 ** 支付赔偿金人民币 10 000 元，于判决生效后 15 日内付清。（4）驳回原告徐 ** 其他诉讼请求。本案受理费 50 元，由 ** 区 ** 镇人民政府负担。

宣判后，** 镇政府不服，上诉称，（1）上诉人的行政拆除行为合法合理。根据《中华人民共和国土地管理法》第 62 条规定，农村村民一户只能拥有一处宅基地。根据上诉人调查发现，被上诉人拥有两处房屋，违反了"一户一宅"的规定，其次，按照省市镇党委政府提出的"三改一拆"工作要求，对一户多宅进行清理，被上诉人的案涉房屋系危旧房屋，存在安全隐患，且位于拆迁范围内。基于法律规定、政策要求及居住安全三方面的原因，上诉人在下发有关通知及对被上诉人多次沟通无果后对案涉房屋进行了拆除。（2）案涉房屋位于 ** 镇潘堰村土地利用规划的复垦区。案涉房屋所在的 ** 镇炉头村 42-9-148 号地块属于拆迁范围内的复垦区，现该地块上房屋已拆除，即使强制拆除行为违法，结合实际情况，已无恢复原状可能。（3）案涉房屋拆除前不存在院墙，现原审法院判决恢复其院墙，超出了恢复原状的范畴，也违反了村镇建设规划。综上，上诉人认为原审事实认定错误，请求：请求依法撤销（2018）浙 0111 行初 63 号 ** 区人民法院民事判决书并依法驳回被上诉人的诉讼请求。

被上诉人徐 ** 答辩称，（1）上诉人仅有被拆除房屋一处，没有别的房屋，未违反法律规定。上诉人在拆除徐 ** 的涉案房屋前，徐 ** 仅仅有被拆除房屋即 ** 镇潘堰村炉头 42-9-148 一处住房，再无其他宅基地房子。上诉人认为位于炉头村 91 号房子也归徐 ** 所有，与事实不符。2017 年 7 月 31 日，因夫妻关系不和，徐 ** 与其前妻离婚，离婚协议约定炉头村 91 号房子归其前妻所有，且目前由其前妻居住。因此炉头村91号房子并非徐**所有，徐**仅有被拆除房屋一处，未违反《中华人民共和国土地管理法》第62条规定。（2）包括院墙在内被拆除房屋面积未超标，符合法律法规规定。根据徐**提供的"集体土地使用证"及照片和证明，房屋加上院墙的占地面积为102.96平米（房屋长8米、宽7.2米，院墙长7.2米、宽6.3米），均未违反《中华人民共和国土地管理法》及《浙江省实施〈中华人民共和国土地管理法〉办法》相关规定。上诉人方提出强制拆除时没有院墙，与事实严重不符，一审徐**提供的照片及今天庭审当中徐**再次提交照片等证据再次证实强制拆除前，徐**房屋周围存在院墙，上诉人拆除房屋同时拆除了院墙。（3）徐**的房屋并非危房，非强制拆除对象。徐**的房屋始建于1978年，在拆除前，徐**及母亲等人居住在该房屋，未发现安全隐患。在未经有房屋安全鉴定资质机构鉴定的情况下，上诉人认为涉案房屋是危房，纯属主观臆测，无任何法律依据。（4）上诉人执法缺乏事实与法律依据，超越职权，违反法定程序，须承担相应法律责任。上诉人未查清徐**房产情况，也未有执法权限或未得到有关部门授权，随意强制拆除案涉房屋，使徐**现无居所，只能暂时在马路上搭建一个小木棚生活。上诉人作为基层行政机关，其行使行政权力需有法律依据或法律授权。但在本案中，既未查明涉案事实，也未享有相应法律权力，严重损害行政相对人合法权益，因此要承担相应法律责任。徐**的诉讼请求合法正当，因此，原审法院支持徐**的诉讼请求合法正当。（5）上诉人认为涉案房屋区域属于复垦区，已无恢复原状可能。该主张缺乏事实与法律依据，其目的是逃避法律责任。目前，徐**还生活在涉案房屋附近，对该区域的了解，没有收到有关机关作出的复垦文件，上诉人也未提供相关证据证明该区域属于复垦区，其主要目的是逃避法律责任。徐**从出生至今一直生活在涉案房屋里，对这里充满深厚情感，上诉人的强拆行为，不仅侵害其物权，同时还伤害徐**对老家的情感。另外，徐**还是退伍军人，其参军期间为国防事业作出一定贡献，而现在因上诉人的违法行为，导致其老无居所，一个最基本的心愿即要求上诉人回复原状，得到法律的认可。因此，请求法庭驳回上诉人的上诉请求，维持原判。

经审查，本院对原审判决认定的事实予以确认。

本院认为，原审法院认为案涉房屋与另处炉头村91号房屋均建造于1991年前，且均在1991年6月30日取得集体土地使用权证，该两处房屋均属合法建筑具有事实依据。徐**于2017年与其前妻协议离婚，约定位于炉头村91号房屋归前妻及儿子所有，案涉房屋归其及女儿、外孙，案涉被拆除房屋系徐**唯一住宅，上诉人**镇政府关于该房屋违反一户一宅规定的上诉理由不能成立。上诉人称案涉房屋系危旧房屋，但未提供该房屋经有权机关鉴定为危房的证据材料，对该上诉理由不予采纳。上诉人拆除案涉房屋缺乏事实和法律依据，未经法定程序，原审法院确认违法，符合法律规定。

关于原审法院判决**镇政府对被拆除房屋及院墙恢复原状是否适当。《中华人民共和国国家赔偿法》第2条规定："国家机关和国家机关工作人员行使职权，有本法规定的侵犯公民、法人和其他组织合法权益的情形，造成损害的，受害人有依照本法取得国家赔偿的权利。本法规定的赔偿义务机关，应当依照本法及时履行赔偿义务。"第32条规定："国家赔偿以支付赔偿金为主要方式。能够返还财产或者恢复原状的，予以返还财产或者恢复原状。"本案中，因**镇政府的违法拆除行为，导致徐**唯一合法住宅被拆除，其居住权益无法得到保障。根据《中华人民共和国国家赔偿法》的上述规定，**镇政府应当依法及时履行赔偿义务。**镇政府对案涉被拆除房屋恢复原状，使案涉房屋的情况恢复到违法行为作出之前的状态，是履行赔偿义务的一种方式。鉴于案涉房屋所在地块周边仍有大量住宅存在，对被拆除房屋恢复原状并不会直接影响该地块的现状及用途，原审法院出于保障徐**居住权益的考虑，判决**镇政府对被拆除房屋及院墙恢复原状并无不当。根据徐**提交的《集体土地建设用地使用证》，案涉被拆除房屋长8米、宽7.2米，院墙长7.2米、宽6.3米，上诉人认为案涉房屋拆除前不存在院墙，但未提交证据予以证明，对该上诉理由不予采纳。

上诉人提交的证据不足以证明其在强拆案涉房屋时，对屋内物品进行登记、造册、转移并妥善保管，以及通知徐**领取相关物品。原审法院根据本案实际情况及相关物品的折旧情况等，酌情确定案涉房屋内的物品损失为人民币10 000元，并无不当。《中华人民共和国国家赔偿法》第37条第2款规定："赔偿请求人凭生效的判决书、复议决定书、赔偿决定书或者调解书，向赔偿义务机关申请支付赔偿金。"原审法院判决**镇政府于判决生效后15日内付清赔偿金，存在不当，予以指正。

综上，上诉人的上诉理由不能成立，对其上诉请求不予支持。原审法院认定事实清楚，适用法律正确，审判程序合法。依照《中华人民共和国行政诉讼法》第 89 条第 1 款第 1 项之规定，判决如下：

驳回上诉，维持原判。

二审案件受理费人民币 50 元，由上诉人 ** 区 ** 镇人民政府负担。

本判决为终审判决。

审　判　长　　吴宇龙

审　判　员　　廖珍珠（主审）

审　判　员　　刘　斌

二〇一九年十二月二十五日

本件与原本核对无异

代 书 记 员　　毛艺斐

附本判决适用的法律依据：

《中华人民共和国行政诉讼法》

第八十九条　人民法院审理上诉案件，按照下列情形，分别处理：

（一）原判决、裁定认定事实清楚，适用法律、法规正确的，判决或者裁定驳回上诉，维持原判决、裁定；

（二）原判决、裁定认定事实错误或者适用法律、法规错误的，依法改判、撤销或者变更；

（三）原判决认定基本事实不清、证据不足的，发回原审人民法院重审，或者查清事实后改判；

（四）原判决遗漏当事人或者违法缺席判决等严重违反法定程序的，裁定撤销原判决，发回原审人民法院重审。

原审人民法院对发回重审的案件作出判决后，当事人提起上诉的，第二审人民法院不得再次发回重审。

人民法院审理上诉案件，需要改变原审判决的，应当同时对被诉行政行为作出判决。

十一、方**诉**县公安局消防行政处罚案*

【裁判要旨】

《中华人民共和国治安管理处罚法》第39条适用的对象是"旅馆、饭店、影剧院、娱乐场、运动场、展览馆或者其他供社会公众活动的场所的经营管理人员"。由于"其他供社会公众活动的场所"为不确定法律概念，其内容与范围并不固定。居住的出租房物理上将毗邻的多幢、多间（套）房屋集中用于向不特定多数人出租，并且承租人具有较高的流动性，已与一般的居住房屋只关涉公民私人领域有质的区别，已经构成了与旅馆类似的具有一定开放性的公共活动场所。对于此类场所的经营管理人员，在出租获利的同时理应承担更高的消防安全管理责任。

【裁判文书】

浙江省杭州市中级人民法院
行 政 判 决 书

（2015）浙杭行终字第254号

上诉人（原审原告）方**。

被上诉人（原审被告）**县公安局。

上诉人方**因消防行政处罚一案，不服浙江省**县人民法院（2015）

---

* 本案入选最高人民法院行政诉讼附带审查规范性文件典型案例。

杭＊行初字第 18 号行政判决，向本院提起上诉。本院依法组成合议庭，于 2015 年 6 月 15 日公开开庭审理了本案，现已审理终结。

2015 年 3 月 17 日，＊＊县公安局作出＊公行罚决字〔2015〕第 1-0001 号行政处罚决定，认定：2015 年 2 月 11 日，＊＊派出所和公安消防大队工作人员对方＊＊经营的位于＊＊镇龙门路 53 弄 11 号出租房进行消防检查，发现该房屋不符合《浙江省居住出租房屋消防安全要求》，于同年 2 月 13 日责令限期改正。同年 3 月 13 日复查时发现方＊＊对存在的消防安全隐患不能及时消除，致使场所有发生安全事故危险。＊＊县公安局认为方＊＊的行为构成违反安全规定致使场所有发生安全事故危险，根据《中华人民共和国治安管理处罚法》第 39 条的规定，对其决定行政拘留 3 日，并送＊＊县拘留所执行。

原审法院经审理查明，2015 年 1 月，＊＊县公安局＊＊派出所和＊＊公安消防大队曾多次对方＊＊经营的坐落于＊＊县＊＊镇龙门路 53 弄 11 号的出租房进行消防检查。方＊＊根据检查时口头提出的整改意见，于 1 月 31 日在各承租户的门外张贴通知，要求承租户另寻房源。同年 2 月 11 日，＊＊县公安局＊＊派出所和＊＊公安消防大队再次对方＊＊出租房进行消防检查后，＊＊派出所于 2 月 13 日向方＊＊发出〔2015〕第 28 号责令限期改正通知书，责令其改正下列消防安全违法行为：缺少室内消防栓、灭火器、疏散指示标志，应急照明未保持完好有效；四、五、六、七层缺少一部疏散楼梯；未按要求配置逃生用口罩、报警哨、手电筒、逃生绳等，要求整改。同日，＊＊县公安消防大队也向方＊＊发出＊公消限字〔2015〕第 24 号责令限期改正通知书，其中认定的消防安全违法行为与＊＊县公安局认定的基本相同，并责令方＊＊于 2015 年 3 月 11 日前改正"未按要求配置逃生绳、手电筒、消防哨"的行为。检查民警因方＊＊拒绝签收而将 2 份改正通知书张贴于出租房的一楼楼梯口。3 月 13 日，派出所和消防大队民警对涉案出租房进行复查，发现方＊＊对其提出的"四、五、六、七层缺少一部疏散楼梯，未按要求配置逃生用口罩、报警哨、手电筒、逃生绳等"违法行为未予改正。同年 3 月 16 日，＊＊县公安局＊＊派出所决定立案调查，并于当日约 21 时对方＊＊实施传唤询问，并对部分承租户进行询问调查。3 月 17 日，＊＊县公安局＊＊派出所民警向方＊＊告知拟处罚的事实、理由和依据，方＊＊提出"我没有违法行为，四楼以上的出租房屋我已清空"的申辩意见。同日，＊＊县公安局作出＊公行罚决字〔2015〕第 1-

0001号行政处罚决定书，认定方＊＊的出租房不符合《浙江省居住出租房屋消防安全要求》，在指定期限内不能及时消除消防安全隐患，致使场所有发生安全事故危险，认定方＊＊的行为违反《中华人民共和国治安管理处罚法》第39条的规定，构成违反安全规定致使场所有发生安全事故危险的违法行为，决定对其治安拘留3日。当日，＊＊县公安局将方＊＊送交＊＊县拘留所执行。另经查明，方＊＊从2010年始从事涉案房屋的出租活动。自2015年1月31日始，已对四楼以上的承租户进行通知腾退。2013年4月，方＊＊的出租房屋因撤村建居的需要已被确定为征迁范围。

对于方＊＊提出的规范性文件一并审查问题，原审法院认为，当事人提出对＊＊县公安局在行政程序中适用的浙江省公安厅《浙江省居住出租房屋消防安全要求》（以下简称《消防安全要求》）、《关于解决消防监督执法工作若干问题的批复》（以下简称《消防执法问题批复》）和杭州市公安局《关于居住出租房屋消防安全整治中若干问题的法律适用意见（试行）》（以下简称《消防安全法律适用意见》）三份规范性文件，提出一并审查其合法性的要求。该三份规范性文件分别由浙江省公安厅和杭州市公安局发布，其中，《消防安全要求》的内容主要是规范出租房屋的消防安全要求。其制订依据是2010年9月1日起施行的《浙江省消防条例》第17条："用于出租的居住房屋，应当符合消防安全要求。消防安全的具体要求由省公安机关会同有关部门制定，报省人民政府批准后施行"的规定。《消防执法问题批复》是浙江省公安厅对温州市公安局所报请示作出的批复，其中第5条规定"居住的出租房屋同时设置10个以上（含）出租床位用于出租，且租赁期限在3个月以内的，或者集中设置出租床位出租的，该居住出租房屋可以视为《治安管理处罚法》第39条规定的'其他供社会公众活动的场所'，该房屋出租人（含转租人）可以视为第39条规定的'供社会公众活动的场所的经营管理人员'"。从内容看，该批复是对《治安管理处罚法》第39条"其他供社会公众活动的场所的经营管理人员"的规定而作出的应用解释，符合公安部《消防监督检查规定》（公安部令〔2012〕120号）第3条第3款"公安派出所日常消防监督检查的单位范围由省级公安机关消防机构、公安派出所工作主管部门共同研究拟定，报省级公安机关确定"的规定。公安机关的应用解释有地方性法规和规章依据，属合法的规范性文件。杭州市公安局法制支队下发的《消防安全法律适用意见》第8条重申了省公安厅的前述批复内容，是对辖区内消防执法统一适用法律的指导意见，且符合省厅的批复内容，当属合法。**县公安局在行政程序中应参照适用。

原审法院认为，根据《中华人民共和国消防法》第53条第1款"公安机关消防机构应当对机关、团体、企业、事业等单位遵守消防法律、法规的情况依法进行监督检查。公安派出所可以负责日常消防监督检查、开展消防宣传教育，具体办法由国务院公安部门规定"和第70条第1款"本法规定的行政处罚，除本法另有规定的外，由公安机关消防机构决定；其中拘留处罚由县级以上公安机关依照《中华人民共和国治安管理处罚法》的有关规定决定"的规定，**县公安局依法对违反消防安全的违法行为享有监管和处罚裁决的职权。方**的出租房屋虽被确定为征迁范围，但其在征迁程序中仍用于出租，且出租房内未按要求配置逃生用口罩、报警哨、手电筒、逃生绳等消防设施。**县公安局根据《消防安全要求》《消防执法问题批复》《消防安全法律适用意见》的规定，认定方**的行为构成违反安全规定致使场所有发生安全事故危险的违法事实清楚。方**提出的没有违法行为的起诉理由不成立，不予采纳。根据《中华人民共和国治安管理处罚法》第39条"旅馆、饭店、影剧院、娱乐场、运动场、展览馆或者其他供社会公众活动的场所的经营管理人员，违反安全规定，致使该场所有发生安全事故危险，经公安机关责令改正，拒不改正的，处五日以下拘留"的规定，**县公安局在行政程序中对方**作出的处罚决定，适用法律正确，量罚适当。**县公安局和公安消防大队在查处本案中，履行了检查、复查和受理、调查、告知、裁决、送达等法定程序，其办案程序合法。根据《中华人民共和国消防法》第70条第2款"公安机关消防机构需要传唤消防安全违法行为人的，依照《中华人民共和国治安管理处罚法》的有关规定执行"的规定，**县公安消防大队在本案中享有传唤强制权。方**关于公安消防大队违法传唤的质证意见，于法无据，不予采纳。综上，**县公安局作出的行政处罚决定证据确凿，适用法律正确，符合法定程序。方**诉请撤销的理由不能成立，不予支持。依照《行政诉讼法》第69条之规定，判决驳回方**要求撤销**县公安局于2015年3月17日作出的*公行罚决字〔2015〕第1-0001号行政处罚决定书的诉讼请求。案件受理费50元，由方**负担。

宣判后，方**不服，向本院上诉称，（1）被诉处罚决定认定事实不清，适用法律错误。《中华人民共和国治安管理处罚法》第39条适用的对象是

"旅馆、饭店、影剧院、娱乐场、运动场、展览馆或者其他供社会公众活动的场所的经营管理人员"，上诉人方**用于出租的位于**镇龙门路53弄11号房屋并非供社会公众活动的场所，且上诉人已经按照**县公安局消防大队和**派出所的整改意见，着手实施整改，故导致该场所内有安全事故危险的情形也已经不存在，因此不应当适用前述法律规定。浙江省公安厅《消防安全要求》、《消防执法问题批复》和杭州市公安局《消防安全法律适用意见》无权对《中华人民共和国治安管理处罚法》第39条进行扩大解释。（2）被诉处罚决定有失公正。上诉人位于**镇龙门路53弄11号的房屋从2010年开始进行房屋出租，2013年4月上诉人的出租房屋因撤村建居的需要已被确定为征迁范围。在上诉人的房屋未被纳入征迁范围之前，**派出所的工作人员多次到此处作出租房屋登记，其并未告知上诉人需要进行消防整改、没有进行过消防安全提示和教育，也从未组织过消防演练。**县公安局消防大队和**派出所直至上诉人的出租房屋被纳入征迁范围，上诉人没有进行拆迁，被上诉人才责令上诉人限期整改，体现了其配合征迁恶意对上诉人进行行政处罚的目的，且上诉人的周边的房屋也存在与上诉人类似的情形均未受到处罚。（3）被上诉人作出的行政处罚程序违法。根据《中华人民共和国治安管理处罚法》第94条的规定，被上诉人在作出本案行政处罚决定时对于上诉人提出的陈述和申辩，没有进行复核，程序违法。（4）原审法院并没有按照法律规定对上诉人代理人提出的规范性文件合法性一并进行审查。原审法院并没有按照《规章制定程序条例》规定的标准对上诉人代理人提出对《消防安全要求》《消防执法问题批复》《消防安全法律适用意见》等三份规范性文件进行合法性审查。综上，请求：（1）撤销浙江省**县人民法院作出的（2015）杭*行初字第18号行政判决书；（2）撤销**县公安局作出*公行罚决字〔2015〕第1-0001号行政处罚决定书；（3）判决**县公安局承担本案诉讼费用。

被上诉人**县公安局答辩称，被诉处罚决定事实清楚、证据确凿、定性准确、适用法律正确、量罚适当。关于执法公平问题，被上诉人还对方**同村的所有出租房屋进行了监督检查，对有违法行为的另外三户也进行了相同的处罚，其中两户的出租房屋并未纳入征迁范围，充分彰显了法律的公平公正。因此，原审判决认定事实清楚、适用法律正确，上诉人的上诉理由不成立，请求驳回上诉，维持原判。

本院经审理查明的事实与原审判决认定的事实一致，本院予以确认。

对于方**请求对被诉处罚决定依据的相关规范性文件一并进行合法性审查问题。为明确审查的范围，本院在征求双方当事人意见的基础上，确定本案所审查的规范性文件范围是浙江省公安厅制定的《消防安全要求》第7条、第14条，《消防执法问题批复》第5条，杭州市公安局制定的《消防安全法律适用意见》第8条。由于杭州市公安局制定的《消防安全法律适用意见》第8条系重复《消防执法问题批复》第5条之内容，因此本院向浙江省公安厅发出通知，要求其对制定的上述两规范性文件相应条款的合法性作出说明。收到该通知后，浙江省公安厅及时予以回应，并作出书面说明。综合各方意见，本院对上述条款的合法性评判如下：

（1）关于《消防安全要求》第7条、第14条的合法性。《浙江省消防条例》（省级地方性法规）第17条第1款规定："用于出租的居住房屋，应当符合消防安全要求。消防安全的具体要求由省公安机关会同有关部门制定，报省人民政府批准后施行。"根据该授权，浙江省公安厅制定了《消防安全要求》，并报经浙江省人民政府批准同意后施行。该第7条、第14条是浙江省公安厅根据消防管理的基本要求，并结合浙江省出租房屋的特点和火灾防范工作的需要，对用于出租的房屋的消防设计、消防设施等作出的细化规定，该两条之内容符合上位法之授权，内容合法。

（2）《消防执法问题批复》第5条的合法性。从内容来看，该条是对居住的出租房屋能否视为《治安管理处罚法》第39条规定的"其他供社会公众活动的场所"的解释。由于"其他供社会公众活动的场所"为不确定法律概念，其内容与范围并不固定。居住的出租房物理上将毗邻的多幢、多间（套）房屋集中用于向不特定多数人出租，并且承租人具有较高的流动性，已与一般的居住房屋只关涉公民私人领域有质的区别，已经构成了与旅馆类似的具有一定开放性的公共活动场所。对于此类场所的经营管理人员，在出租牟利的同时理应承担更高的消防安全管理责任。因此，该第5条规定之内容与《中华人民共和国治安管理处罚法》第39条规定并不抵触。

（3）《消防安全法律适用意见》第8条的合法性。该条内容系重复《消防执法问题批复》第5条之内容，对其合法性已作评判。

本院认为，根据本院对上述规范性文件的审查意见，被上诉人认定案涉居住出租房屋为《中华人民共和国治安管理处罚法》第39条规定的"其他供社会公众活动的场所"定性准确。方**向原审法院提供的证据以及询问笔录均显示其负责案涉出租房屋日常管理，系案涉出租房屋的经营管理人员，依法应对案涉出租经营的房屋消防安全承担责任。上诉人在庭审中称其接到责令限期改正通知后，已在案涉房屋每层设置消防灭火器，张贴通告，告知三层以上的住户予以搬离，四楼以上房间已经腾空，不存在"拒不改正"的情形，但在被上诉人进行复查时，案涉房屋仍有租户，且未按照要求配置逃生用口罩、报警哨、手电筒等消防安全设施，因此，被上诉人认定上诉人"拒不改正"具有事实依据。综上，被诉处罚决定认定事实清楚，适用法律正确，程序合法，量罚适当。上诉人的上诉理由不能成立，其上诉请求本院不予支持。原判认定事实清楚，适用法律正确，审判程序合法。依照《中华人民共和国行政诉讼法》第 89 条第 1 款第 1 项之规定，判决如下：

驳回上诉，维持原判。

本判决为终审判决。

审　判　长　　　吴宇龙

代理审判员　　　廖珍珠

代理审判员　　　蔡维专（主审）

二〇一五年八月二十八日

本件与原本核对无异

书　记　员　　　汪金枝

附本判决适用的相关法律依据：

《中华人民共和国行政诉讼法》

第八十九条 人民法院审理上诉案件，按照下列情形，分别处理：

（一）原判决、裁定认定事实清楚，适用法律、法规正确的，判决或者裁定驳回上诉，维持原判决、裁定；

……

十二、**市特种设备安全监督检验研究院诉 **区人民政府安全事故责任认定案

【裁判要旨】

1. 安全事故责任认定案件涉及面广、专业性强，司法鉴定及专家出庭制度具有重要意义。

2. 在查明事实的基础上，准确认定相关设备及检验中存在的不足与事故发生之间是否存在直接或间接的因果关系。有因果关系的不足应承担事故责任，无因果关系的不足，不承担事故责任。

3. 行政机关已提供主要证据，但仍需要进一步说明的，可要求其补充证据。

【裁判文书】

浙江省杭州市中级人民法院
行 政 判 决 书

(2011) 浙杭行初字第 68 号

原告 ** 市特种设备安全监督检验研究院。

被告 ** 区人民政府。

第三人 ** 区安全生产监督管理局。

第三人 ** 福瑞得高层楼设备有限公司。

原告 ** 市特种设备安全监督检验研究院（以下简称 ** 特检院）不服 **

区人民政府（以下简称 ** 区政府）批复同意的《钱江新城凯迪国际商务中心"11.27"高处坠落事故调查报告》中关于其在事故中的原因分析及责任认定部分，于 2011 年 4 月 13 日向本院提起诉讼。本院于 2011 年 4 月 18 日受理后，向被告发送起诉状副本及应诉通知书。本院依法组成合议庭，因 ** 区安全生产监督管理局（以下简称"** 安监局"）与本案被诉行为有法律上的利害关系，本院依法通知其作为第三人参加诉讼。在诉讼过程中，** 福瑞得高层楼设备有限公司（以下简称"** 福瑞得"）于 2012 年 11 月 22 日向本院申请参加诉讼，因其与本案被诉行为有法律上的利害关系，本院准许其作为第三人参加诉讼。本院分别于 2011 年 5 月 18 日、2011 年 6 月 28 日、2012 年 4 月 18 日、2012 年 12 月 3 日、2013 年 3 月 19 日、2013 年 6 月 21 日、2013 年 7 月 8 日七次公开开庭审理了本案。因涉案擦窗机相关专业技术问题需要鉴定，根据当事人的申请，本院两次委托进行司法鉴定，鉴定时间依法不计入案件审理期限。因本案案情重大复杂，不能在法定审理期限内审结，经浙江省高级人民法院准许，本案审限延长至 2013 年 8 月 5 日。本案现已审理终结。

2010 年 2 月 25 日，** 区政府办公室作出 * 政办简复 102040033 号《** 区人民政府办公室公文处理简复单》，内容为：经区政府研究，原则同意 ** 安监局组织调查形成的《钱江新城凯迪国际商务中心"11.27"高处坠落事故调查报告》，并按照国家安全生产有关法律法规的规定，依法处理。《钱江新城凯迪国际商务中心"11.27"高处坠落事故调查报告》第四部分"事故原因"第 2 项"间接原因"第 2 条的内容为：擦窗机安装后，调试、试验、检验不到位，该擦窗机实际未安装安全锁和超速保护装置，但擦窗机检验报告和擦窗机工程竣工验收报验表上该项检测结果为符合，是事故发生的原因之一。第六部分"责任分析及对事故责任者处理建议"第 6 项的内容为：** 特检院对事故擦窗机安装后的检验不到位，根据《凯迪国际中心"11.27"擦窗机吊篮高处坠落事故技术分析》第 4.4"擦窗机委托检验报告 NJTJ/HT-WT-2008-35 号第 52 项'超速保护和安全锁'结论符合，实际上该机未设安全锁，与实际不符"和第 5.3"每次试验或检验都没有发现钢丝绳长度严重不足，可以判定该机安装调试和试验检验过程中均未进行全程试运行"，建议提请司法机关依法追究相关人员刑事责任。

被告在法定期限内向本院提供的证据有：

1. ＊＊安监局立案审批表，证明＊＊安监局在 2009 年 11 月 30 日接到杭州市建筑工程质量安全监督总站的通报，钱江新城迪凯国际商务中心发生高楼擦窗机坠落事故，据此启动调查。

2. ＊政办简复 082040132 号公文处理简复单，证明被告授权在＊＊区行政区划范围内发生的一般事故由＊＊安监局牵头调查处理安全事故。

3. ＊政办函〔2009〕16 号《关于调整生产安全事故调查处理工作权限的复函》，证明＊＊市人民政府批复一般事故由事故发生地的各区县政府负责调查处理。

证据 1~3 综合证明被告根据规定成立迪凯国际商务中心事故调查组，对事故进行依法调查的事实。

4. 专家组聘书及人员资料，证明调查组聘请专家（三位）及其资质的事实。

5. 询问通知书及会议通知书，证明调查组在调查过程中曾两次发函给原告检验报告中的检验签名人员，要求其进行配合等事实。

6. 包括 8 份材料：（1）＊＊安监局的请示、《钱江新城迪凯国际商务中心"11.27"高处坠落事故调查报告》及＊＊区政府办公室的批复；（2）专家对事故的技术分析；（3）原告的检验报告书；（4）SA515B 型擦窗机使用说明书；（5）GB19154-2003 擦窗机国家标准；（6）＊＊福瑞得相关人员调查笔录 2 份；（7）勘验检查笔录 1 份；（8）照片一组共 5 张。以上证据证明被告经过调查确定了发生事故的原因及相关单位应承担的责任的事实。

上述证据均系复印件。

原告＊＊特检院起诉称：（1）2011 年 3 月 30 日，原告从一起民事案件中得知被告办公室于 2010 年 2 月 25 日作出＊政办简复 102040033 号《公文处理简复单》，批复同意＊＊安监局上报的《钱江新城迪凯国际商务中心"11.27"高处坠落事故调查报告》及相应的附件《迪凯国际中心"11.27"擦窗机吊篮高空坠落事故技术分析》。该事故调查报告及相应的附件中，认定原告对事故擦窗机安装后的检验不到位是事故发生的原因之一，还认定原告是事故的责任方之一，并建议追究原告相关人员刑事责任。（2）被告批复的调查报告在涉及到原告责任方面认定事实不清，更不符合常理：①报告中将事故擦窗机型式归类错误。事故擦窗机以双提升机为动力源，而且动力源安装在楼顶屋面设备机箱内，其作用等同于卷扬机。但是，在被告批复的调查报告、技术分析中却将事故擦窗机归类成"爬升式"。②2008 年 12 月 13 日，原告接受委托对该台 SA515B 型擦窗机进行了检验，检验结论为合格。实际检验时全程进行了试验，钢丝绳长度符合全程运行要求；委托检验相关的当事各方对检验结论均未在规定时间内提出异议。③原告于 2008 年 12 月 13 日对事故擦窗机检验合格的结论，与 2009 年 11 月 27 日发生的安全事故之间没有因果关系。原告对擦窗机各检验项目的检验结论均根据设备当时的状况得出，仅对检验当时的设备状况负责。擦窗机存放现场大环境的变化、检查、维护、修配和操作等因素均会影响到擦窗机的安全使用。事故擦窗机整个露天存放，据说无专人使用、保管，也未定期检查、保养，还发生过设备通讯电缆失窃、保护装置被短接或破坏的情形。（3）被告批复的事故调查报告不符合法律、国标规定：①《生产安全事故报告和调查处理条例》第 27 条规定，事故调查中需要进行技术鉴定的，事故调查组应当委托具有国家规定资质的单位进行技术鉴定。本案中擦窗机是上下运行的常设悬吊接近设备，结构型式多、技术要求高，运行状况复杂，类似于电梯及起重机械，事故调查组理应委托具有资质的技术机构进行技术鉴定。而本案中三个民间专家所作的"事故技术分析"不能替代"事故技术鉴定"。②从原告检验完毕到建设方首次使用、发生事故，时间间隔已近一年，事故擦窗机不仅未按标准进行定期检验维护，而且长期不用后首次再用更没有进行任何检验；被告批复及相关报告中所谓原告是事故责任方的认定及其理由直接违反了国标的规定。综上，被告对钱江新城迪凯国际商务中心"11.27"高处坠落事故调查报告作出的批复及相关报告认定事实不清，违反法律、国标规定，更不符合常理。该批复及相关报告已经导致原告被 ** 合发集团有限责任公司（以下简称 ** 合发）诉讼索取巨额赔偿，被告的行政行为已经造成了原告损失。故请求人民法院：（1）撤销被告 * 政办简复 102040033 号简复单中"原则同意你局组织调查形成的《钱江新城迪凯国际商务中心"11.27"高处坠落事故调查报告》"的认定，并判令被告重新作出具体行政行为。（2）案件诉讼费用由被告承担。庭审中，原告将其诉讼请求明确为请求撤销简复单及事故报告中关于原告责任认定部分及事实理由。

原告向本院提供的证据有：

1. ** 区人民法院（2010）杭 * 民初字第 1938 号《参加诉讼通知书》《传票》《举证通知书》，证明被告批复的内容已经外化，且已经由此导致原告被牵扯入诉讼。

2. 原告为 ** 合发的《民事起诉状》《追加被告参加诉讼申请书》《变更诉讼请求申请书》，证明因为被告批复内容已经外化，导致原告被 ** 合发索赔。

3. * 政办简复 102040033 号《** 区人民政府办公室公文处理简复单》《关于要求对〈钱江新城迪凯国际商务中心"11.27"高处坠落事故调查报告〉进行批复的请示》《钱江新城迪凯国际商务中心"11.27"高处坠落事故调查报告》《迪凯国际中心"11.27"擦窗机吊篮高处坠落事故技术分析》，证明被告在事故调查报告中为原告设定了义务，被告在事故调查报告中认定原告责任的相应事实和法律依据均存在问题。

4.《关于 ** 福瑞得高层楼设备有限公司的 SA515B 型擦窗机是否符合 GB19154-2003〈擦窗机〉的咨询函》《关于"关于 ** 福瑞得高层楼设备有限公司的 SA515B 型擦窗机是否符合 GB19154-2003〈擦窗机〉的咨询函"的回函》，证明原告检验的 SA515B 型擦窗机的安全保护装置的配置是符合国标要求的。

5. ** 迪凯房地产有限公司（以下简称 ** 迪凯）与 ** 福瑞得签订的供货安装合同及付款凭证，证明原告在 2008 年 12 月对事故擦窗机检验结论得到各方认可。

6. 四张照片，证明事故擦窗机在 2009 年 9 月时已经被破坏得不成样子，已经不能使用了，而本案事故发生于 2009 年 11 月。

7. ** 福瑞得提供的《情况说明》，证明事故擦窗机使用说明书中"楼层高度≤120 米"系笔误，应该是">120 米"。

8. 事故擦窗机关于制造方面的相关资料。

9. 事故擦窗机安装方面的相关资料。

10. 原告检验时与事故擦窗机使用有关的相关资料。

以上三份证据证明原告出具检验报告时确实收集了与事故擦窗机检验有关的相关资料，检验报告中列举的资料是完备的。

11. ** 特检院专家对于迪凯事故擦窗机起升机构类型的意见，证明事故擦窗机起升机构的类型是卷扬式，并非被告事故调查报告中认定的爬升式。

上述证据均系复印件。

被告 ** 区政府答辩称：（1）2009 年 11 月 30 日下午 2 时许，** 安监局接到＊＊市建筑工程质量安全监督总站通报，迪凯国际商务中心发生高楼擦窗机坠落事故，为此成立由监察局、公安分局、总工会、建设局并邀请＊＊区人民检察院参加的事故调查组，针对迪凯国际商务中心坠落事故成立专项调查组，并根据法律及相关规定作出事故调查报告。（2）调查组进入事故现场进行事故调查，为了对发生事故的 SA515B 擦窗机的性能、质量、技术参数等技术问题进行鉴定，致电＊＊市特种设备检测院、＊＊市质量技术监督检测院等单位，要求帮助对擦窗机产品质量进行技术鉴定，但得到无法鉴定的回复。为此，考虑事故处理的及时性，根据国务院《生产安全事故报告和调查处理条例》第 27 条的规定，调查组聘请具有专门技术职称的专家，组成专家组进行技术分析。通过技术分析，明确本次事故发生的原因有以下几点：①事故擦窗机配制提升钢丝绳长度严重不足，收放卷筒松绳保护开关未动作，卷筒绳固定不到位是事故发生的直接原因。②事故擦窗机吊篮未设安全锁，无专用安全钢丝绳，是事故发生的主要原因。③事故擦窗机安装后，调试、试验、检验不到位，是事故发生的原因之一。（3）原告作为擦窗机的实地检验单位，于 2008 年 12 月 13 日在现场对擦窗机出具了检验合格报告书，通过对比发现，原告出具的检验合格报告书存在以下问题：①迪凯国际商务中心大楼建筑高度为 165.4 米，而擦窗机产品说明书的技术数据表明擦窗机作业楼层高度小于等于 120 米。显然该擦窗机的工作高度和现场实际高度相差甚远。可见原告并未进行全程试运行的检验。②根据事故擦窗机的结构及 GB19154-2003 标准，全程运行该机，其钢丝绳长度必须不少于 305 米，而实际钢丝绳长度为 180 米。但原告的检验报告第 13 项却认定为钢丝绳安全圈数大于 5 圈，结论为合格。③事故擦窗机经过调查，并未设置安全锁。但原告的检验报告第 52 项安全锁的检验，得出检验结论为合格。④原告认为事故擦窗机是卷扬式提升机构。事故擦窗机是由爬升机牵引钢丝绳驱动吊船上下运行，擦窗机卷筒只是作为收放绳装置，依照 GB19154-2003《擦窗机》5.17.4 款，事故擦窗机是爬升式而非卷扬式。根据 GB19154-2003《擦窗机》5.17 款，爬升式起升机构应设置安全锁和安全钢丝绳的规定，必须设置安全锁和不受力安全钢丝绳。而原告对此在检验中未能提出。（4）原告作为专业检验机构，经委托人委托，应当对受检产品的使用性、安全性与国家标准和现场实际状况进行全面检验，并根据事实与法律出具符合客观要求的检验报告。否则因懈怠或失职行为，必须承担相应的法律责任。被告出具的调查报告完全符合事实和有关规定，内容真实，合法有效。请求驳回原告的诉讼请求。

第三人 ** 安监局未提交书面意见，在庭审中述称，同意被告的意见，并补充陈述：根据《生产安全事故报告和调查处理条例》的相关规定及被告授权，我局是负责辖区内一般事故的调查处理机构。在事故调查过程中，我局通过挂号信方式两次通知原告前来接受询问调查，但原告并未派人员前来。据此，原告自行放弃申辩权利。

第三人 ** 安监局向本院提供的证据有：

1. 邮局情况说明一份，证明在事故调查期间 ** 安监局向原告及其工作人员发了相关的挂号信（事故询问通知书及事故调查会的通知书），由于时间比较长了，当时有无寄到难以查实。

2. 相关责任人员的处理情况：（1）公安部门"未立案调查"情况说明一份，（2）检察院"不起诉决定书"一份。证明对相关事故责任人员的处理情况。

3. 建议追究原告相关工作人员在事故中刑事责任的法律依据：《起重机械监督检验规程》、《特种设备质量监督与安全监察规定》和《关于加强行政机关与检察机关在重大责任事故调查处理中的联系和配合的暂行规定》，证明专项调查组建议追究原告相关责任工作人员的法律依据。

4. ** 迪凯国际商务大厦"11.27"事故相关情况说明，证明在事故发生后，已邀请 ** 福瑞得将现场处理，钢丝绳及上下操作的东西已不存在，此外还证明 ** 福瑞得供货时仅提供说明书的图纸资料，并没有单独提供技术图纸资料。

5. 事故擦窗机钢丝绳情况，（1）照片一组（事故现场勘验材料），（2）询问笔录一组（擦窗机下降到24、25层的样子），证明钢丝绳的长度大约在180米的事实。

上述证据均系复印件。

第三人 ** 福瑞得述称：（1）我公司生产、安装的案涉 SA515B 型擦窗机符合国标 GB19154-2003《擦窗机》关于安全锁、超速保护装置的强制性规范。2008 年 12 月 13 日，对涉案擦窗机各项性能进行了试验，包括全程试验、超载装置、电控系统、主制动器等，在确认试运行正常以后，业主单位才按合同支付了款项。（2） ** 区政府认定 ** 福瑞得违反国家强制性规定的标准超越了其行政职权范围。（3）事故发生前的 2009 年 9 月 26 日，我公司在例行检查时发现，涉案擦窗机电缆被剪、部件损害、楼房辅栏妨碍正常运作，已不具备安全工作状态，并要求整改。（4）"11.27"事故发生时，擦窗机被非正常使用：①严重违反擦窗机操作规程；②事发当时操作人员没有佩戴专用安全带和对讲机，仅是使用了 50 米长的安全绳；③擦窗机被野蛮使用。（5）擦窗机被人为破坏。2010 年 5 月 11 日我公司到现场发现，松绳保护开关的电缆被人为剪断了，被诉事故调查报告中对造成该状况的缘由没有涉及。此外，死去的两人并非被诉事故报告中调查确认的 ** 合发的员工。综上，请求撤销 ** 区政府批复的调查报告。

第三人 ** 福瑞得向本院提交的证据有：

1. 事故擦窗机提升机样图、离心制动器原理，证明事故擦窗机的提升机具备超速保护装置，本案调查报告的专家对事故擦窗机的性能不了解，故导致认定错误。

2. ** 区安监局的职能，证明其无权对产品质量进行鉴定。

3. 2009 年 9 月 26 日例行检查时拍摄的照片 4 张，证明擦窗机部件在事故前已经遭到损坏。

4. 2009 年 12 月 28 日拍摄的照片 4 张，证明事故发生时，擦窗机被野蛮使用，且原配的电缆及插头均已被剪（盗）。

5. 2010 年 5 月 11 日 ** 迪凯要求移动擦窗机时拍摄的照片 2 张及工作联系单，证明事故发生时松绳保护开关的电缆已经被剪，原配的擦窗机电源插头被剪，事故发生时使用的插头均为临时增加的。

上述证据均系复印件。

经原告、被告共同申请，本院委托福建东南产品质量司法鉴定所就发生 11.27 高空坠落事故的 SA515B 型擦窗机的类型（属于"卷扬式"还是"爬升式"）进行了司法鉴定。该所作出了〔2012〕质鉴字第 0001 号《司法鉴定意见书》，鉴定结论为：涉案的 SA515B 型擦窗机的起升机构是"爬升式"。

经原告申请，本院再次委托福建东南产品质量司法鉴定所就事故擦窗机是否设有符合国家安全标准的安全锁或具有相同作用的独立安全装置，是否具有超速保护功能进行司法鉴定。该所作出了〔2012〕质鉴字第 0055 号《司法鉴定意见书》，鉴定结论为：（1）该涉案的擦窗机未见设有安全锁。（2）该机采用两台相互独立的提升机，采用 2 根工作钢丝绳互保式穿绳结构，提高其安全性。该机具有互为保护功能。（3）该机设有超速保护功能。

庭审中，本院要求被告补充提供如下证据：

1. ＊＊迪凯原员工周＊2009年12月14日调查笔录，证明事故调查组向周＊调查的相关情况。

2. ＊＊福瑞得常务副总李＊波2009年12月7日调查笔录，证明事故调查组向李＊波调查的相关情况。

3. ＊＊合发员工甘＊义2009年12月1日询问笔录，证明事故调查组向甘＊义询问的相关情况。

对被告提供的证据，原告质证如下：证据1、2无异议；证据3有异议，发生在钱江新城的事故都应由市政府组织调查处理；证据4有异议，聘请专家应当通知原告参与，且三位专家在擦窗机领域是否有资质不能确定；证据5，原告从来没有收到过询问通知书及会议通知书，两位工作人员称时间太长，记不清是否收到过通知；证据6-1真实性无异议，但对原告责任认定部分存在错误；证据6-2有异议，专家分析将事故擦窗机归类为爬升式是错误的，应是卷扬式。吊篮应设超速保护装置，我方的检验报告中未涉及超载保护。国标中关于钢丝绳安全圈数的规定（5.8.7C）适用于卷扬式的擦窗机，技术专家自相矛盾。以上说明三位专家对擦窗机及其国标不清楚；证据6-3无异议；证据6-4中关于楼宇高度小于120米系笔误，事故擦窗机是楼层高度140米以上使用的；证据6-5本身没有异议，但事故调查组的专家对国标理解和适用存在错误；证据6-6的真实性无异议；证据6-7、6-8的真实性有异议，我们对事故擦窗机进行过全程试运行，符合迪凯中心的楼层条件。但对钢丝绳的长度我们没有测量。第三人＊＊安监局对被告提供的证据均无异议。第三人＊＊福瑞得对被告提供的证据质证如下：专家组三位专家的证书不能作为本案对事故鉴定资格的证据。使用说明书中"高度≤120米"系笔误，是因为套用了CJ515B擦窗机的型号。

对原告提供的证据，被告质证如下：证据1、2无异议；证据3的真实性没有异议，对证明对象有异议，以我方的证明对象为准；证据4是原告单方制作的，其咨询时已经预设了卷扬式，而且国标起草单位也没有对事故现场进行勘察、测量；证据5的真实性无异议，证明目的不能成立；证据6的真实性有异议，需要相应的证据予以补充；证据7不能证明原告的证明目的；证据8~10真实性无异议，关联性有异议；证据11中的专家是原告工作人员，与本案有利害关系。第三人＊＊安监局同意被告的质证意见。第三人＊＊福瑞得对原告提供的证据均无异议。

对第三人 ** 安监局提供的证据，原告质证如下：证据 1 不能证明四封挂号信邮寄给原告；证据 2 无异议；证据 3 无异议；证据 4 恰恰可以证明钢丝绳只有 180 米只是被告和第三人的一家之言，没有任何旁证；证据 5 真实性有异议，照片仅能说明当时的工作过程，没有任何的第三方予以监督，调查笔录是第三人自行作出的，没有证明力。被告对第三人 ** 安监局提供的证据均无异议。第三人 ** 福瑞得质证称：证据 1~3 无异议；证据 4 中部分陈述与事实不符；证据 5 没有异议。

对第三人 ** 福瑞得提供的证据，被告质证如下：证据 1 真实性有异议；证据 2 真实性有异议，不符合证据形式；证据 3 的证明目的有异议，无法证明发生时间是 9 月 26 日；证据 4 的真实性、证明目的不能成立；证据 5 中照片的真实性有异议，其他材料的真实性无异议。第三人 ** 安监局同意被告的质证意见，并对证据 2 的证明对象有异议。原告对第三人 ** 福瑞得提供的证据均无异议。

对 ** 东南产品质量司法鉴定所作出的〔2012〕质鉴字第 0001 号《司法鉴定意见书》，原告认为此次鉴定专家的选择上存在倾向性，鉴定结论不具有权威性，是错误的。被告认为鉴定专家的选择征询了各方当事人的意见，不存在偏袒任何一方的情况，鉴定结论是客观真实的，符合国家标准及本案实际。第三人 ** 安监局同意被告的意见。第三人 ** 福瑞得对鉴定结论无异议。

因第三人 ** 安监局对福建东南产品质量司法鉴定所作出的〔2012〕质鉴字第 0055 号《司法鉴定意见书》有异议，向本院申请鉴定人出庭接受询问。在庭审中，鉴定专家称，鉴定结论中"具有互为保护功能"，相当于国标中"具有相同作用的独立安全装置"；另外，关于擦窗机的类型，鉴定专家补充称，根据 GB19154-2003 擦窗机国家标准 3.5、3.6、4.1、5.8、5.17 的规定，擦窗机按安装方式分为轮载式、屋面轨道式、悬挂轨道式、插杆式。"爬升式"与"卷扬式"只是对擦窗机起升机构的分类，涉案擦窗机的起升机构是"爬升式"起升机构。原告认为，该鉴定结论与原告在检验报告中关于安全装置的检验结论相吻合。被告认为，鉴定结论第 1 项与我方的调查报告相吻合，但对鉴定结论的第 2 项、第 3 项有异议，不符合国标的相关规定。第三人 ** 安监局同意被告意见。第三人 ** 福瑞得对该鉴定结论无异议。

对本院要求被告补充提供的三份证据，原告质证如下：对三份笔录的真实性无异议，周 * 的笔录可以看出原告的检验过程是符合国标要求的，且得到了各方的认可，周*特别强调检验时吊篮下放到离地面10层左右是肯定的；李*波的笔录无异议；甘*义的笔录与原告对擦窗机的检验无关。第三人**福瑞得对三份笔录的真实性无异议，周*的笔录同意原告的意见；李*波在笔录中确认双方并没有进行设备全部移交，证明**迪凯对事故擦窗机不能使用，也不能出借。第三人**安监局及被告均认为周*的笔录是孤证，不能推翻现场勘验笔录的结论。

经庭审质证，本院对以下证据作如下确认：被告提供的证据1~5，符合证据三性予以采信；证据6-1至6-8，能够证明被诉行为的内容、程序及相关依据，予以采信。原告提供的证据1、证据2，符合证据三性，予以采信；证据3与被告提供的相关证据一致，能够证明被诉行为的内容，予以采信；证据4系其单方行为的结果，不具有证明力，不予采信；证据5能够证明涉案擦窗机销售的相关事实，予以采信；证据6的真实性难以完全确认，不予采信；证据7具有一定合理性，但尚不足以完全证明系笔误的事实；证据8~10与本案无直接关联，不予采信；证据11只具有参考价值，不具有直接的证明力，不予采信。第三人**安监局提供的证据1、2符合证据三性，予以采信；证据3系法律依据，不属于证据，无须采信；证据4、5可以证明涉案擦窗机钢丝绳的相关情况，予以采信。第三人**福瑞得提供的证据1系其单方说明，不予采信；证据2与本案无关，不予采信；证据3~5的真实性难以完全确认，不予采信。本院委托福建东南产品质量司法鉴定所作出的〔2012〕质鉴字第0001号《司法鉴定意见书》和〔2012〕质鉴字第0055号《司法鉴定意见书》符合证据三性，予以采信。本院要求被告补充提供的三份证据系事故调查组向相关人员调查所形成，能够证明相关情况，予以采信。

经审理查明，2007年11月12日，**迪凯（甲方）与**福瑞得（乙方）签订《迪凯国际中心擦窗机设备供货及安装合同》，合同约定：项目内容为擦窗机设备（型号SA515B）及安装工程。乙方所供本合同确定的货物须达到国家或部颁标准，甲方按此标准验收货物。设备安装完毕须委托相关主管部门检验合格，甲乙双方签署设备验收合格证书后，开始计算设备保修期。乙方协助提请市特种设备安装质量监督检测部门对擦窗机工程进行验收，并确保工程验收一次性合格。2008年12月13日，受**福瑞得的委托，**特检院对涉案SA515B型擦窗机进行检测，并于同年12月20日出具《擦窗机委托检验报告书》，载明：作业高度为162m，检验结论为合格；并在附表中逐一注明各检验项目（共 58 项）的检验结果和结论，其中：第 13 号检验项目（钢丝绳安全圈数）的检验结果为">5 圈"，结论为"合格"；第 52 号检验项目（超速保护和安全锁）的检验结果为"符合"，结论为"合格"。此后，**迪凯与**福瑞得结清货款。

2007 年 11 月 28 日，**迪凯与**合发签订了幕墙装饰施工合同。2009 年 9 月，迪凯国际中心竣工验收后，**迪凯要求**合发维护清理玻璃幕墙，同年 11 月 18 日，**合发与清理幕墙施工队负责人（包工头）甘*章签订了幕墙清理合同并于 11 月 25 日首次使用涉案擦窗机清理玻璃幕墙。2009 年 11 月 27 日 14 时左右，即涉案擦窗机第三天使用时，两名擦窗工人连同擦窗机吊篮一起坠落，发生事故，两名工人抢救无效当天死亡。

接到报案后，**安监局于 2009 年 12 月 1 日立案，牵头组织成立事故调查组，并于同日聘请三位专家组成技术专家组。经询问相关人员及勘验现场后，事故调查组于 2010 年 2 月 20 日形成《钱江新城迪凯国际商务中心"11.27"高处坠落事故调查报告》，并将三人专家组于 2009 年 12 月 7 日形成的《迪凯国际中心"11.27"擦窗机吊篮高处坠落事故技术分析》作为其附件。《钱江新城凯迪国际商务中心"11.27"高处坠落事故调查报告》包括工程概况、擦窗机设备及相关情况、事故经过、事故原因（直接原因、间接原因）、事故性质、责任分析及对事故责任者处理建议、整改意见、调查组单位及人员等八个部分，其中在第四部分"事故原因"的间接原因第 2 条中认定，擦窗机安装后，调试、试验、检验不到位，该擦窗机实际未安装安全锁和超速保护装置，但擦窗机检验报告和擦窗机工程竣工验收报验表上该项检测结果为符合，是事故发生的间接原因之一；在第六部分"责任分析及对事故责任者处理建议"（六）中认定，**特检院对事故擦窗机安装后的检验不到位，根据《凯迪国际中心"11.27"擦窗机吊篮高处坠落事故技术分析》第 4.4"擦窗机委托检验报告 NJTJ/HT-WT-2008-35 号第 52 项'超速保护和安全锁'结论符合，实际上该机未设安全锁，与实际不符"和第 5.3"每次试验或检验都没有发现钢丝绳长度严重不足，可以判定该机安装调试和试验检验过程中均未进行全程试运行"，建议提请司法机关依法追究相关人员刑事责任。2010 年 2 月 22 日，**安监局将此事故调查报告报请**区政府批复，同年 2 月 25 日，**区政府办公室作出*政办简复 102040033 号《**区人民政府办公室公文处理简复单》，原则同意**安监局组织调查形成的《钱江新城凯迪国际商务中心"11.27"高处坠落事故调查报告》。**特检院不服，遂于2011年4月13日向本院提起诉讼。

另查明，**区人民检察院于2011年4月1日作出**检刑不诉〔2011〕7号《不予起诉决定书》，认定："11.27"高处坠落事故直接责任人甘*义（**合发带班班长）、楼*祥（**合发杭州分公司工程部副经理、现场安全管理负责人）因在作业中违反有关安全管理规定，发生重大伤亡事故，致二人死亡，构成重大责任事故罪，但犯罪情节轻微（自首、与被害人家属达成调解协议积极赔偿、认罪态度好有悔罪表现），决定对甘*义、楼*祥不起诉。**市安全局**区分局治安大队于2011年5月25日出具《情况说明》，内容为：针对"11.27"高处坠落事故调查，因涉案的擦窗机能提供相关的检验报告，故对**福瑞得出售并安装在迪凯商务中心的产品——擦窗机进行检验，暂未立案调查。

另查明，**合发诉**福瑞得、**迪凯、**特检院、**建效工程监理有限公司侵权纠纷一案，已在**区人民法院立案，案号为（2010）杭*民初字第1938号，因本案尚未审理终结，该案现处于中止状态。

本院认为，国务院令（第493号）《生产安全事故报告和调查处理条例》第3条第1款规定，根据生产安全事故（以下简称"事故"）造成的人员伤亡或者直接经济损失，事故一般分为以下等级：（1）特别重大事故，是指造成30人以上死亡，或者100人以上重伤（包括急性工业中毒，下同），或者1亿元以上直接经济损失的事故；（2）重大事故，是指造成10人以上30人以下死亡，或者50人以上100人以下重伤，或者5000万元以上1亿元以下直接经济损失的事故；（3）较大事故，是指造成3人以上10人以下死亡，或者10人以上50人以下重伤，或者1000万元以上5000万元以下直接经济损失的事故；（4）一般事故，是指造成3人以下死亡，或者10人以下重伤，或者1000万元以下直接经济损失的事故。第19条第1款、第2款规定，特别重大事故由国务院或者国务院授权有关部门组织事故调查组进行调查。重大事故、较大事故、一般事故分别由事故发生地省级人民政府、设区的市级人民政府、县级人民政府负责调查。省级人民政府、设区的市级人民政府、县级人民政府可以直接组织事故调查组进行调查，也可以授权或者委托有关部门组织事故调查组进行调查。第32条规定，重大事故、较大事故、一般事故，负责事故调查的人民政府应当自收到事故调查报告之日起15日内做出批复；特别重大事故，30日内做出批复，特殊情况下，批复时间可以适当延长，但延长的时间最长不超过 30 日。杭州市人民政府办公厅于 2009 年 1 月 17 日作出《关于调整生产安全事故调查处理工作权限的复函》，对杭州市生产安全事故调查处理权限作以下调整：本市辖区内较大事故以及杭州经济开发区、杭州西湖风景名胜区和杭州钱江经济开发区所属生产经营单位发生的一般事故由市政府负责调查处理；其他一般事故由事故发生地各区、县（市）政府负责调查处理。＊＊区人民政府办公室于 2008 年 7 月 25 日作出＊政办简复 082040132 号《公文处理简复单》，同意授权区安全生产监督管理局牵头组成事故调查组，对＊＊区行政区划范围内工矿商贸生产经营单位发生的一般事故，开展事故调查工作。本案中，"11.27"高处坠落事故致 2 人死亡，属于一般事故，由＊＊安监局牵头组成事故调查组开展事故调查工作，并由＊＊区政府批复事故调查报告，符合上述规定，但＊＊区政府办公室代替＊＊区政府作出对事故调查报告的批复，存在不当，予以指正。

本案中，各方当事人在实体方面的争议主要集中在以下四个方面：（1）涉案擦窗机起升机构的类型；（2）＊＊特检院对涉案擦窗机在安全锁方面的检验是否到位；（3）＊＊特检院对涉案擦窗机在超速保护方面的检验是否到位；（4）＊＊特检院对涉案擦窗机进行检验时是否进行了全程试运行。

本院认为，第一，根据司法鉴定结论，涉案擦窗机起升机构为"爬升式"，而不是"卷扬式"，原告以"卷扬式"对其进行检验，存在错误，但被告并未将此错误认定为事故发生的原因。

第二，GB19154-2003 擦窗机国家标准 5.17.2 规定，安全锁必须符合 GB19155-2003 中 5.4.5 的规定。GB19155-2003 高处作业吊篮国家标准 5.4.5.1 规定，安全锁或具有相同作用的独立安全装置的功能应满足：（1）对离心触发式安全锁，悬吊平台运行速度达到安全锁锁绳速度时，即能自动锁住安全钢丝绳，使悬吊平台在 200mm 范围内停住；（2）对摆臂式防倾斜安全锁，悬吊平台工作时纵向倾斜角度不大于 8°时，能自动锁住并停止运行；（3）安全锁或具有相同作用的独立安全装置，在锁绳状态下应不能自动复位。根据司法鉴定结论及各方的陈述，涉案擦窗机确实未安装安全锁，但具有相同作用的独立安全装置，即该机采用两台相互独立的提升机，采用 2 根工作钢丝绳互保式穿绳结构，当某一根工作绳失效时，停止设备运行且不能自动复位，具有互为保护功能。据此，原告在其检验报告中将"安全锁"项目的检验结论确定为合格，存在错误；但被告批复的事故调查报告将涉案擦窗机实际未安装安全锁作为事故发生的原因之一，属认定错误，因为涉案擦窗机虽然未安装安全锁，但其具有相同作用的独立安全装置，具有互为保护功能，其未安装安全锁的事实与事故的发生并无因果关系。

第三，根据司法鉴定结论，涉案擦窗机设有超速保护功能，原告在其检验报告中将"超速保护"项目的检验结论确定为合格，并无不当；被告批复的事故调查报告将涉案擦窗机未安装超速保护装置作为事故发生的原因之一，存在错误。

第四，涉案擦窗机使用说明书中确实标明"楼层高度≤120米"，但在事故调查及诉讼中 ** 福瑞得一直强调此系笔误，虽然其不能充分证明笔误的事实，但其陈述的理由具有一定的合理性，被告提供的证据亦不足以证明涉案擦窗机是按"楼层高度≤120米"设计、制造和安装的，不能排除存在笔误的可能，故不能仅以使用说明书中标明的"楼层高度≤120米"来认定钢丝绳长度不足。但事故调查组于2009年12月2日对事故现场所作的勘验笔录具有客观性，其中载明"经现场实测钢丝绳单根总长约180米（2根）"，根据该长度，擦窗机吊篮只能放到25层（迪凯国际中心主楼44层，裙楼5层）左右；虽然周 * 在笔录中陈述"检测时，吊篮放到离地面10层左右是肯定的"，但仅有该言词证据尚不足以否认现场勘验笔录的客观性。据此，应认定事故擦窗机配置的钢丝绳长度不足（根据楼层高度及钢丝绳走向，每根钢丝绳长度应不小于305米），** 特检院对涉案擦窗机进行检验时未进行全程试运行，其在《擦窗机委托检验报告书》中载明的"作业高度为162米、钢丝绳安全圈数'>5圈'"，没有事实依据，被告批复的事故调查报告认定其检验不到位，对事故的发生应承担一定的责任，并无不当。

综上所述，被告批复的涉案调查事故报告中关于原告在事故中的原因分析及责任认定部分，部分内容主要证据不足，依法应予撤销；部分内容符合法律规定。原告的诉讼理由部分成立，其诉讼请求部分予以支持。依照《中华人民共和国行政诉讼法》第54条第2项第1目、《最高人民法院关于执行〈中华人民共和国行政诉讼法〉若干问题的解释》第56条第4项之规定，判决如下：

一、撤销被告 ** 区人民政府于2010年2月25日批复同意的《钱江新城凯迪国际商务中心"11.27"高处坠落事故调查报告》第四部分"事故原因"第（二）项"间接原因"第2条中关于原告 ** 市特种设备安全监督检验研究院在事故中的原因分析。

二、驳回原告＊＊市特种设备安全监督检验研究院的其他诉讼请求。

案件受理费人民币 50 元，由原告＊＊市特种设备安全监督检验研究院和被告杭州市＊＊区人民政府各半负担。

鉴定人出庭发生的交通费、住宿费、生活费和误工补贴等出庭费用合计共 7098 元，由原告＊＊市特种设备安全监督检验研究院和被告杭州市＊＊区人民政府各半负担。

如不服本判决，可在判决书送达之日起 15 日内，向本院递交上诉状，并按对方当事人的人数提出副本，上诉于浙江省高级人民法院，并向浙江省高级人民法院预交上诉案件受理费 50 元。在上诉期满后 7 日内仍未交纳的，按自动撤回上诉处理。（浙江省高级人民法院户名为浙江省财政厅非税收入结算分户，账号：39800010104000657551500l，开户银行为农业银行西湖支行。）

审 判 长 王丽园

审 判 员 徐 斐

审 判 员 吴宇龙（主审）

二〇一三年七月二十九日

本件与原本核对无异

书 记 员 叶 嘉

附本判决适用的法律依据：

《中华人民共和国行政诉讼法》

第五十四条 人民法院经过审理，根据不同情况，分别作出以下判决：

（一）具体行政行为证据确凿，适用法律、法规正确，符合法定程序的，判决维持。

（二）具体行政行为有下列情形之一的，判决撤销或者部分撤销，并可以判决被告重新作出具体行政行为：

1、主要证据不足的；

2、适用法律、法规错误的；

3、违反法定程序的；

4、超越职权的；

5、滥用职权的。

（三）被告不履行或者拖延履行法定职责的，判决其在一定期限内履行。

（四）行政处罚显失公正的，可以判决变更。

《最高人民法院关于执行〈中华人民共和国行政诉讼法〉若干问题的解释》

第五十六条　有下列情形之一的，人民法院应当判决驳回原告的诉讼请求：

（一）起诉被告不作为理由不能成立的；

（二）被诉具体行政行为合法但存在合理性问题的；

（三）被诉具体行政行为合法，但因法律、政策变化需要变更或者废止的；

（四）其他应当判决驳回诉讼请求的情形。

后 记

初进法院的欣喜，历历在目；校园的青涩，好像还没有完全褪去，如今，却要决然地离去。二十年的光阴，未曾凝视，即已消逝。忙忙碌碌中，开了无数的庭，写了无数的字，收获满满，甚至还博得一个专家的虚名，终究还是意难平。幸好还有守望的同事，温润的李洵、刚正的秦方、雄辩的晓辉、聪慧的常兰、学术的银江、嗜辣的莹祺、耐烦的刘斌、平和的珍珠、阳光的久昌，还有一个难以说服的雪飞，当然还有我们娇憨的金枝、静气的叶嘉、灵动的金玲……正是你们，让无趣的岁月陡增生机，让虚幻的时空真实几许！

二十年来，断案无数，挂胸无几，一番苦搜，仓促成书。书中所选，或为合著，或为独书，然皆为集体智慧之结晶。尤其尹昌平老庭长的好学，易飞庭长的权变，张波庭长的通透，当然还有危辉星院长的理想与激情，林沛副院长的真性情……都闪耀在每一篇文字的字里行间。维专是多年的合作伙伴，其文笔之精妙，令人叹为观止。

特别感谢浙江大学博导、浙江省行政法学会会长章剑生教授，在百忙之中为本书作序；虽然无缘拜在章老师门下，但多次聆听章老师授课，无形中已视为精神向导，希望日后能得到章老师更多的教海。同时，要衷心感谢金承东老师、大进主任、周琦主任、燕山、汪冬及天达共和管委会对本书的大力支持。最后，诚挚感谢出版社魏星老师为本书的艰苦付出。

书稿既成，作为法官的我，画上句号；作为律师的我，开启征程。以诗作结，附庸风雅，然能言文之不能，姑试之。

别了，法官

城河下，之江畔，斗转星移二十载。人生苦短，岁月有情；虽是告别，却不离开。

轻轻的我走了，
正如我轻轻的来；
我轻轻的招手，
作别曾经的无悔。
城河下的法庭，
是我启航的见证；
法庭里的国徽，
在我心头如此沉重。
保俶塔的挺拔，
像极了天平的立柱；
却与断桥的绝世缠绵，
稍显格格不入。
那钱塘江上的一线潮，
汹涌闻名，其实难副；
纵有一时的波涛，
终究是一江春水向东流。
寻梦？撑一支长篙，
逆流而上；
过富春江，入新安江，
无限风光。
但我不能放歌，
悄悄是离别的笙箫；
法槌也为我沉默，
沉默化为薄薄的书稿。
悄悄的我走了，
正如我悄悄的来；
我挥一挥衣袖，
不带走一片云彩。
谨以此诗向我曾经的法官生涯致敬！

吴宇龙
2020 年 8 月于杭州